JN255105

新しい時代の生涯学習

第3版

関口礼子・西岡正子・鈴木志元・堀 薫夫・
神部純一・柳田雅明［著］

ARMA
Interest
有斐閣アルマ

IoT という言葉が，新聞を毎日，賑わせています。IoT というのは，Internet of Things（物のインターネット）の略です。本書は，大きく変動する社会の中で，生涯学習がいかに大切になってきているかを伝えることを目的として編集されました。

本書では，社会変動を，大きく，高齢化，情報化，グローバル化，女性の（ということはすなわち男性の）生活の変化ととらえてきました。社会が変動する中で，人びとは，変化に対応するために，学習を必要とします。対応は，受身的に対応するだけでなく，変化を作り出して，次の社会を築くという能動的な対応も忘れてはなりません。そのために，学習が必要であるという趣旨で本書は編纂されてきました。

現在は，過去のいかなる時にもまして，「生涯学習」が必要になってきています。

IoT というのは，あらゆるものにセンサーが組み込まれ，また，センサーどうしはインターネットでつながれ，それらの情報はどこかに集約され，集められた大量の情報が即時に処理されて，結果がまた人の最適行動を示唆するものとして，返ってきます。人々は，それによって次の行動を選択します。IoT 化というのは，情報化の一種です。ひと昔前の情報化は，コンピュータ化でした。今は，コンピュータがこれだけ普及してきて，次の段階に入っています。

IoT でつながれるのは，実は，「物」のみではありません。人間もです。ただし，人間のうち，「物」化できる部分です。身体

データ，医療データ，健康データ，運動データ，行動データ……最近では，どれだけ仕事に集中しているかといったデータまで，ウェアラブルコンピュータを通じて，集められるようになりました。ウェアラブルにしなくても，Wi-Fi の発達は，これまた非接触で，人間の情報を集め始めています。IoT 化は，第 4 次産業革命ともいわれています。

筆者がもうひとつ懸念しているのは，人体改造の進行です。細胞の中の組成にまで研究が進められています。

これらは，高齢化，情報化，グローバル化，女性の生活の変化のうちの情報化の局面を取り上げたに過ぎません。他の領域でも，それに相当する変化を経験しています。

「見えざる手」の支配が，アダム・スミスの言った当時の次元をはるかに超えて，進行しようとしています。しかし，まだまだ広い分野は，手つかずに残されています。人間の生活でもっともっと大切な部分が。

筆者は，これらの領域の「人を幸せにする」と考えられて行われている発展を，「やめよ」というつもりは毛頭ありません。ただ，特定の分野のみの突出した発展では，人間の生活のバランスを崩すと考えているのです。

今にもまして，すべての人の「生涯学習」が重要になっている時期はありません。学習の場は，教育を専門的に目的とする学校のみではありません。図書館，博物館，公民館などの，専門職員をおいている機関のほかに，専門の職員を置いていないところにも，いたるところに転がっています。

2018 年 2 月

執筆者代表　　関 口　礼 子

　日本で義務教育が9年になってからの世代が70歳をゆうに超え，高齢期にさしかかっている。それより上の年代である義務教育6年の世代も，日本では就学率はほぼ100パーセントであって，日本国民の識字率は世界でも稀なくらい高い。

　その間，日本は稀なる激動を経た。焼け野原ばかりで，食料も，家も，工場も，資源もなく，考えられる限度のボロをまとい，自尊心すらも失われていた時代から，"Japan as No. 1" といわれるまでに日本経済は成長をとげた。

　それを可能にしたのは，国民全体の基本的知的能力，学習能力の高さであった。義務教育以後，学校教育によってであれ，社会教育によってであれ，あるいは社会に存在する学習資源を利用した，教育によらない学習であれ，人びとは学習しつづけた。それが，変動の時代における人びとの適応を可能にし，また，変動そのものをつくりだしてきた力の源泉であった。

　これまでの変化は政府主導であったといってもよいであろう。政府が日本の進むべき道を示し，大企業とつかず離れずに連携し合ってマニュアルを作成し，国民がそれをしっかりと学習し実行してきたといってもよいであろう。しかし，ここにきて，変化が起きている。日本が世界のトップクラスに入るまでの成長をとげたのち，政治的・経済的な混迷期を迎えて，政府が国民を導くべきモデルと目標を失ってしまったからである。

　めざすべき大きな目標が見失われて，詳細な今までの個別的マニュアルのみが一人歩きをしているために，あちらこちらで齟齬

を生じ，日本でも不祥事や組織の崩壊などが起こっている。少数のエリート指導者が国民全体のことを考えて全体計画を立て国民を指導し実施する，という「計画経済」の国が，その体制を変えざるをえなかったのは周知のとおりである。共産圏のみでなく，世界中で閉塞状況が見られる。この閉塞状況を打開する方法が，世界戦争による破壊でないことを祈るばかりである。

いかに優れているとはいえ少数者の叡智より，多数の人びとの叡智の集合のほうが，総体として大きいであろうことは目に見えている。日本人は，前述のように，基本的知的能力と学習能力が高い。しかし，学習の結果を駆使して実践行動に移そうとするとき，今まではあまりにも制約が大きすぎた。個人の才覚が生かされる度合いが少なかった。したがって，学習が実践行動と結びつかず，趣味や形式や抽象の世界に留まりがちであった。しかし，政府や大企業が自信を失い，日本が新しい方向と方法を模索しなければならないとき，打開は個人個人のもつ活力に期待される。

義務教育を終えてからの学習は，個人の自発性にまかされる。基本になるのは学習なのである。各種の教育は，学習を助けるための手段にすぎない。授業を行うのも，学級や講座を企画するのも，学習に寄与する各種の施設を設置し学習資源を提供するのも，みな学習を援助するためにほかならない。高齢化，情報化，グローバル化と世界のなかの日本も動いて，そのなかに生きる女性の生活も男性の生活も変化しているとき，多数の個人個人の叡智とその集合から出た新しい方向は，これからの日本社会を決めていくことになるであろう。個人の学習が今ほど意味をもつときはないし，生涯学習が必要とされ，重視されるときもないであろう。

筆者個人も順次高齢期の生活に移行しなければならない時期にさしかかって，職場の移動と通勤形態の変化，担当領域の変化，

転居に伴う新しい地域への適応，家族形態の変化，生活スタイルの変化と，この2年間，今までにないほど忙しい思いをしてきた。多種の新しい経験もしたし，いろいろの学習もしなければならなかった。

　そんなわけで，本書の執筆にあたって，有斐閣にも共同執筆者たちにも，いろいろとご迷惑をおかけしてしまった。温厚に忍耐強く事を処理してくださった有斐閣の担当，新井宣叔氏に厚く御礼申し上げたい。

　　2002年11月

執筆者代表　　関 口　礼 子

関 口　礼 子（せきぐち　れいこ）

執筆●第1章・第8章・第15章・*Column* ⑥⑦

1937年　生まれ
1959年　お茶の水女子大学文教育学部卒業
1972年　東京大学大学院教育学研究科博士課程単位取得退学
1969年　ドイツ Westfälische-Wilhelms Universität zu Münster より
　　　　Dr. Phil.
1975年　聖徳学園岐阜教育大学助教授，図書館情報大学助教授，同教
　　　　授，大妻女子大学社会情報学部教授を経て，2010年より現職
現　在　日本の社会研究所代表
主　著　『学校図書館が教育を変える：カナダの実践から学ぶもの』
　　　　（全国学校図書館協議会，1999年），『情報化社会の生涯学習』
　　　　（編著，学文社，2005年），『多様社会カナダの「国語」教
　　　　育：高度国際化社会の経験から日本への示唆』（共編著，東信
　　　　堂，2006年），『日本の教育関与80年を振り返って二つの提
　　　　案：社会学的比較教育学の立場から』（日本の社会研究所，
　　　　2019年），など

西 岡　正 子（にしおか　しょうこ）

執筆●第3章・第5章・第9章

1949年　生まれ
1974年　京都府立大学文学部卒業
1978年　アメリカ合衆国州立インディアナ大学大学院教育学研究科成
　　　　人教育学専攻修士課程修了
1981年　オハイオ州立大学大学院教育学研究科にて成人教育学専攻の
　　　　後，同大学国際研究室研究員

1988年　佛教大学講師，同助教授，同教授を経て，2017年佛教大学退職

2003 年　カナダカルガリー大学大学院客員教授

現　在　佛教大学名誉教授

主　著　『生涯学習時代の生徒指導・キャリア教育』（共編著，教育出版，2013年），『成長と変容の生涯学習』（ミネルヴァ書房，2014年），『生涯学習概論』（編著，佛教大学通信教育部，2015年），『未来をひらく男女共同参画：ジェンダーの視点から』（編著，ミネルヴァ書房，2016年），など

鈴 木　志 元（すずき　ゆきもと）

執筆●第4章・第11章

1952年　生まれ

1977年　東北大学理学部数学科卒業

1992年　東京大学大学院教育学研究科博士課程単位取得退学

1992年　近畿大学講師，同助教授

1999年〜南山大学人文学部准教授

主　著　『図書館情報学における数学的方法』（分担執筆，日外アソシエーツ，1994年），『情報検索の理論と実際』（分担執筆，日外アソシエーツ，1999年），『博物館ドキュメンテーション入門』（S. A. ホルム著，共訳，勁草書房，1997年），など

堀　　薫 夫（ほり　しげお）

執筆●第2章・第10章・第14章

1955年　生まれ

1978年　大阪大学人間科学部卒業

1983年　大阪大学大学院人間科学研究科博士課程修了。博士（人間科学）

1984年　福井県立短期大学一般教養科講師，同助教授，大阪教育大学

教育学部助教授，同教授を経て，2021 年より現職

現　在　大阪教育大学名誉教授

主　著　『教育老年学の構想：エイジングと生涯学習』（学文社，1999年），『成人教育の現代的実践：ペダゴジーからアンドラゴジーへ』（M. ノールズ著，共監訳，鳳書房，2002 年），『教育老年学の展開』（編著，学文社，2006 年），『教育老年学と高齢者学習』（編著，学文社，2012 年），『生涯発達と生涯学習〔第 2 版〕』（ミネルヴァ書房，2018 年），『教育老年学』（放送大学教育振興会，2022 年），など

神 部　純 一（かんべ　じゅんいち）

執筆●第 6 章・第 7 章

1963年　生まれ

1987年　同志社大学文学部卒業

1993年　広島大学大学院教育学研究科博士課程単位取得退学

1995年　滋賀大学講師，同助教授，同准教授を経て，2019 年より現職

現　在　滋賀大学教育学部教授

主　著　『社会教育経営論ハンドブック』（分担執筆，国立教育政策研究所社会教育実践研究センター，2020 年），『生涯学習社会の構築』（分担執筆，福村出版，2007 年），『地域で創る学びのシステム：淡海生涯カレッジの挑戦』（共著，ミネルヴァ書房，2009 年），『社会教育計画の基礎〔新版〕』（分担執筆，学文社，2012 年），『大学開放論：センター・オブ・コミュニティ（COC）としての大学』（分担執筆，大学教育出版，2014 年），など

柳 田　雅 明（やなぎだ　まさあき）

執筆●第 12 章・第 13 章・*Column* ⑧

1963年　生まれ

1987年 上智大学文学部教育学科卒業
1993年 慶應義塾大学大学院社会学研究科教育学専攻博士後期課程単位取得退学
1993年 東京大学先端科学技術研究センター助手
1997年 高知大学教育学部助教授
2001年 東京大学大学院工学系研究科より，博士（学術）
2003年 青山学院大学文学部助教授等を経て，2009年より現職
現　在　青山学院大学教育人間科学部教授
主　著　『イギリスにおける「資格制度」の研究』（多賀出版，2004年），『情報化社会の生涯学習』（分担執筆，学文社，2005年），「生涯教育から生涯学習へ：ヨーロッパにおける政策用語としての検討」『日本生涯教育学会年報』30号（2009年），「スコットランド・グラスゴー大学における『成人向け高等教育進学準備課程』にみるスタンダードの意味」『教育目標・評価学会紀要』27号（2017年），など

●**この本の性格**　この本は，生涯学習の専門職員（社会教育主事，図書館司書，博物館学芸員等）を目指す人びとを対象に，生涯学習とはなにか，それぞれ自分たちの目指す領域が，生涯学習のなかでどのような位置づけになっているかを，理解してもらうために書かれたものです。教育・文化行政担当者や，生涯学習に参加しようとする一般の人びとの役にもたつように考えてあります。

●**この本の特徴**　生涯学習の本は今まで，教育の領域の本でした。その意味で，どちらかというと，いかに教育するか，あるいは企画するかという視点で書かれた本が多かったと思います。本書は，「教育」でなくて，「学習」に視点を据え，いかにして，専門職者たちが人びとの「学習」に援助を与えることができるかを考えました。また，人びとは，「教育」によらないでもずいぶん学習をしています。教育によらない学習も合わせて説き，それぞれの行う個別の学習が，人間形成の原初である学習全体のなかでどう位置づくのかがわかるようになっています。

●**本書の構成**　中心部分では，第3章から第8章で図書館，博物館，公民館といった社会教育機関や，企業，宗教団体などといったその他の学習を引き起こすエイジェントについて述べ，第9章から第13章で，女性の生活，高齢化，情報化，国際化といった社会の変化を中心に，それぞれの変化が学習の内容や方法にどのような改革をもたらしているかを論じています。それをとりまく始めの2章と終わりの2章は，それらの各論を総括するように，総合的に論じた章です。

●**索引**　図書は，必ずしも，始めから終わりまで読むのではなくて，特殊なテーマについて調べる，という読み方をすることもあります。その便宜のために，索引を設けてありますので，探す項目がどのページに記載されているか調べるのに，目次とともに，有効に活用してください。

●**法令の記載について**　関連の法律の条文は，掲載するのを省略しました。そのような情報は，現在では，インターネットで，無料で簡単に入手できるからです。それを入手できるアドレスと関係法律の名前を記載しておきましたので，それを活用しましょう。どのようになっているか，ぜひ，一度は関係の条文を開いてみてください。

新しい時代の生涯学習 第3版：も　く　じ

第1章　今なぜ生涯学習がクローズアップされるのか　1

1 「生涯学習」の定着過程 ……………………………………………2

　　生涯学習という用語の定着(2)　　社会の変化(2)　　日本の教
　　育政策の変化(4)

2 学習とは何か，教育とは何か ……………………………………6

　　「学習」と「教育」(6)　　学校以外の教育・学習(8)　　教育に
　　よる学習と教育によらない学習(9)

3 生涯学習のクローズアップ ………………………………………11

　　今なぜ生涯学習は必要なのか(11)　　生涯学習と社会教育の構
　　造(13)　　生涯学習を必要とするような社会的背景(14)

第2章　人は発達段階に応じて何を学ぶか　19

1 発達段階と発達課題 ………………………………………………20

2 エリクソンの心理‐社会的発達段階論 …………………………23

3 レヴィンソンの成人発達論 ………………………………………25

4 第1の発達から第2の発達へ ……………………………………27

5 高齢期における発達課題とは ……………………………………30

第3章　就職すると人はどのような学習をするのか　35

1 生涯にわたる職業的発達 ………………………………… 36

職業的発達(36)　　自己概念の形成と職業の選択・適応(38)

2 学社融合と生き方支援 ………………………………… 39

キャリア教育と生き方支援(39)　　学社連携・学社融合による
生き方支援(42)

3 成人に対するキャリア教育 ………………………………… 44

職業教育・職業訓練(44)　　成人のキャリア発達(46)

4 働くことと生涯学習 ………………………………… 48

働くことと生活すること(48)　　職業能力に関する生涯学習
(50)　　働くことと生きること(50)

第4章　情報からの学習　53

図書館から人はどのような学習をするのか

1 図書館とは何か ………………………………… 54

情報（資料）(54)　　索引(55)　　利用者(56)　　インタフェ
ース(56)　　空間としての図書館(57)

2 図書館サービス ………………………………… 58

情報提供(58)　　利用者支援(59)

3 学校図書館と大学図書館 ………………………………… 60

アクティブ・ラーニング：学校教育の変化(61)　　アクティ

ブ・ラーニングの問題点(62)　　学校図書館(62)　　司書教諭

と学校司書(63)　　大学図書館(64)

4　生涯学習と図書館 ……………………………………………66

図書館と学習支援(66)　　情報ネットワークのノードとしての

図書館(66)

第5章　「もの」からの学習　　69

博物館から人はどのような学習をするのか

1　博物館の種類と実態 ………………………………………70

博物館の種類と機能(70)　　博物館の推移(72)

2　博物館の現代的使命 ………………………………………74

グローバル社会の問題解決に向けて(74)　　各博物館の使命
(76)

3　博物館と地域社会 …………………………………………79

地域と博物館(79)　　地域を見直す博物館(81)

4　博物館と生涯学習 …………………………………………82

情報化と博物館(82)　　生きることとの関わり(84)

第6章 地域の場からの学習 87

地域社会を基盤に人はどのような学習をするのか

1 地域社会における生涯学習活動 …………………………88

生涯学習活動の実態(88) 人びとはなぜ学習しないのか(90)

2 地域における学習の場 …………………………92

生涯学習を支援する施設(92) 生涯学習を支援する専門的職員(94)

3 公民館という社会教育施設 …………………………96

公民館とは(96) 現代における公民館の役割(98) 公民館で人は何を学んでいるのか(99)

4 地域における生涯学習支援の課題 …………………………101

社会の要請への対応(101) 地域を活性化するための学習支援(102) ソーシャル・キャピタルの醸成(104)

第7章 地域の人びとの相互学習 109

1 住民の自発的な参加によって創られた団体 …………………………110

2 NPO …………………………111

NPO とは(111) NPO 活動の分野(112) NPO がもつ強み(115)

3 社会教育関係団体 …………………………115

社会教育関係団体とは(115) 公の支配に属しない団体(116)

　　社会教育関係団体と補助金(117)

4 グループ・サークル活動 ……………………………………118

5 ICT を活用した学びの可能性 ……………………………119

　　ICT を活用した学習のメリット(119)　　人と人との交流と
　　ICT(119)

第8章　教育によらない強力な学習　　125

宗教の場合

1 宗教と生活 ………………………………………………126

　　宗教と生活様式(126)　　宗教と世俗(127)　　日本の宗教的特
　　徴(128)

2 宗教を構成するもの …………………………………130

　　超人間的存在(130)　　教義(131)　　儀礼と儀式(133)　　宗
　　教団体(134)

3 強烈な学習作用を引き起こす宗教 ……………………137

　　学習作用：条件づけ(137)　　政治と宗教の分離(139)　　教育
　　と教化(141)　　教団と学習のメカニズム(142)

4 日本人の宗教意識 ……………………………………146

　　宗教の社会的理解(146)　　日本人の宗教意識(147)

第9章 女性の生涯の変化は男女にどのような学習を求めるか 151

1 女性の人権の確立 ……………………………………………… 152

　長い道のり(152)　　国際的潮流とともに(154)　　求められる
生涯学習(157)　　LGBTと人権擁護(158)

2 女性のライフサイクルの変化と生涯学習 ……………… 160

　長寿化と多様化のなかの女性のライフサイクル(160)　　女性
のライフサイクルの変化と男女共同参画社会づくり(161)

3 男女共同参画社会と教育 ……………………………………… 163

　男女共同参画推進に向けた教育(163)　　ジェンダー平等教育
(165)　　性別特性論からの解放(167)　　ヒドゥン・カリキュ
ラムの是正(167)

4 男女共同参画社会づくりに向けて ………………………… 168

　家庭における固定的性役割の強化と親の学習(168)　　社会の
変化とさまざまな課題(169)　　男女共同参画社会に関する意
識と行政への要望(170)　　ローカルな対処とネットワークづ
くり(171)

第10章 人口の高齢化は学習をどう変えるか 181

1 人口の高齢化をめぐる問題 ………………………………… 182

2 高齢者とエイジングをみる視点 …………………………… 184

3 高齢者の学習のとらえ方 …………………………………… 186

4 高齢者への学習支援の特徴 ································188

高齢者の学習の特徴（188）　　高齢者大学をめぐる動向（190）

5 高齢者への学習支援の課題と展望 ··················193

第11章 | 情報技術は学習をどう変えるか　197

1 学習とコンピュータ ·································198

行動主義心理学（198）　　発見学習：パパート（199）　　協調学習（199）

2 データベースと XML ·································200

データベース（201）　　HTML（201）　　XML（202）　　RDF と URI（203）

3 セマンティック・ウェブ ·························205

セマンティック・ウェブ（205）　　オントロジー（206）　　学習オブジェクト・メタデータ（LOM）（208）　　教材検索システム（209）　　オープン・コース・ウェア（OCW）（209）

第12章 | グローバル化は学びをどう変えているのか　213

1 グローバル化をとらえる ·························214

グローバル化は地球規模（214）　　グローバル化は国と国との関係を超える（214）　　グローバル化という言葉がもつ魅力（216）

2 グローバル化とグローバリズム ··················216

グローバル化と市場原理主義(216)　　グローバリズム(217)
反グローバリズムとその限界(218)　　広い視野でグローバル
化をとらえる大事さ(218)

3　教育そして学習におけるグローバル化 ………………………219

グローバル化と国際化(219)　　教育言語における英語への集
中(219)　　地球規模での競争化(220)　　グローバル化した学
びにおける留意点(221)

4　主体性をもって生涯学んでいくために ………………223

グローカル化というヒント(223)　　英語を勉強しなくてはい
けないのか(224)　　日本において学び，そして学びを支援す
るには(225)

第13章　学校を開くことと生涯学習　　229

1　学校を開くとは，どういうことなのか
　　──なぜ開くべきでなぜ閉じがちになるのか ………………230

2　学校を開くことを支える「社会教育法」………………231

3　学校はどのように開かれるのか………………………232

物的に，ハードウェアとして(232)　　知的に，ソフトウェア
として(233)　　公民館活動における学校開放(233)　　社会教
育との連携と融合(234)

4　大学は開いているのか ………………………………235

その源流(235)　　図書館の開放(236)　　公開講座(237)
正規在学生とともに学ぶ(237)

5 学校を開いていく際の留意点 …………………………………241

第14章　生涯学習の方法　　243

1 生涯学習の方法の重要性 …………………………………244

2 アンドラゴジーとペダゴジー …………………………………246

3 生涯学習の方法のタイポロジー（類型）…………………248

　小集団での討議法（250）　　フォーラム型の学習方法（252）

4 新しいタイプの学びの形態 …………………………………253

　ワークショップとは（253）　　アクティブ・ラーニングとは
（255）

5 生涯学習の方法をめぐる展望 …………………………………256

第15章　生涯学習の重視は社会の仕組みを変える　261

1 生涯学習者の育成が学校教育の目的 …………………………262

　成長のための学習と適応・創造のための学習（262）　　学校教
育の目的は学習方法の習得（264）

2 社会の変化と学習 …………………………………………264

　女性の生活の変化（265）　　人口の高齢化と学習（266）　　グロ
ーバル化と学習（268）　　インターネットによる異文化接触
（271）　　情報と学習（272）　　画期的な内容伝達媒体の出現
（273）　　知識の評価と遠隔学習（274）

3 生涯学習機関とその職員は，学習を支援する ·················276

生涯学習機関の専門職員の役割(276)　学習目標の明確化
(277)　個人学習(278)　学習材料の提供(279)　学習途
中の疑問の解明(280)　学習成果の評価と次なる学習の目標
設定(281)　みずから考える生涯学習機関の専門職員(282)

★ 参考資料：生涯学習関連の法令 ·················291

★ 索引（事項・人名）·················293

★ *Column* 一覧

① スーパーの職業的発達段階 ················· 38
② 男女共同参画センター ················· 153
③ 女性のエンパワーメント ················· 159
④ 標準化 ················· 204
⑤ LOD（Linked Open Data）················· 210
⑥ 図書館が提供する学習プログラム ················· 211
⑦ 大学の公開（カナダの事例）················· 240
⑧ 学習相談の実践例 ················· 286

第1章 今なぜ生涯学習がクローズアップされるのか

図書館で調べ物をする——これからの生涯学習では，集合学習はもとよりですが，個人学習が比重を増してきます。

　　最近，「生涯学習」という言葉をよく耳にします。「あなた，生涯学習してますか」などという，日本語としてもその意味内容からしてもおかしいと感じるような広告を見たりもします。「生涯」とは生まれてから死ぬまでです。生まれてから死ぬまで活動するのは，当たり前のことです。人間らしく生涯活動するために，その前提として「学習」があります。ここでいう「学習」とは，学校で教えてもらって学習する，というような学習だけではありません。本章では，さまざまな学習を整理し，今なぜ生涯学習がクローズアップされているのかを考えてみましょう。

1 「生涯学習」の定着過程

生涯学習という用語の定着　まず最初に，「生涯学習」という語につながる語，およびその関連の用語の歴史を簡単にみてみましょう。「生涯学習」という概念が用いられるようになった歴史は，通常，フランス人のラングラン（P. Lengrand）に始まるとされています。彼は 1965 年ユネスコの会議で éducation permanente という語を用いました。英語でいえば permanent education です。彼の演説は日本にもすぐに紹介され，その当時「恒久教育」などと訳されています。彼が，生涯学習の祖のようにいわれるのは，世界的に，教育とは未成熟の年齢時に受けるものであるという考え方が定着していたときに，いやそうではなくて，生涯続くものである，という考え方を提唱したことにあります。

しかし，permanent education は，一生涯学校へ通い続け，強制的に詰め込み教育を受ける——これも当時の教育としては通常のことでした——というようなイメージが強いため，英語では，そのまま直訳されずに，lifelong education と訳されることになりました。そして，これが日本語に訳されたのが，「生涯教育」という言葉です。これは後に「生涯学習」に変わります。

社会の変化　将来の「生涯学習」につながる新しい語が出現した 1960 年代の後半，時を同じくして，社会を表すいろいろな新しい用語も出現してきました。後の社会科学に影響を及ぼしたものを 2, 3 拾ってみますと，脱

工業化社会（post-industrial society；ベルが有名，原著1973年），情報化社会（informierte Gesellschaft；シュタインブーフ，原著1966年），プログラム化社会（société programmée；トゥレーヌ，原著1969年），学習社会（learning society；ハッチンス，原著1968年）などがあります（より詳細は，関口，1992，pp.6-7）。時は，世界的に経済拡大の時期でもありました。しかしこの時代，社会全体が何かそれまでと変わってきていると感じさせたのが，こうした新しい語が出現した要因であったのでしょう。

「脱工業化社会」とは，具体的な内容を示さず，狩猟社会，農業社会の後に来たこれまでの「工業化社会」の次に来る社会という意味でいわれたのに対して，「情報化社会」あるいは「情報社会」という用語は具体的に内容を表しています。「情報化社会」という語は，日本人の発明であるといわれていました。英語圏ばかりを見ていたので，「情報化社会」に匹敵するほかの外国語を見つけられなかったのでしょう。しかし，日本で用いられ始まる少し前，ドイツ人による分厚い本がありました（Steinbuch, 1966）。

トフラーも『第三の波』（1980年，原著も1980年）のなかで，物理的・肉体的な腕力がパワーの源泉となる社会から，財力が源泉となる社会へと変化し，そして今度は知識がパワーの源泉となる社会へ移行していくとみていました。工業化社会では「物財」が流通の主体ですが，それに対して「情報化社会」や「脱工業化社会」では「知識や情報」が流通の主力となると考えられています。

「知識や情報」が主力となると，「知識や情報」の獲得や受容を目的とする「学習」や「教育」が重視される時代になってきます。これが「学習社会」や「生涯学習社会」といわれるゆえんでもあります。

この流れのなかで，日本の政策的変化を
みてみましょう。

　1971（昭和 46）年，社会教育審議会の答申「急激な社会構造の
変化に対処する社会教育のあり方について」が出されました。
1971 年は，そのほかにも教育に関する重要な答申が出ており，
法律改正にこそ結びつきませんでしたが，新しい考え方の発端に
なった年でした。

　その前に，生涯学習の前身に相当する日本での用語をみてみま
しょう。第 2 次世界大戦前には「通俗教育」という語が用いられ
た時代がありましたが，「社会教育」という語が主流でした。
1949（昭和 24）年に制定された「社会教育法」は，幾多の改正を
経てはいますが，現在も有効な法律です。

　この答申では，社会を「激しく変化している」ととらえ，それ
に対処するためにも，また，各人の個性や能力を最大限に啓発す
るためにも，「人びとはあらゆる機会を利用してたえず学習する
必要がある」ことを前提としています。いかに高度な学校教育を
受けた人であっても，次々に新しい知識や技術が出現するので，
生涯，学習をしなくてはならない。すなわち，「生涯教育」とい
う観点に立って，教育は考慮され直さなければならない，という
ことを強調しています。さらに，教育の内容を，対象面からは
「少年から老人まで」，内容面からは「知的な面から体育・文化活
動まで」と幅広くとらえ，レベルも「日常的基礎的なものから，
より高度なものまで」と幅広く考え，学習方法は集合学習のみで
なく「個人学習」をも含むものと考えることを明記しています。

　この後，大きな流れを拾うと，1981 年に中央教育審議会が出
した答申は，「生涯教育について」と題がつけられています。こ
のことは，「生涯教育」が社会教育のみならず，学校教育を含め

て，教育全体の政策の中心理念になったことを意味します。

　内閣総理大臣の諮問に応じた臨時教育審議会が，1987年，その最終答申を出しました。そのなかでは，教育制度の「生涯学習体系」への移行が唱えられました。この答申では，2つの大きな特徴が挙げられます。第1は，「生涯学習」という語が用いられていること，第2は，文部省（当時）や教育関係機関のみでなく他の省庁や企業なども含め，それらにも，たとえば，人の採用に際しては学校以外の場での学習成果も評価すること，就労後も学習に便宜を図ることなどを求めている点です。

　すなわち，第1の用語の変化は，視点が，教育を与える側ではなく，学習をする側に移っていることを意味します。第2の特徴は，「生涯学習」の理念が，教育界のみではなく産業界も含めて社会全体を覆うようになったということです。すなわち，ハッチンスが，「学習社会」とは，価値の転換が行われ，すべての男女がいろいろな形態の学習を通じて達成を目指すことに社会的に承認が得られた社会である，と述べていますが，ここにいたって，日本でも，それが政策として取り上げられ始めたということになるでしょう。

　この後，1990年には，いわゆる生涯学習振興法（「生涯学習の振興のための施策の推進体制等の整備に関する法律」）が新しく制定されました。これは，文部科学省のみならず，経済産業省なども関わっています。生涯学習振興法では，生涯学習とは何かという定義をしていませんが，これは，定義することによって，国民の自発的意思によってさまざまに展開されるべき学習を制約してしまう恐れがあるからである，と解釈されています。この後，各地の自治体を中心に，いろいろな形の生涯学習活動が展開されてきました。

2006年，教育基本法が改正され，新しく，「生涯学習の理念」が追加されました。「国民一人一人が，自己の人格を磨き，豊かな人生を送ることができるよう，その生涯にわたって，あらゆる機会に，あらゆる場所において学習することができ，その成果を適切に生かすことのできる社会の実現が図られなければならない」（第3条）。教育基本法は，1947年の成立のとき，はじめの草案では憲法の一部を占めていたものです。結局，独立の法として定められましたが，ほかの法律と異なり，本来そのような位置づけをもつものです。そのような位置づけの教育基本法のなかに，「生涯学習」という概念はしっかりと採択されました。

　このほかに，2006年の改正では，「家庭教育」に関する条項が加えられました。「父母その他の保護者は，子の教育について第一義的責任を有するものであって，生活のために必要な習慣を身に付けさせるとともに，自立心を育成し，心身の調和のとれた発達を図るよう努めるものとする」（第10条）。家庭教育はそれまでも重要であったのですが，法のなかには盛られていませんでした。しかし，ここで，子の教育に対し第一義的に責任を有するのは父母その他の保護者であることがしっかりと確認されました。

2　学習とは何か，教育とは何か

　　　　　　　　　　　　　　ここで，「学習」とは何か，「教育」とは
　「学習」と「教育」　　　　何か，について少し考えてみましょう。
　学習とは，さまざまな辞典や事典に定義されていますが，一口でいえば，「行動の変容」であるということになります。「変容」であるとしても，薬物による変容や，疲労による変容などは含ま

れません。また，純粋に生物学的な変化は成長と呼ばれて学習とは区別されています。できなかったことができるようになるとか，試行錯誤なしにより少ないエネルギーや時間で同じことができるようになるとかの方向性も示されています。すなわち，「行動の価値的変容」ということになります。ときには，行動の変容まで現れずに，情報や知識の蓄積のレベルでとどまることがあるかもしれません。しかし，蓄積された情報や知識は，いつかそれが必要になったときに，その人の行動の判断の基礎となることでしょう。

学習は，「自分のおかれた環境との相互接触により」行われます。環境には，社会的環境，文化的環境，自然的環境が含まれます。社会的環境とは，人的環境と考えてもよいでしょう。しかし，人が社会的環境，文化的環境をつくりだしてきたことが，人間生活を高度なものとしたと同時に複雑なものとし，学習が複雑なものになったといえます。また，単なる学習のみならず，よりよく他者に学習をさせるための方法のさまざまな工夫がなされてきたといえます。すなわち，「教育」の出現です。無力で何もできない状況で生まれてくる人間が，人間社会で生活し，機能するために学習することのうち，高度でかつ重要なものを効果的に学習させるための手段が「教育」なのです。

人は，一定の社会的・文化的環境のなかで生活せざるをえない宿命にあります。そのためには，その環境の要求する一定の文化的事象を習得しなければなりません。その社会集団内での行動のルールや，コミュニケーションのための言語，生活したり分業の責任を果たしたりするために要求される知識や技術，善悪の価値判断など，いろいろなものがあるでしょう。

そうしたものを，人は学習によって身につけていきますが，比

較的低度のものは，ほうっておいても生活するなかで自然に学習できます。しかし，高度なものは，自然のうちに学習することは難しく，意識的に努力をする必要があります。また，それだけでは十分でなく，他者の手を借りる必要があるものも出てきます。高度であるもの，かつその社会にとって不可欠であるとみなされるものを，人生の先輩格の人びとは，後から生まれる後輩に対して，後輩たちが早く確実に学習を行えるようにと助言を始めます。それがすなわち，教育の発生です。

　つまり教育とは，学習を確実にするための方法です。「学習」は，「行動の価値的変容である」と先に定義しましたが，そうであるとするならば，「教育」は，「他者の行動に価値的変容を起こさせようとする意図的な試みである」ということになります。

　教育にはさまざまなレベルのものがありますが，現代の社会は，教育を目的とする「学校」という制度を生じさせるまでに，教育が高度に発達した社会です。「学校」は，ある集団がその成員を高度な文化に導きたいと思うときには古くから存在してきました。しかし，「学校」が，現代のように国民全体に普及するようになったのは，そして，義務教育なるものが各国で採用されたのは，先に述べた社会変化のうち，社会が「工業化社会」に入ってからのことなのです。

学校以外の教育・学習

しかし，教育は学校のみで行われるものではありません。家庭におけるしつけも，「他者の行動を価値的に変容させようとする意図的な試み」ですし，会社における先輩社員の新入社員に対する指導・助言もそうです。

　社会教育法では，社会教育を「学校の教育課程として行われる

教育活動を除き，主として青少年及び成人に対して行われる組織的な教育活動」（第2条）と定義しています。すなわち，学校での正規の教育以外の組織的な教育活動はすべて社会教育と一括されているのです。社会教育法によれば，それは，主として青少年および成人を対象としますが，教育活動の内容は「体育及びレクリエーションの活動を含む」と幅広くとらえています。すなわち，主として学校に行っていない人を対象とする教育活動を意図していました。しかし，国主導の学校教育と異なり，民間の団体や学習者の自発的な意思を尊重することを強調しています。現在では，学校に行っている人も含めて学校教育以外の教育活動を考えています。

教育による学習と教育によらない学習

ここで，学習と教育の構造を整理しておきましょう。

「学習」には，「教育による学習」と，「教育によらない学習」が存在します。人が人生において行う学習は，「教育による学習」より，「教育によらない学習」のほうが，量的にははるかに多いと思われます。「教育による学習」は，質的に，社会のなかで高度かつ重要なものだと意識した内容について行われます。教育は大まかに，学校教育，社会教育，家庭教育に分けて語られますが，そのほかにも民間の組織による教育，たとえば企業内教育とか，昔の塾や家庭教師など個人による教育もあります。

しかし，学校にせよ，社会教育機関にせよ，家庭にせよ，企業にせよ，「教育によらない学習」はそのなかでも非常に多く行われています。教育を公的目的とする学校ですら，教育課程以外に学習されていることは多々あります。同輩との付き合い方とか，

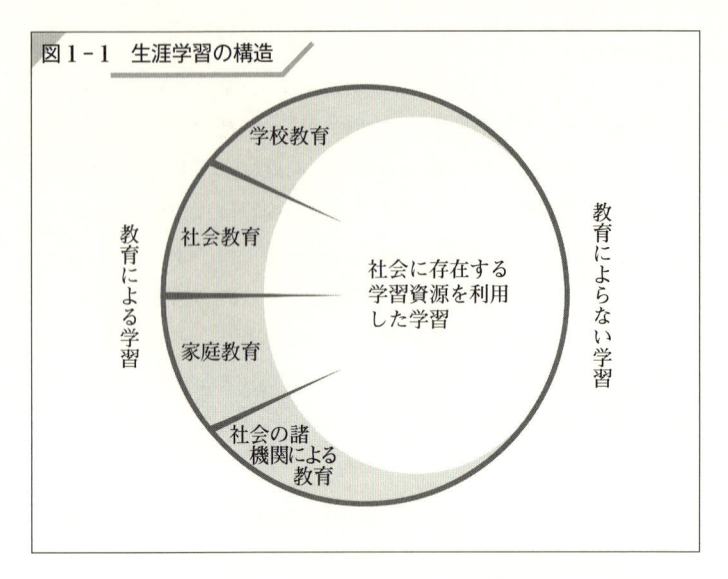

図 1-1　生涯学習の構造

学校教育

社会教育

教育による学習

家庭教育

社会の諸機関による教育

社会に存在する学習資源を利用した学習

教育によらない学習

時間の管理の仕方などは，その例です。社会には，意図的に用意されたものでなくとも，「学習材料」となるものは数多く存在するのです。これを「学習資源」（learning resources）といいます。

　会社でも地位が上がれば，新しい役割をこなさなくてはならず，それには強力な学習がつきものです。つまり，その人が社会に生きて，活動し，向上するためには，学習が前提となるのです。昔から，学習すなわち自己研鑽は，生涯にわたるものでした。「学習」とはつまり「生涯学習」であり，「生涯学習」は昔から存在していたのです。

3 生涯学習のクローズアップ

今なぜ生涯学習は必要なのか それがなぜ今，「生涯学習」がクローズアップされてきたのかを考えてみましょう。それは，学校教育の発達と密接な関係があります。学校教育が高度に発達すると，「学習する」よりも，いかに「教えるか」に関心が集中することになります。しかも，大量の知識・情報・技術を早く伝授して一人前の社会の構成員として活躍してもらおうとするので，「教育」は若いときに集中するようになります。

　教育が効を奏してくると，教育によらない学習は意識の外におかれてしまいます。また，教育は微に入り細に入り，教師が指示を出すようになり，それ以外の自由裁量の余地が認められなくなってきます。学習とは，教えてもらって行うものであり，自分で行うものではなくなってしまったのが現代ではないでしょうか。

　歴史上も何度か教育改革が行われましたが，それはたとえば，学校で教えることと，科挙（過去の中国で行われた官吏登用試験）でテストされることとが異なっているとか，学校で習うことが，実生活に役に立たないとか，そういうことが起こってきたからです。

　教育は，価値による教育内容の選別も伴います。社会が静的であるときは，成熟した世代が学習の内容を取捨選択し，それを研究を積んだ効率的な方法で伝授することは合理的でした。しかし，社会が動的になると，成熟した世代が過去の経験から得た価値観から取捨選択する内容は，変動を続けるこれからの社会に生きようとする人びとに，必ずしも適合的ではなくなってきます。また，

現在成熟していると考えられる人のもつ知識・情報・技能も，現代的ではなくなってきます。成熟した世代自身も新たに学習をすることを余儀なくされています。

　しかし，現代では，若いときの「学校教育」があまりにしっかりと定着しているだけに，そして，「教育」イコール「学校教育」，「学校教育」イコール「若いときの教育」という観念があまりに定着してしまっているために，それ以外の学習を組み込むためには別の標語が必要になってきています。それが「生涯学習」なのです。

　「学校教育」も「生涯学習」を助けるための一部です。しかし，行政管轄からみると，「学校教育課」や「初等中等教育局」がしっかりと定着し機能しているだけに，「生涯学習課」は，学校教育以外の部分を担当することになっているところが多いようです。市町村のなかでは「社会教育課」から「生涯学習課」へと名称を変更しても，内容的には，社会教育の定義で示したように，「学校教育以外の教育・学習」を担当しているところも多いようです。

　しかし，「教育」を「学習」に変えたということ，また文部科学省のなかで，生涯学習局が筆頭局に移動したということ（1988年設置，2001年の省庁再編により生涯学習政策局に改組，2018年度に総合教育政策局に再編予定）は，意味をもっています。指導者・講師主体の学習ではなくて，学習者自身の自主的学習が強調されてくるからです。それと同時に，教育によらない学習への配慮が，クローズアップされてきています。学習は，必ずしも指導者が存在する学習ばかりではありません。指導者のいない学習も意味をもつのです。集合学習ばかりではなく，もろもろの機関を利用したり，社会に存在する学習資源を利用したりする個人学習も強調されてきています。学習の成果を検定試験で認定したり，また，大

学入学の資格を各大学の判断に任せたりするようになってきているのも，その表れでしょう。

| 生涯学習と社会教育の構造 | もう一度，社会教育を中心に整理してみましょう。 |

生涯学習
　学校教育
　社会教育
　　○教育委員会・文部科学省主催のもの
　　○社会教育機関・生涯学習機関主催のもの
　　○教育委員会・文部科学省管轄以外の行政機関の主催するもの
　　○民間主催で教育委員会の援助を受けたり，社会教育機関の場所を借りたりするもの
　　○社会教育関係団体によるもの
　　○民間主催のもの
　個人学習
　　生涯学習施設を利用するもの
　　まったく個人で行うもの

　民間主催のものは，行政が把握するのは困難です。一時，社会教育調査の統計のなかに，新聞社，デパートなどが主催する講演会・講座などが記載されたことがありますが，それのみを取り上げるのでは片手落ちだと気づいたためでしょう，今では影を潜めています。その当時の新聞社，デパートなどの主催する講演会・講座などのみでも相当数に上ったことでもわかるように，そうした統計に表れないで行われている教育活動は，たくさんあります。

　教育によらない学習，教育と意識されないで行われている教育

による学習も，現代では多く存在しています。社会のさまざまな機関のもつ学習資源を利用して，学習は多様に行われているのです。

生涯学習を必要とするような社会的背景

今，「生涯学習」がクローズアップされてきている社会的背景は何でしょうか。それは，社会の変化が急速である，ということにほかなりません。「工業化社会」から，「脱工業化社会」ないしは「情報社会」へと変化していこうとしています。この変化は，「農業社会」から「工業社会」への変化に匹敵すると多くの人びとは考えています。「農業社会」から「工業社会」への移行では，君主政治から議会制度や選挙制度へ，君主の裁定による秩序から法による社会秩序へ，物々交換から貨幣中心の市場経済へ，封建制度から民主制度へ，生産と生活の場の一致からそれらの分離と家族の維持に関する男女の役割分業へ，家庭内での教育から学校による普遍的教育へ，実務教育から識字中心の教育へ……とさまざまな変化をもたらしました。現代では，それに匹敵するだけの大きな変化が徐々に進行しつつあるということなのです。

社会がゆったりと変化していた時代には，若いときに学習すればその知識や技能をもって，生涯生活していくことができました。ところが今は，そうはいかなくなってきているようです。

IT技術を例にとってみましょう。日本では2002年に，ほとんどすべての公立学校にインターネットにつながれたコンピュータが入りました。現在の生徒たちは，インターネットの存在を知る機会，学ぶ機会をもっています。その数年前から，コンピュータはほとんどすべての学校に導入されました。生徒たちは，それを

見，学ぶ機会を得ました。しかし，それ以前に学校教育を受けた人びとは，そのようなものが存在するということをまったく学習せずにきました。現在では，インターネットにつながれたコンピュータを駆使できない人や会社は，情報についてハンディキャップを負っているといっても過言ではありません。商取引の方法も，商取引に関わる需要の情報と供給の情報とを結びつける方法も変わりつつあります。最近では，大量の現金が動くことも少なくなり，為替，クレジットカード，デビットカード，電子マネー，仮想通貨，ビットコインなどが取引に使われて，お金も数字の情報にすぎなくなってきています。これらはほんの一例にすぎません。

単発的でなく一連の新しい技術群が開発され，それが社会に受容されて広く普及し，それに適合的な新しい制度が出現し，それが定着し，それとマッチした新しい価値観が定着して，新しい社会が出現するまでには，相当な時間がかかります。しかし，それらの変化を支えるためにも，阻止するためにも，そしてそれを超えて新しい社会秩序をつくりだすためにも，人びとは，教育による学習であろうと，教育によらない学習であろうと，生涯，学習し続けなくてはならなくなってきているのです。

人間が自分の資質・能力を伸ばし，主体的な成長・発達を続けていくうえで，学校教育であれ，社会教育であれ，教育は重要な役割を担っています。しかし，人びとが自己の充実や生活の向上のため，自発的意思に基づいて，必要に応じ，自分に適した手段や方法をみずから選んで，生涯を通じて行う「生涯学習」が今ほど必要とされているときはないでしょう。

●引用文献●

関口礼子．（1992）．「社会の情報化と教育の変貌」．『教育社会学研究』第51集，pp. 5-13.

トゥレーヌ，A.（寿里茂，西川潤訳）．（1970）．『脱工業化の社会』．河出書房新社.

トフラー，A.（鈴木健次ほか訳）．（1980）．『第三の波』．日本放送出版協会.

ベル，D.（内田忠夫ほか訳）．（1975）．『脱工業社会の到来：社会予測の一つの試み』上・下．ダイヤモンド社.

Hutchins, R. M.（1968）. *The Learning Society*. Praeger.

Steinbuch, K.（1966）. *Die Informierte Gesellschaft*. Deutsche Verlag-Anstalt.

📖 参考図書

　生涯学習に関して，最近新しい本がいくつも出ていますので，書名を挙げておきます。

佐藤晴雄．（2016）．『生涯学習概論 第1次改訂版』．学陽書房.

佐藤一子．（2006）．『現代社会教育学：生涯学習社会への道程』．東洋館出版社.

岩永雅也．（2006）．『生涯学習論：現代社会と生涯学習 改訂版』放送大学大学院教材．放送大学教育振興会.

関口礼子編．（2005）．『情報化社会の生涯学習』．学文社.

関口礼子．（2010）．『人生100年時代のライフサイクルと生涯学習』日本の社会研究所.

大堀哲ほか．（2002）．『司書・学芸員をめざす人への生涯学習概論』．樹村房.

　●図書館に働く人を対象に編集されています。

讃岐幸治，住岡英毅編．（2001）．『生涯学習社会』．ミネルヴァ書房．

　●教職につく人を対象に編集されています。

香川正弘，三浦嘉久編．（2002）．『生涯学習の展開』．ミネルヴァ書房．

第2章 人は発達段階に応じて何を学ぶか

乳児期から高齢期にいたるまで，人はその年齢に応じた学習をし，発達を続けます。

　私たちは，さまざまな人生の節目を通過していくなかで，発達上の課題に出会いつづけます。ここでは，ハヴィガーストやエリクソン，レヴィンソンらの発達課題論・発達段階論を学びつつ，最終的には生涯発達の完成期である高齢期における発達課題について考えていきます。人生前半の発達と人生後半の発達という2つの発達をどうとらえるかがポイントとなるでしょう。

1 発達段階と発達課題

　私たちはみな，子どもからおとなや高齢者に向かって変化しつづけています。こうした変化を形容する語として，発達（development）という語がしばしば用いられます。人間の発達という現象は，子どもからおとなに成長していくプロセスと同義で語られることが多いのですが，子どもがおとなに成長することがすなわち発達だというのでもありません。というのは，発達＝development という語のもともとの意味は，個体の内にかくされていたものが，時間的経過とともに徐々に立ち現れてくるプロセス，というものだからです。ここでいう「内にかくされていたもの」というのは，人間の可能性や個体の本質のようなものだと考えていいでしょう。そうしますと，人間の発達は，本来的には，その人の生涯にわたって展開されるものだということになります。極端な話，人間の絶対的な可能性のひとつに死の問題があります。人間が死ぬことも発達だというと，言い過ぎのように聞こえるかもしれませんが，死が私たちにとって避けられない出来事であるのならば，これをどう引き受けるのか，ということが大きな発達課題となってきます。ただ多くの場合，人生後半の変化や死の問題は，エイジング（aging）や老いの視点から語られることが多いようです。

　ところで，老いと死の問題だけでなく，結婚や子育て，就職や退職といった社会的な役割と結びついた課題もまた，人生を歩んでいくうえでの大きな課題です。私たちは，人生を歩んでいくなかで，その節目ごとに達成が期待される課題群に出会いつづけま

す（もちろん，結婚や就職をしないで人生を歩むという選択肢もありますが）。多くの人が経験するこうした課題群のことを，アメリカの教育社会学者ハヴィガースト（R. J. Havighurst）は発達課題（developmental task）と名づけました（ハヴィガースト，1995）。

ではなぜハヴィガーストは，発達課題なる概念を提起したのでしょうか。それは，今日でも社会問題化している青少年の問題が，1940年代のアメリカ社会においても，同様に大きな社会問題だったからなのです。ときには暴走もする若者をいかに良識ある市民にしていくか，という古今共通の悩みがそこにあったのです。

ハヴィガーストは，発達課題の源泉を次の3つに求めました。その第1は，人間の身体的な成熟です。第2は，社会の文化的な圧力です。第3は，個人的価値や願望です。つまり，個人の声と社会の声を橋渡ししようという願いがそこにあったのです。青少年問題に則していえば，「お前らの言うことも認めるが，社会のルールも守れ」というところでしょうか。

表2-1は，ハヴィガーストが掲げた人間の発達課題のリストです。先にふれたような理由もあって，青年期の課題群が最も多くなっています。青年期以前の課題群も豊富ですが，成人期以降の課題群はやや大まかになっています。またこのリストには，1940年代のアメリカ中産階級の理想像とかなり重なり合っていること，具体的項目と一般的項目とが混在していることなどの問題点もあるといえましょう。しかし，発達課題の考え方とリストが，以降の多くの発達段階論や学習課題論につながっていった点は注目されなければならないことでしょう。

表2-1 ハヴィガーストのみる発達課題のリスト

発達段階	発達課題
幼児期および 早期児童期 （6歳くらいまで）	1 歩行の学習 2 固形食摂取の学習 3 しゃべることの学習 4 排泄の統制を学ぶ 5 性差および性的な慎みを学ぶ 6 社会や自然の現実を述べるために概念を形成し言語を学ぶ 7 読むことの用意をする 8 善悪の区別を学び，良心を発達させはじめる
中期児童期 （6歳～12歳）	1 通常の遊びに必要な身体的技能を学ぶ 2 成長しつつある生体としての自分に対する健全な態度を身につける 3 同年代の者とやっていくことを学ぶ 4 男女それぞれにふさわしい社会的役割を学ぶ 5 読み書きと計算の基礎的技能を発達させる 6 日常生活に必要なさまざまな概念を発達させる 7 良心，道徳心，価値尺度を発達させる 8 個人としての自立を達成する 9 社会集団や社会制度に対する態度を発達させる
青年期 （12歳～18歳）	1 同年代の男女と新しい成熟した関係を結ぶ 2 男性あるいは女性の社会的役割を身につける 3 自分の体格をうけいれ，身体を効率的に使う 4 親や他の大人たちから情緒面で自立する 5 結婚と家庭生活の準備をする 6 職業につく準備をする 7 行動の指針としての価値観や倫理体系を身につける 8 社会的に責任ある行動をとりたいと思い，またそれを実行する
早期成人期 （18歳～30歳）	1 配偶者の選択 2 結婚相手と暮らすことの学習 3 家庭をつくる 4 育児 5 家の管理 6 職業の開始 7 市民としての責任をひきうける 8 気心の合う社交集団をみつける

中年期 （30歳〜60歳）	1	十代の子どもが責任を果たせる幸せな大人になるように援助する
	2	大人の社会的な責任，市民としての責任を果たす
	3	職業生活で満足のいく地歩を築き，それを維持する
	4	大人の余暇活動をつくりあげる
	5	自分をひとりの人間としての配偶者に関係づける
	6	中年期の生理学的変化の受容とそれへの適応
	7	老いてゆく親への適応
老年期 （60代以降）	1	体力と健康の衰退への適応
	2	退職と収入の減少への適応
	3	配偶者の死に対する適応
	4	自分の年齢集団の人と率直な親しい関係を確立する
	5	柔軟なやりかたで社会的な役割を身につけ，それに適応する
	6	満足のいく住宅の確保

（出所）　ハヴィガースト，1997より。

2 エリクソンの心理 - 社会的発達段階論

　ハヴィガーストが社会的に達成が期待される課題群のリストを発達課題ととらえたのに対し，エリクソン（E. H. Erikson）は，人間の自我が一生の間に出会いつづける心理 - 社会的な危機とその克服という観点から，独自の発達段階論や発達課題論を展開しました。彼の説のユニークな点は，私たちの人生のさまざまな段階には，その時期に固有な発達上の心理 - 社会的課題があり，それらを乗り越えつづけることで，私たちの自我はより高次の段階に成長していくと説いた点でしょう。この発達課題論は，生殖性，自我の統合などかなり一般的な形で語られています。また，これらの課題達成を妨げる負の力との緊張関係のなかでとらえられてもいます。

図2-1 エリクソンの発達課題論

		1	2	3	4	5	6	7	8
Ⅷ	円 熟 期								自我の統合 対 絶望
Ⅶ	成人中期							生殖性 対 停滞	
Ⅵ	成人前期						親密さ 対 孤独		
Ⅴ	思春期と青年期					同一性 対 役割混乱			
Ⅳ	潜 在 期				勤勉 対 劣等感				
Ⅲ	移　動性器期			自発性 対 罪悪感					
Ⅱ	筋　肉肛門期		自律 対 恥と疑惑						
Ⅰ	口　唇感覚期	基本的信頼 対 不信							

（出所）　エリクソン，1977，p. 351より。

　図2-1はエリクソンの発達課題論を示したものですが，第8の段階に向かうにつれて，課題が格子の右上に上昇しているという点に注目してください。そこには人間の自我や精神は，高齢期になっても成熟しつづけるという人間観があるのです。しかし，ここでいう成熟は，それ以前の時期の課題群に答えつづけてきたうえでのものなのだという点は忘れてはならないでしょう。または，個人の発達の問題を次世代育成の徳とからめて世代連鎖の視点から説いているという点も，エリクソンの説のなかで注目すべき点でしょう。

　図の成人期の部分を簡単に説明しておきましょう。「アイデン

ティティ（同一性)」（自分とは何か),「親密さ」（異性などと真に親密なパートナー関係を築くこと）という青年期・成人前期の課題の時期を過ぎた成人中期の発達課題は,「生殖性」という概念で説明されています。この語の主要な意味は次世代を育成していくということですが,技術や文化などを生み出すという意味もこめられています。この課題の達成を通じて,世代から世代への生の受け渡しがなされ,ケア＝世話という人格的徳性が獲得されていきます。

　円熟期・高齢期の課題は,「自我の統合」というものです。これは,自分のこれまでの人生を振り返って「これが人生か,ならばもう一度」と言えるだけの統合感をもつことと関連があるといえましょう。この課題達成を通じて,知恵という徳性がそこから芽生えていきます。

3 レヴィンソンの成人発達論

　発達課題論といえばハヴィガーストやエリクソンの説が有名ですが,成人期の人間の発達に焦点をおいたレヴィンソン (D. J. Levinson) の発達課題論も重要です。彼は,30代・40代の男性に対する綿密なインタビュー調査をもとに,成人の発達理論を示しました。のちに女性に対しても同様の調査を実施し,基本的には男性と同様の結果を示しています。彼は,生活構造（ある時期におけるその人の生活の基本的パターン）という概念から成人の発達をとらえ,これが安定期（生活構造が築かれる時期）と過渡期（生活構造が変わる時期）として,交互に,しかも年齢を指標として規則正しく生起してくると説きました。この時期区分は図 2-2 に示し

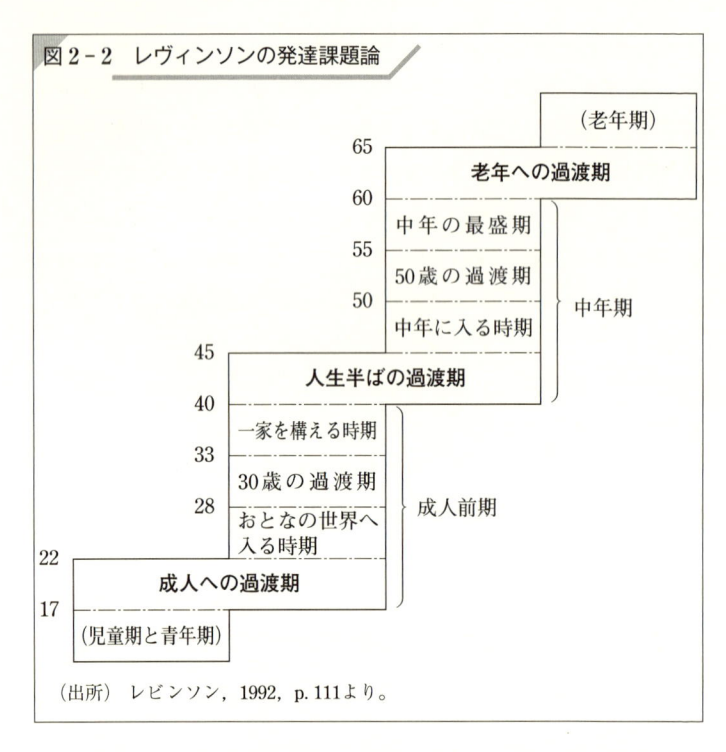

図2-2 レヴィンソンの発達課題論

65		（老年期）
	老年への過渡期	
60		
55	中年の最盛期	
	50歳の過渡期	中年期
50		
	中年に入る時期	
45		
	人生半ばの過渡期	
40		
33	一家を構える時期	
	30歳の過渡期	
28		成人前期
	おとなの世界へ入る時期	
22		
	成人への過渡期	
17		
	（児童期と青年期）	

（出所）　レビンソン，1992，p.111より。

たとおりですが，この段階は，職業の違いを超えて出現するということです。20歳，30歳，40歳あたりに10歳間隔で過渡期が表れるとされています。

　レヴィンソンは，30歳から50歳にかけての時期の発達課題を軸に考えたのですが，たとえば30歳前後の者の発達課題としては次のようなものを挙げています。①〈夢〉をもち，それを生活構造のなかに位置づける，②良き師（mentor）をもつ，③職業をもつ，④恋人をつくり，結婚し，家庭をつくる。もちろん10代・20代の若者も夢を追い求めますが，ここでいう「夢」は，より現実に根ざした夢を指します。そして，この「夢」を現実の

ものに近づけてくれるのが「師（相談相手）」なのです。師は，生き方の手本にもなりますが，やがて今度は，自分が師と呼ばれるようになっていくことが求められてくるでしょう。職業や家庭に関することなどは，多くの人がこの時期までに達成している課題なのかもしれません。しかしこの時期には，達成している人には「本当にこの職場や相手でいいのか。変えるなら今だぞ」という内面の声が聞こえてきて，達成していない人には「少しあせったらどうだ」という声が聞こえてくるとか。

　30代を通過していくと安定期に戻りますが，40歳前後でまた過渡期に突入します。この時期のことは，昔から厄年や中年の危機などと形容されてきました。レヴィンソンは，この時期の課題として，①成人前期という発達期を完全に終わらせること，②それまでの生活構造の不備の修正，③相対立する主な心理的課題の解決（若さと老いなど）を挙げています。それまで抑圧してきた内面の声も聞こえてきます。

4　第1の発達から第2の発達へ

　40歳前後の人生半ばの心の葛藤については，これまで多くの人によって指摘されてきました。私たちの多くは，その人生の前半で，労働と愛による社会的位置の定位を目指すという形で，多くの発達課題を達成しようとします。進学，学校卒業，結婚，家庭づくり，就職，昇進など。心は外の世界に向かっています。こうしたことを達成しつづけることを，私たちはしばしば成長・発達することだと考えます。

　しかし，40代くらいからこうしたものとは別のところからの

声が聞こえてきます。老いと死の問題などがその典型でしょう。逆に人生の前半で非常に大事だと思っていたことが，その頃には，しばしばあまり重要でなくなってきます。また，それまで歩んでこなかった部分の声や内面に押し殺してきた声が，ときどき頭をもたげてきます。勉強と仕事ひとすじで生きてきた人がこの時期に「遊び」をおぼえると，それにのめりこんでしまうことがあるというのも，このことと関係があるでしょう。

　この時期から人は，しばしば自分の内面や人生の残り時間を考えます。かつてはこうした傾向は好ましくない症候だといわれていましたが，ユング（C. G. Jung）は，こうした中年期の内向化の傾向をあえて「第2の発達」だと説きました。そこでいう発達は，人生前半で語られてきた発達とは少し意味が異なります。ここには，その人の内的な可能性を実現し，より高次の全体性に向かうという意味があります。それまで抑圧してきた声や老いや死の事実と可能性を，押し殺したり避けたりするのではなく，そうした事象を受容していける，より幅広い人間になっていくことが重要になるのです。

　ユングは，こうした傾向のなかには，人生前半とはまったく反対の方向に向かうものが多いととらえました。たとえば，「男性的（masculine）」とか「女性的（feminine）」などと呼ばれる傾向もこれにあてはまるといわれています。図2-3を見てください。この図のなかでは，若い男性，若い女性，高齢の男性，高齢の女性が何か議論しているようです。あなたにはこの絵を見て，だれが一番発言力があるように見えますか？　また，だれが一番発言力がないように見えますか？　考えてみてください。

　ニューガルテンとガットマン（Neugarten & Gutmann, 1968）は，中年期の者と高齢期の者とで，この絵の解釈が異なると指摘して

図2-3　パーソナリティ・テストの例

（出所）　Neugarten & Gutmann, 1968, p. 59 より。

いJます。彼女らによりますと，中年期の者の多くが右上の高齢男性に最も発言力があると答えたのに対し，高齢者の多くは，右下の高齢女性が最も発言力があると答えたということです。このことは，次のように解釈できるように思われます。すなわち，若い成人には高齢男性が権威的に見えるが，高齢の者には高齢女性のほうが権威的に見えるということで，男女間の相対的な力関係が逆転しているということです。今日のジェンダー研究の視点から見れば問題があるかもしれませんが，人生前半で受動的・受容的であった人は，人生後半で攻撃的・支配的になるという見方です。つまり，パーソナリティは反対物に逆転していくという具合に解釈できるといえましょう。

5 高齢期における発達課題とは

これまで，何人かの論者の，成人期における発達課題論をみてきましたが，これらの論に共通する問題点は，高齢期における発達課題がくわしく描かれていないという点です。その理由のひとつには，今日の人生90年時代というのが，人類にとって未曾有の時代であるからなのです。ハヴィガーストが表2-1において示した老年期とは，じつは60代以上の層を指し示していたのです。しかし今日では，60代の人を高齢者と呼ぶことには若干抵抗もあるでしょう。またこの課題群は，高齢期を老化の時期ととらえているようにも受け止められます。もう少し別の観点も必要だといえます。こうしてみますと，生涯学習の完成期である高齢期における発達課題論を考えることは，きわめて今日的な課題なのです。

では，これまで高齢期の人たちの発達課題はどのように論じられてきたのでしょうか。古くはペック（R. Peck）という学者が，エリクソンの説を深めるという形で，次のような高齢期の課題論を示しました（Peck, 1968）。

① 自我の分化 対 労働役割への没頭　　高齢期を迎えますと，それまでの労働（とくに職場生活と子育て）中心の生活を変えていく必要に迫られてきます。こうしたものに代わる満足のいく活動を見出すこと，すなわち自我の分化が重要となるのです。

② 身体からの超越 対 身体への埋没　　年をとると，スポーツなどの身体的な条件に根ざしたもののみから満足感を得ることは難しくなってくるでしょう。精神的なあるいは社会的な満足感

を得ることが大事となってきます。

③　自我の超越　対　自我への埋没　　高齢期を迎えますと，徐々に自分の人生の有限性が現実のものとなってきます。自分の死という問題です。自己の有限性や死を乗り越えることが，大きな発達課題なのです。エリクソンも８つの発達段階説のあとに，第９の段階として「死に向かって成長すること」を入れようとしたといわれています。

さて，このペックの説のなかには「超越（transcendence）」なる語が２回も出てきています。これが高齢期の発達課題を考えるキーワードだともいえます。では「超越」とは何なのでしょうか。

人生の他の時期と比べるならば，高齢期の最大の特徴は，老いと死の問題がより身近に感じられる時期であることだといえましょう。しかも，自分自身のこととしてです。そして，私たちはだれも死後の世界を知りません。この課題をどう乗り越えていけるのでしょうか。あるいはそれをどう受容していくと納得できるのでしょうか。

またスウェーデンの老年学者トーンスタム（L. Tornstam）は，超高齢期（85歳以上あたり）の人の発達上の課題を老年的超越（gerotranscendence）と提起しました。老年的超越とは，自己と他者，時間と空間などの境界線が不分明となり万物と一体化するような経験を指します。こうした経験はともすれば老化の兆候だとされてきましたが，トーンスタムは，これを発達だととらえるという視座を示しました（トーンスタム，2017）。

ここでひとつ指摘できるのは，高齢期の超越に関連する課題に取り組む際に，「つながり」というものが重要になってくるということです。過去とのつながり，未来とのつながり，他者とのつながりなど。とくに，狭く限定された自分の一個の人生を超越し，

悠久なるものや未来の世代とのつながりが実感できたとき，高齢期の時期に意味の感覚が芽生えてくるのではないでしょうか。フランクル（V. Frankl）という心理学者は，人間の根源的な力を「意味への意志」ととらえ，強制収容所や臨死状態といった限界状況におかれても，人間には意味と生きがいを見出す力があるのだと指摘しました（フランクル，1993）。

　高齢の人たちが好む学習内容を思い浮かべてください。歴史，古典，芸術，宗教など，悠久なものとの対話が可能なものが多いのではないでしょうか。そこには超越と意味の感覚があり，「大いなるもの」とのつながりの感覚があるのです。

●引用文献●

エリクソン，E. H.（仁科弥生訳）．（1977）．『幼児期と社会1』．みすず書房．

トーンスタム，L.（冨澤公子・タカハシマサミ訳）．（2017）．『老年的超越：歳を重ねる幸福感の世界』．晃洋書房．

ハヴィガースト，R.（荘司雅子監訳）．（1995）．『人間の発達課題と教育』．玉川大学出版部．

ハヴィガースト，R.（児玉憲典，飯塚裕子訳）．（1997）．『ハヴィガーストの発達課題と教育：生涯発達と人間形成』．川島書店．

フランクル，V.（山田邦男，松田美佳訳）．（1993）．『それでも人生にイエスと言う』．春秋社．

レビンソン，D.（南博訳）．（1992）．『ライフサイクルの心理学』上．講談社．

Neugarten, B. L. & Gutmann, D. L. (1968). "Age-Sex Roles and Personality in Middle Age," Neugarten, B. L. (ed.), *Middle*

Age and Aging. The University of Chicago Press.

Peck, R. C. (1968). "Psychological Developments in the Second Half of Life," Neugarten, B. L. (ed.), *Middle Age and Aging.* The University of Chicago Press.

 **参考図書** ● ● ●

高橋恵子, 波多野誼余夫. (1990). 『生涯発達の心理学』. 岩波書店.

　●生涯発達論の入門書としては, わかりやすい好著。子ども論や認知・愛着行動論が中心におかれている点は, 若干留意が必要。

無藤隆ほか編. (1995). 『講座　生涯発達心理学』1〜5. 金子書房.

　●日本では最初の本格的な生涯発達心理学シリーズ。とくに第1巻『生涯発達心理学とは何か』では, 生涯発達という考え方を多義的に考察しています。

堀薫夫. (2018). 『生涯発達と生涯学習　第2版』. ミネルヴァ書房.

　●生涯学習に関わる基本的問題点を, 発達と学習の2つの軸から論じています。生涯発達の視点から生涯学習をとらえる本だといえます。

柏木恵子. (2013). 『おとなが育つ条件：発達心理学から考える』. 岩波書店.

　●高齢社会の動向を射程に入れたうえで, おとなが発達するとはどういうことなのかを, 多面的に描いています。

第3章　就職すると人はどのような学習をするのか

ユース・エンタプライズ　トレードフェア——若者たちが社会課題の解決を目指し，地域の企業などの支援を得て，仮想企業を設立・運営します。アントレプレナーシップ（起業家的行動能力）学習の発表の場です（特定非営利活動法人アントレプレナーシップ開発センター URL：http://www.entreplanet.org/）。

何のために学校で学習するのかと問われたら，何と答えますか。進学のためと思うのではないでしょうか。しかし，学校が終われば人生が終わるということはないのです。進学した後も，いずれは卒業し働いて生きていかなければなりません。学習はつづきます。人生のほとんどは仕事をしている期間なのです。生涯学習時代の今日，自分自身の学習によって職業を選択し，人生を選択していくことを考えてみましょう。

1　生涯にわたる職業的発達

職業的発達　　　　近代的な職業指導が始まったのは 1900 年代のはじめからといわれています。近代的な職業指導の生みの親といわれているパーソンズ（F. Parsons）は，1908 年にボストン市に職業院（The Brend Winner's Institute）という職業指導の独立機関を開設し，『職業指導の原理と問題』（*Principles and Problems of Vocational Guidance*）を発表しました。このときはじめて学問上の「職業指導（vocational guidance）」という言葉が生まれました。人間と職業との関わりに関する研究が進められ，その後パーソンズは『職業選択』（*Choosing a Vocational*）という書物も刊行します。

　1900 年代の半ばになると，心理学の発達とあいまって職業的発達理論が現れてきます。ギンズバーグ（E. Ginzberg）やスーパー（D. E. Super）によって理論的素地がつくられたといわれています。ギンズバーグは実証的研究により，3 つの基本法則を発見しました。

　第 1 の法則は，職業選択はひとつの発達的過程であり，個人の誕生から始まり死ぬまで続くということです。11 歳頃までの空想的選択期は，自己の衝動や欲求を職業の選択に置きかえてしまいます。次の暫定的選択期（11 歳〜17，18 歳）になると，職業の選択は，主観的要因をもとに行われます。第 1 段階は興味，第 2 段階は能力，第 3 段階は価値観が基本となります。17 歳の頃に第 4 段階である移行の段階に入り，これまでの主観的要因のみを考慮することから進んで，客観的に現実をみるようになります。

最後の現実的選択期（18歳～成人初期）は，いくつかの代替進路を探し求める探索の段階から，進路の選択をしぼっていく結晶化の段階を経て特殊化の段階へと移ります。

このほか職業選択のプロセスには，変型と逸脱型があります。変型は早く世に出る才能や適性をもつ人物の場合で，早くからひとつの職業希望のみをもつタイプです。逸脱型はいつまでも興味の段階にいる場合や，選択を結晶できない場合のことを指し，発達に問題があるといわれています。

第2の法則は，職業選択にはだいたい逆もどりがないということです。職業選択は個人の年齢発達に伴って行われるものですから，後の決定は前の決定から制約を受けるのです。

第3の法則は，職業選択はひとつの妥協に終わるということです。すなわち個人は主観的要因にのみ依拠して職業選択をすることはできず，社会の現実を客観的にみて，それら外部の諸要因とのバランスをとって職業の選択をする必要があるということです（増田，伊藤，1967，pp.5-7）。

人は突然職業を選び職業に就くのではないのです。小さいころから階段を上るように，職業に関しても各段階を経て発達していきます。青年期になり職業の好みを結晶化し，職業を選択し，職業に就き，確立，維持をし，退職していくのです。退職後をいかに生きるかも，すべてつながった一連の発達なのです。

職業は個人の人格全体によって営まれます。したがって，職業的発達とは職業に関する個人の精神発達の現象を指すといわれています。

Column ①　スーパーの職業的発達段階 ●•●•●•●•●•●•●•●•●•

　スーパーは職業的発達を以下のように表しています。スーパー
以後さまざまな研究が行われ，多くの段階説が提唱されています。
日本では，この職業的発達の段階を経て十分に発達することがで
きず，職業に就いて生きていくことのできない青年が増加してい
ます。

① 　成長段階（誕生から 14 歳）

　　空想期（4〜10 歳），興味期（11〜12 歳），能力期（13〜14 歳）

② 　探索段階（15〜24 歳）

　　暫定期（15〜17 歳），移行期（18〜21 歳），試行期（22〜24 歳）

③ 　確立段階（25〜44 歳）

　　本格的試行期（25〜30 歳），安定期（31〜44 歳）

④ 　維持段階（45〜64 歳）

⑤ 　下降段階（65 歳以上）

　　減速期（65〜70 歳），引退期（71 歳以上）

　（出所）　日本進路指導学会編，1982，p. 103 より。

自己概念の形成と職業 の選択・適応

　スーパーは職業的発達の中心となる概念
として，自己概念を用いています。職業
の選択は継続的な発達過程であり，その
選択において，人は自己概念を実現する方法を選択するというの
です。すなわち青年期に先立って形成され始めた自己概念は，青
年期に明確になり，職業用語に置きかえられるようになるのです。
職業とは，パーソナリティすなわち人格と不可分のものであるの
です。ギンズバーグは，青年期の職業の選択には自我の強さが必
要であると述べています。

　またスーパーは，自己概念は，成長，探索，確立，維持，下降
という生活段階のなかで発達するとし，その発達過程は，自我の

分化，同一化，役割演技，現実吟味，自我と現実との統合の過程であるとしています（日本進路指導学会編，1982，p. 89）。

　したがって職業適応も，職業と個人の全人格との関わりによって達成されることになります。一般的に，職務上の成功などが，職業適応の評価の客観的な基準として考えられています。しかし，近年は主観的要因として，自己概念の実現や自我同一性の確立に関わる人格的成長の度合いも重要であることがわかってきました。

　その後の研究からも，職業に就いて生きていくことと，「自己概念」「パーソナリティ」「自我」「自尊心」「自己理解」などは深い関わりがあることが明らかになり，キャリア教育において重視されています。職業に就いて生きていくことは，生涯にわたる発達であり，自己の成長と深く関わりがあるのです。

2　学社融合と生き方支援

キャリア教育と生き方支援

1900 年代初めに Vocational Guidance が職業指導と訳され紹介されて以来，日本では職業指導や進路指導という言葉が使われてきました。しかし今日ではそれに代わり「キャリア教育」という用語が用いられるようになりました。この用語が文部科学行政関連の審議会報告等で初めて登場したのは，中央教育審議会答申「初等中等教育と高等教育との接続の改善について」（1999）のなかです。この答申では，「学校教育と職業生活との接続」の改善を図るために，小学校段階から発達の段階に応じてキャリア教育を実施する必要があると提言されています。職業指導という言葉が使われると就職直前の指導ととらえられがちです。また職

業教育や職業訓練とも混同されてしまいます。しかし，それらは職業指導とは異なります。職業指導とは，個人がみずからの力で主体的に職業を選択し，職業に就く準備をし，就職し，職業生活に適応していくことを援助する過程を意味するのです。また，進路指導という言葉が使われると進学前の一時期の指導のように思われがちであり，さらに狭義に進路指導という言葉が使われる場合，受験指導と混同されがちです。一方，キャリア教育という言葉が使われる場合，体験活動ばかりが強調されてしまう傾向があります。職業指導，進路指導，キャリア教育など，どの用語が使われるにしても，生まれてから死ぬまで一生続く生き方指導なのです。

　学校教育における職業指導の根拠は憲法，児童憲章，教育基本法および学校教育法にみることができます。憲法では第22条に「何人も，公共の福祉に反しない限り，居住，移転及び職業選択の自由を有する」，第27条に「すべて国民は，勤労の権利を有し，義務を負ふ」とあります。児童憲章には「すべての児童は，職業指導を受ける機会が与えられる」とあります。教育基本法の第1条（教育の目的）は「教育は，人格の完成を目指し，平和で民主的な国家及び社会の形成者として必要な資質を備えた心身ともに健康な国民の育成を期して行われなければならない」とあり，目的を実現するための教育目標である第2条には「二　個人の価値を尊重して，その能力を伸ばし，創造性を培い，自主及び自律の精神を養うとともに，職業及び生活との関連を重視し，勤労を重んずる態度を養うこと」とあります。また義務教育に関して第5条2項には「義務教育として行われる普通教育は，各個人の有する能力を伸ばしつつ社会において自立的に生きる基礎を培い，また，国家及び社会の形成者として必要とされる基本的な資質を養うことを目的として行われるものとする」とあります。

学校教育法第21条には義務教育に関して「一　学校内外における社会的活動を促進し，自主，自律及び協同の精神，規範意識，公正な判断力並びに公共の精神に基づき主体的に社会の形成に参画し，その発展に寄与する態度を養うこと」や「十　職業についての基礎的な知識と技能，勤労を重んずる態度及び個性に応じて将来の進路を選択する能力を養うこと」という目標を達成することが明記されています。さらに小学校および中学校において，体験的な学習活動の充実とそのための関係機関との連携への配慮が述べられています。

　学校教育法には，第64条に中学校に関して，また第51条に高等学校に関して，教育は以下の目標を達成するよう行われるものとすると定められています（カッコ内は高等学校のみにある記述）。

　一　（義務教育として行われる普通教育の成果を更に発展拡充させて，）豊かな人間性，創造性及び健やかな身体を養い，国家及び社会の形成者として必要な資質を養うこと。

　二　社会において果たさなければならない使命の自覚に基づき，個性に応じて将来の進路を決定させ，一般的な教養を高め，専門的な知識，技術及び技能を習得させること。

　三　個性の確立に努めるとともに，社会について，広く深い理解と健全な批判力を養い，社会の発展に寄与する態度を養うこと。

　すなわち，教育そのものは，キャリア教育と不可分であることが理解できます。

　そのため学校教育法に基づく学習指導要領にも常にキャリア教育と教育との深い関わりが記されています。

　職業指導の重要性を指摘しつづけてきた職業指導の第一人者である竹内義彰は，職業と人との関わりを示すタイトルをつけた

『職業と人間形成』を著しています。そのなかで職業指導を，「個人の職業適応という名の問題解決を生涯に渡って適切に指導する活動である」（竹内ほか，1977，p. 107）と述べています。すなわち，職業的適応という終生の課題は，指導者の誰かが当人に代わって仮に解決したとしても，それは課題をもつ者自身の行動による問題解決ではなく，単なる回避にすぎません。したがって，職業指導の正しい役割は，個人が職業的適応という終生にわたる自己自身の問題解決を自主的に遂行していくことのできる能力や態度を身につけられるように，側面から適切に教育し援助するところに求めなければならないと指摘しています。

　キャリア教育は，学校においてだけでなく家庭教育においても，社会教育においても，また，子どもから大人まで必要としているものです。まさに生涯学習なのです。私たちはとくに，後述する社会教育における成人のキャリア教育を見落とさないようにしなければなりません。

学社連携・学社融合による生き方支援

アメリカではキャリア教育が1970年代のはじめから国民の要望として見直され，実施されてきました。キャリア教育の前提として，個人はある水準の自己理解を達成する権利をもつことが確認されています。キャリア教育推進のイニシアティブをとった当時の教育長官のマーランド（S. P. Marland Jr.）は，以下の定義を取り上げています。

　　「キャリア教育は，すべての人が労働指向社会の価値に慣れ，これらの価値をそれぞれの個人的価値システムに統合し，労働が各人にとって可能なもの，意義のあるもの，満足のいくものとなるよう

な方法で，各人の人生でこれらの価値を生かすことを目的とする公教育及び地域社会全体の努力である」（職業指導学国際事務局編，1981，p.17）。

実践において，地域の諸団体，社会教育施設，企業，労働組合，さらには大学や大学院の教育実習と結びつけた指導が行われています。地域全体でNPOをつくり，実施にあたるという例もみられます。キャリア教育は社会全体の責任であるとして，学校教育と社会教育の連携・融合により進められてきました。

日本においても，社会の協力の必要性は同様です。教育基本法第13条「学校，家庭及び地域住民等の相互の連携協力」において，「学校，家庭及び地域住民その他の関係者は，教育におけるそれぞれの役割と責任を自覚するとともに，相互の連携及び協力に努めるものとする」と述べられています。学習指導要領においても，キャリア教育を家庭や地域と連携して展開するよう明記されています。また，中央教育審議会「今後の学校におけるキャリア教育・職業教育の在り方について（答申）」（2011）においても，「キャリア教育を十分に展開するためには，学校が家庭・地域・社会，企業，経済団体・職能団体や労働組合等の関係機関，NPO等と連携することが不可欠である」と断言しています。総合的な学習の時間に自己のあり方・生き方や進路について考察する学習活動や，就業体験などの社会的体験が挙げられています。また，地域におけるさまざまな体験活動を実施することが求められています。体験学習は地域の協力なくして実施することはできません。それだけに地域社会の成員が地域教育の一環として，就業体験の重要性を認識する社会教育が緊要となっています。

社会教育施設が中心となって，総合的な学習の時間のための，

プログラムの企画，実施が進められている地域もあります。家庭と学校だけでは，青少年に十分な教育を与えることはできません。キャリア教育における学校教育と社会教育の連携・融合は，今日の教育問題を是正するひとつの道でもあります。

3 成人に対するキャリア教育

職業教育・職業訓練と職業指導・進路指導・キャリア教育は深い関わりをもち，不可分なつながりをもっていますが，これらは同じものではありません。職業教育・訓練は一般に，一定の職業のもつ客観的な知識や技能の修得を中心とした教育です。それに対して職業指導は，職業に向かうところの人間自身の態度に重点をおいた生き方への援助ともいえます。

職業教育・訓練は，企業における能力開発，職業訓練（職業能力開発）施設における職業訓練と，学校における職業教育・訓練の３つの場で行われています。技能や能力の検定制度も整えられ，労働市場を通して労働力の流動化を促進することが期待されていました。しかし，それらの検定への合格や取得した資格は，内部労働市場（一企業内の労働市場）における競争関係を伴った配置・活用に有効性をもってはいても，外部労働市場（企業間・企業外の労働市場）において雇用契約に有効に機能し，それにふさわしい処遇を受ける保証にはなりませんでした。むしろ能力主義管理のもとに組織された教育訓練体系を通して，また技能検定や社内検定の受検，各種の資格取得を奨励することにより，従業員の職務遂行能力を高める作用を果たしていたともいえます。さらに従業

員が検定に合格し，資格をもつことによって，顧客の従業員に対する信頼を高め，企業にとって対外的な評価を高める役割を果たすことが期待されてきたのです。

　しかし，今日では国際化や情報化に伴う労働内容の変化への対応に加えて，再就職の際に企業外で職業教育・訓練を受ける必要が生じてきました。内部・外部の労働市場において職業教育・訓練の需要が高まりつつあり，職業教育・訓練は人の一生を通して必要とされるものになりつつあります。すなわち生涯学習の一環として幅広く求められるようになってきたのです。

　企業内教育は，なんとか一人前にと先輩が手ほどきするものから，充実した教育訓練体系がつくられ，計画的な教育が行われるものまでありますが，いずれも人を育てることがその目的です。企業内教育は社会人に対する生涯教育という役割を果たしていたのです。

　企業内教育は，労働能力に対する投資の意味をもっている点において，これまで終身雇用制度のもとで，その機能を発揮してきたということができます。しかし，この終身雇用制の変化に伴い，企業内教育の内容も変わりつつあります。今までの企業内教育は企業の主導性のもとにありましたが，これからは，学習者である従業員の主体性が増すことにより，生涯学習としてより大きな意味をもつことになると考えられます。企業の要求から，自己の選択へと，資格獲得の比重が移りつつあります。自己の成長のためにみずから必要な資格，免許を取得する人びとが増えています。

　個人が，自分の仕事に必要なことや，自分の生き方に必要なことを自分で判断して選び，学習していかなければなりません。その内容と方法を考えるのも個人に委ねられているのです。職業に就くことは学び続けることです。そこでは，主体的な生涯学習能

力が求められているのです。

成人のキャリア発達　心理学者であり，組織のなかの人間行動を扱う学問分野である組織行動論（organizational behavior）の発展に寄与してきたエドガー・シャイン（E. H. Schein）は，『キャリア・アンカー——自分のほんとうの価値を発見しよう』においてキャリア・アンカーとして形成された自己概念について述べています。「キャリア・アンカーとは何かといえば，それは，ある人が自分のキャリアを決める際，指針にも制約にもなる自己イメージのことです」（シャイン，2003a，p. 12），また「あなたのキャリア・アンカーとはあなたがどうしても犠牲にしたくない，またあなたのほんとうの自己を象徴する，コンピタンス（訳注：有能さや成果を生み出す能力）や動機，価値観について，自分が確認していることが複合的に組み合わさったものです。自分のアンカーを知っていないと，外部から与えられ刺激誘因（訳注：報酬や肩書き等）の誘惑を受けてしまって，あとになってから不満を感じるような就職や転職をしてしまうこともあります」と述べています（シャイン，2003a，p. 1）。

　彼は，自分自身の姿と持ち味を明確に把握し，自分自身の過去の活動や将来の抱負を探索する方法を体系的に示すためにキャリア指向質問票（Career Orientations Inventory）を作成しています。このキャリア・アンカーの概念の起源に関して研究の結果，本人は気づいていなくとも「ひとりひとりの根底にあるテーマは，自我の成長感を反映したものであり，早い時期に学習したことにもとづくものでした。彼らは，自分に適していない仕事についたとき，自分にもっと適しているなにかに『引き戻されている』というイメージのことについて話していました。それを錨（いかり，

アンカー）にたとえることにしたわけです」と述べています（シャイン，2003a，p.25）。

　また，彼はキャリアの主要な段階として，スーパーほか1980年代のキャリア発達に関する研究を参考に，以下の10の段階を明示しています。

　第1段階は，成長，空想と探索をする。第2段階は，教育と訓練を受ける。第3段階は，仕事生活に入る。第4段階は，基礎訓練を受け，組織になじむ（社会化をくぐる）。第5段階は，一人前の成員として認められる。第6段階は，終身雇用権（テニュア）を獲得し，長く成員でいられるようになる。第7段階は，キャリア半ばの危機に自分を再評価する。第8段階は，勢いを維持する，回復する，あるいはピークを超える。第9段階は，仕事から引き始める。第10段階は，退職する（シャイン，2003a，p.13）。

　このように，キャリア発達は続きます。退職後も生き方の決定は継続するのです。退職後の人生が長くなった現在，高齢期の自己概念形成およびキャリア形成も注視されています。人の一生において自己概念は中心的位置を占めるといっても過言ではありません。幼少期から青年期に至る自己概念の形成とその教育の重要性を改めて認識するとともに，生涯学習としてキャリア教育をとらえることが求められています。

　また，シャインの『キャリア・サバイバル——職務と役割の戦略的プラニング』には，変動の時代のしかもそのペースのますますの加速に対して，「職務に就いているひとが，変化していく役割を見直し，乱気流のような環境変化に適応していけるようにする手順」と「経営幹部と管理職が，組織における自分たちの役割がどのように変わっていくのかきちんと把握して，将来その職務に就くひとにその変化をきちんと伝えるのに役立つ手順」（シャ

イン，2003b，p.vii）が必要であると述べられています。職業に関しても知識や技術の習得だけではなく，組織の変化，社会の変化のなかに，自己の成長をとらえることが求められるようになってきました。

　さらに，上記2冊を補うものとして出された『キャリア・デザイン・ガイド——自分のキャリアをうまく振り返り展望するために』では，キャリアを視る際の二大視点として，発達とマッチング（適合）が取り上げられています。キャリアのあり方を「ひとつは，発達という観点からそれを捉える視点で，自己概念やアイデンティティなどの概念がそこでは中心にあります。もうひとつは，マッチング（適合）という観点から，キャリアのあり方を把握しようとする見方で，そのひとが，勤務する会社の社風や仕事の性質にあっているかを見る視点がこれです」と知識・技術の獲得のみではなく，常に自分と職務のあり方を省察していかなくてはならないと述べられています（金井，2003，p.15）。

　このように，成人のキャリア発達についてすでにさまざまな手法の研究も積み重ねられてきました。生涯学習時代には，職業に就いてからの学習が必要なのです。

4 働くことと生涯学習

|働くことと生活すること|仕事の三大目的は，生計の維持，自己の個性・能力の発揮，社会的役割といわれています。仕事をするということは，お|

金を得るためだけでなく，自分を生かし，社会の一員として社会的役割を果たして，生きていくことなのです。

それらの前提は言うまでもなく，人として生きていくことなのです。しかし，キャリア形成のうえで，現実には前提を崩す大きな問題をかかえているということができます。

　勤労観・職業観の形成に関して「後期中等教育修了までに，生涯にわたる多様なキャリア形成に共通した能力や態度を身に付けさせることと併せて，これらの育成を通じて価値観，とりわけ勤労観・職業観を自ら形成・確立できる子ども・若者の育成を，キャリア教育の視点から見た場合の目標とすることが重要である」（中央教育審議会答申，2011 年）と指摘されています。

　しかしながら社会が提示する職業世界は，希望をもてるものではありません。そのため「仕事と生活の調和」を求めるワーク・ライフ・バランスの必要性が強調されてはいるのですが，現実との乖離は大きく，さまざまな問題を生み出しています。

　生活の多くを犠牲にする長時間労働は，身体および精神に影響を与え，健康を崩すとともに，うつ病に代表される精神疾患，さらには過労死や自殺などを生み出しています。家庭崩壊の起因ともなり，人が働くことは，かならずしも幸せな人生と結びつかない現状があります。

　また，セーフティーネットのない非正規雇用の増加は就労による経済的自立や将来の設計を困難にしています。ワーキングプア，ネットカフェ難民，ニート，ブラック企業，ブラックアルバイトと，さまざまな困難な就労状態に対する呼称も増えています。

　自己のキャリア形成とともに社会のあり方にも目を向け，働くことが幸せにつながる社会を目指していくことが求められています。

日本では生涯学習の概念のなかに職業能
力向上に関する概念が含まれていないこ
とが多いのです。生涯学習といえばお
茶・お花に代表される文化芸術に関する学習や，広い意味での生
きがいづくりに関わる学習ととらえられがちです。

　職業能力に関する生涯学習は国の答申においては重要な課題と
して明示されています。「新しい時代を切り拓く生涯学習の振興
方策について——知の循環型社会の構築を目指して」（中央教育審
議会答申，2008 年）においては「生涯学習の振興の要請——高ま
る必要性と重要性」の項のなかで，職業能力に関する生涯学習が
強調されています。「職業生活に必要な知識・情報・技術等を習
得・更新」することが求められ，それが社会全体の活性化，国の
持続的発展に資するものであるとして，「生涯学習社会の実現の
必要性・重要性がますます高まっているといえる」と述べられて
います。

　しかしながら，実際は，地域の生涯学習計画には成人に対する
職業能力向上の学習の位置づけを見ることはほとんどないと言っ
ても過言ではありません。国民が職業能力向上に関する学習を生
涯学習としてとらえることが必要です。成人に対する職業能力向
上の機会の提供が求められているのです。

学力を向上することや創造力をつけるこ
となどが教育改革の議論の中心になって
います。しかし，忘れてはならないのは，人は職業に就いて生き
ていくということです。職業や労働との関わりを根底におかずし
て未来を生きる人間を考えることはできません。

　これからの時代は，どのような職業に就き，どのような生き方

をするかを選択するために学習しなければなりません。また，職業生活を全うするために，自分の判断で職業に必要な学習をしていかなければなりません。働くことと生きること，みずから学習することは切り離すことができないのです。

　人は職業に就いた後も，職業適応を果たしつつ自分の生きる道を考えつづけます。就職した後は，必要な技術，訓練，仕事上の経験を積みながら，成長していくのです。

　変化の激しい今日の社会において「人間としての生き方の探求」と，常に客観的に情報を分析し，生き方を考える学習は，生涯学習そのものであるということができます。成人の多様な生き方を支えるキャリア教育が期待されているということができます。

●引用文献●

金井壽宏. (2003).『キャリア・デザイン・ガイド──自分のキャリアをうまく振り返り展望するために』. 白桃書房.

シャイン, E.H（金井壽宏訳）. (2003a).『キャリア・アンカー──自分のほんとうの価値を発見しよう』. 白桃書房.

シャイン, E.H（金井壽宏訳）. (2003b).『キャリア・サバイバル──職務と役割の戦略的プランニング』. 白桃書房.

職業指導学国際事務局編. (1981).『第2回職業指導学会国際会議報告書』.

竹内義彰ほか. (1977).『職業と人間形成』. 法律文化社.

日本進路指導学会編. (1982).『進路指導の理論と方法』現代進路指導講座1. 福村出版.

増田幸一, 伊藤博. (1967).『進路指導』. 創元社.

 **参考図書**

鎌田慧. (1986).『日本人の仕事』. 平凡社.

●さまざまな仕事をしている人に対するインタビューから，働くとはどういうことかが理解できます。スタッズ・ターケル著『仕事！』（晶文社，1983）とともに読むと，よりおもしろいでしょう。

西岡正子，桶谷守 共編著. (2013).『生涯学習時代の生徒指導・キャリア教育』教育出版.

●キャリア教育の歴史と理論に加え，実践の技術と方法を紹介しています。

第4章

情報からの学習

図書館から人はどのような学習をするのか

人類の叡智を記録し，保存するのに図書は最も有効な手段のひとつです。その叡智を求めて，書物の集合である図書館に人びとはやってきます。

本章では，図書館のもっている主な機能を紹介し，生涯学習において情報（教材）提供という役割を果たしていることをみていきます。図書館は昔から，人びとに情報提供するためにさまざまな工夫をこらしてきました。それは今後も続きます。さまざまな技術の助けを借りて，さらに多くの新しいサービスが提供されていくことでしょう。

1 図書館とは何か

　図書館とは何か，などと改めて問うまでもない，とあなたは考えているかもしれません。しかし，少なくともここ50年の間，技術や社会の変化によって，図書館はその形を変えてきました。もちろん，利用者へ情報提供するという基本は変わっていませんが，提供できる情報の量や提供するスピード，カバーする情報の幅などは大きく変化してきましたし，今現在も変化しつづけています。だからこそ，今，あえて図書館とは何か，ということを根本からとらえ直し，図書館が生涯学習にどのように関わるのか（関われるのか）を考えていきたいのです。

　世界にはいろいろな図書館があります。地図だけを集めた図書館もありますし，ネットワーク上で情報を提供するデジタル図書館といわれる図書館もあります。もちろん，普通の本をたくさんそろえた図書館もあります。これらさまざまな図書館に共通するものは何でしょうか。それは「情報（資料）」「索引」「利用者」「インタフェース」「場」の5つであり，それらが図書館の核になるのだろうと思われます。

情報（資料）　まず，第1に利用者へ提供すべき情報（資料）がなければ始まりません。本はもちろんですが，図書館が提供するのは本や雑誌のように印刷されたものだけではありません。フィルムのような記録媒体やマイクロフィッシュ（マイクロフィルムの一種で，資料を縮写したもの）のようなマイクロ資料，データベースのようなデジタル情報も図

書館が提供する情報（資料）です。このような多様性を表すために「情報（資料）」という言い方をしているわけです。

　さらにいえば，ひとつの図書館に納められているものだけが資料ではありません。現在では世界中の図書館がネットワークでつながり，相互に協力し合う体制ができつつありますので，全世界の図書館の資料が入手可能であるといっても過言ではないのです。

索　引このように現在では，利用者が入手しうる情報の選択肢は非常に多いのですが，それに伴って，本当に必要なものを探すことが難しくなってきました。昔なら，書架で本の背表紙を眺めていけばなんとかなったのですが，今ではそうやって入手できるのは必要なもののほんの一部です。全世界の本のなかから探すとなれば，探すための道具がどうしても必要になります。それが索引です。

　本のなかには，後ろに索引のついているものもあります。あれは巻末索引といって索引の一種です。ある項目についての記述がどのページに載っているのかが示されています。巻末索引があれば，本の全体を探すことなく，まっすぐに目的の箇所にたどり着けます。こういった機能をもっているもの全般を索引というのです。ひとつの図書館に所蔵されている本全体のなかから，あなたのほしい本を探し出す道具も索引ですし，世界中の本のなかから目的の本を探し出すのも索引です。探し出すのは本だけではありません。研究を行うには学術雑誌に載った論文を読むことが必要となってきます。そして論文の数は本よりもさらに多くなります。これら膨大な論文のなかから必要な論文を探し出すときに使うのも索引です。また，インターネットで情報を探すときに，あなたは Google のような検索エンジンを使ったことがあるでしょう。

検索エンジンの主な部分は索引です。それぞれの検索エンジンは，ある web ページが問い合わせに対してどの程度関連しているのかを数値化し，その数値の大きい順に蓄積しているのです。また，データベースは索引を電子化したものと考えていいでしょう。

利 用 者　図書館という言葉を聞いたとき，皆さんが連想するのは，近くの公共図書館か大学図書館だろうと思います。これら2種類の図書館を思い浮かべ，比較してみてください。図書館といっても少し違うということがわかるでしょう。まず何よりも蔵書の構成が違います。大学図書館は学生や教員が学習や研究を行うときに必要となる資料を中心に集めているのに対して，公共図書館の蔵書のなかには，調べるための図書もありますが，中心は小説でしょう。より端的に両者の差を表しているのは雑誌です。大学図書館では予算の半分ほどを学術雑誌に当てていますが，公共図書館に置かれている雑誌のほとんどは町の書店で購入できる軽い雑誌ですし，雑誌に費やす予算もさほど多くはありません。このような相違は，それぞれの図書館を利用する利用者が異なることによるものです。このように，利用者は個々の図書館のありようを決める大きな要因なのです。

インタフェース　インタフェースとは人間とシステムとの接点を表す言葉です。そのシステムが使いやすいかどうかをインタフェースという言葉で言い表します。この言葉を使えば，図書館とは情報と人間とのインタフェースなのだといえるでしょう。そして，情報と人間をつなぐ道具としてどれだけいいサービスを提供できるのか，ということがいつの時

代においても図書館の課題でした。

　時代や状況によって，求められる情報の質と量は変化します。図書館員はこのような要求の多様性を受け止め，適切なサービスを提供してきました。つまり図書館員そのものが利用者と情報との優れたインタフェースだったわけです。

　デジタル図書館というネットワークを利用した新しい形の図書館が模索されていますが，デジタル図書館が直面している一番難しい問題は，人間を超えるインタフェースがつくれるか，という問題です。

空間としての図書館　図書館という「空間」の果たす役割も軽視できません。図書館のもっている静謐さや雰囲気などが多くの人びとを魅了してきました。このような空間で実際に本を手にとって読めるということの重要さは，情報云々の議論の前に霞みがちではありますが，無視できないものです。さらに具体的にいうなら，生涯学習にとって重要と思われるのは，集会室やゼミ室のような図書館に付随した部屋の存在です。ここに人が集まり，共同で学習することが可能となるからです。物理的な建物のないデジタル図書館は，一見したところ「空間」とは関係がないように思えます。もちろん物理的な場はありませんが，フォーラムや掲示板といった形で多くの人びとが集まれる「空間」をつくることは可能ですし，デジタル図書館が協調学習を支援するのであれば，そのような「空間」は必要不可欠になってきます。

2 図書館サービス

前節では抽象的・概念的に図書館というものを考えてみましたが、これだけで図書館というもののイメージがとらえられるとは思いません。ですから、ここではもう少し具体的に、図書館が提供するサービスを説明しましょう。とくに生涯学習に関連すると思われるものに絞って解説します。皆さんがまだ利用していないと思われるサービスもたくさんありますし、そのようなサービスを知らなければ図書館がどのように生涯学習に関われるのか、なかなか理解できないと思われるからです。

ここでは図書館が提供するサービスを、便宜的に、情報提供と利用者支援に分けます。便宜的にというのは、これらのサービスを厳密に分類することなど不可能だからです。すべて利用者支援だ、といってしまえば、それはそのとおりなのですから。また、情報整理（索引作成）も図書館の重要なサービスなのですが、いわば縁の下のサービスですのでここでは省略します。

情報提供　皆さんが図書館をイメージするとき、まず最初に思い浮かべるのが資料の貸し出しだろうと思います。しかし、貸し出しと一言でいっても、そのなかにはいろいろなサービスがあります。

① 図書館間相互貸借（ILL：Inter Library Loan）　資料の数は膨大ですから、ひとつの図書館ですべての資料をまかなうことは不可能です。そこで図書館同士がネットワークを組み、相互に資料の貸し借りを行っています。

②　複写サービス　　あなたの図書館が所蔵していない雑誌の論文を，その雑誌をもっている図書館にお願いしてコピーしてもらうサービスです。学術雑誌の場合，普通の図書館ではそれほど多くは購入できません。そこで，自館にない学術雑誌のコピーを他館にお願いするのです。これも図書館ネットワークの恩恵のひとつです。

③　アウトリーチ　　図書館に来る人にはそれなりのサービスを提供できますが，図書館にこない人に対しては何もできないのでしょうか。来るのを待つのではなく図書館のほうから出かけよう，というサービスをアウトリーチと呼んでいます。

④　郵送・宅配　　高齢者やけがをした人などは図書館に来たくても来られません。そのときには本を送ってもらうこともできます。このサービスの源泉がアメリカにおける遠隔教育であることを考えれば，図書館と生涯学習との関連が少しみえてくるでしょう。

利用者支援　　①　レファレンス　　情報の量は膨大になってきているので，図書館を使い慣れていない人には情報を探しきれないという事態も起こります。このようなときの手助けがレファレンスサービスです。レファー（refer）とは「情報の所在を指し示す」という意味合いの言葉です。「あなたが探しているものはここにありますよ」と案内してくれるわけです。最近では，データベースやインターネットなど電子形態の情報の占める割合が急増し，レファレンスの役割も大きく変わろうとしています。レファレンス質問を集めた「協同レファレンス・データベース」というものがありますので，覗いてみてください。

②　I&R　　情報（資料）がその図書館にない場合もよくあることです。そのとき，その分野の情報を多くもっている図書館や博物館などを紹介することも情報探索支援のひとつです。これをI&R（Information & Referral）サービスといいます。

③　障害者サービス　　さまざまな障害をもった人にも図書館を利用してもらうために，いろいろなサービスが工夫されています。たとえば，視覚障害者のために，資料の点字化や音声化などを行っています。

3 学校図書館と大学図書館

生涯学習における図書館の役割を考える前に，学校教育における図書館の役割を考えてみましょう。生涯学習の時代になったとはいっても，学校教育の役割が低下したわけではなく，自分で学ぶことができる人間を育成するという意味で，ますます，学校教育の果たす役割が大きくなっているともいえます。そこで，学校教育のなかで図書館（学校図書館と大学図書館）がどのような役割を果たせるのかということは，生涯学習において図書館がどのような役割を果たせるのかを考えるときの参考になると思われます。より端的にいえば，学校教育において図書館を使って学ぶという経験をした学生にとって，将来，学校教育を終えた後に，図書館を十分に活用して生涯学習を進めていくことは，より容易なことだろうと思われます。

アクティブ・ラーニング：学校教育の変化

いま，アクティブ・ラーニングが教育界の話題になっています。もちろん以前から存在していた概念ですし，大学教育を変革していこうという流れのなかで盛んに議論されてきた事柄なのですが，最近では，学習指導要領のなかでこの言葉（ないし，「主体的な学習」など，これに準ずる用語）が使われてから，小中高の学校現場においても，これにどう対処するかが大きな話題となっているのです。

アクティブ・ラーニングとは，「学生が主体的に問題を発見し解を見いだしていく能動的学修」（中教審答申，2012）のことです。つまり，従来の授業において，学生はおおむね受動的でしたが，真の学習が行われるためには，学生がより能動的にならなければならない，というわけです。この教育理念に対して特段の異論はないものの，では，どのような授業を行えばいいのか，という具体案を見つけることは難しく，議論になっているわけです。

このようにいえば，唐突にアクティブ・ラーニングという考えが出てきたように思われてしまいますが，決してそうではありません。これまでにも，「課題解決学習」「探究学習」「調べ学習」といった名称で同様の考えは述べられてきていました。具体的にいえば，「総合学習」という科目はこういった考えのもとに設置された科目でした。この総合学習に対しても，具体的にどのような授業を行うかについて，現場の教師は対応に苦慮してきました。その積み重ねの末に，この科目がある程度定着したとの判断があったのでしょうか，文部科学省は「主体的な学習」という言葉を学習指導要領の根幹にしようとしています。

アクティブ・ラーニングを展開するうえで問題となるのは次の5つだろうと思われます。(A) 問題設定：調べるテーマをどう選ぶのか，(B) 資料・情報の使い方，(C) 文章のまとめ方，(D) 引用等の扱い方，(E) 発表の仕方。このなかで，(A) 問題設定が，おそらく一番難しい部分です。単純な問題では，年表を調べておしまい，ということになりかねません。つまり学生がみずからの疑問を出発点にして学習を進めていくということは，学習への動機という点では文句のつけようがないものの，はたして学生・生徒が自分ひとりで実りのある問題設定ができるのかということは大いに疑問です。ですからここに，教師や図書館員によるサポートが必要なのでしょう。しかし，どのタイミングでどのようなサポートを，ということは難しい問題です。この (A) に比べれば，(B) から (E) までの問題は，比較的扱いやすい問題で，すでに授業としても定着しているものです。

また，大きな問題として，受験があります。現在のような受験の形を温存したままで，「主体的・対話的で深い学び」を目指した教育課程を志向したとしても，中学教育の出口や高校教育の出口に「受験」があり，もしも現在の受験に対して「詰め込み教育」のほうが有効だと考える学校が多いならば，アクティブ・ラーニングは掛け声だけにおわってしまう可能性があります。

学校図書館は学校教育において2つの役割が期待されています。ひとつは読書センターとしての役割，もうひとつは学習センターとしての役割です。これまでは，この2つのうち，読書センターとしての役割のほうが強調されてきました。その理由のひとつは，学習センター

として機能させる人材がいなかったということであり，もうひとつの理由は，学校教育のなかで学習センターとしての役割があまり期待されてこなかった，ということです。実はこれらはひとつの事柄の2つの側面です。人材がいないから期待されてこなかったのですし，期待されていないから人材を配置しようともしなかったのです。

　アクティブ・ラーニングへの動きがこのような流れを変えようとしています。アクティブ・ラーニングへの対応は，さまざまに試みられていますが，その試みのひとつが，「学校図書館を活用した学習」であると考えられているからです。最近では本という情報源以外にも，web やデータベース（新聞記事データベースやJapan Knowledge 等）が利用できる学校図書館が増えてきています。子どもたち自身が，これらの多様な情報源に触れ，これらを活用してみずから学習を進めていくことができるなら，そこに新しい学習が成立する可能性は十分にあると考えられます。さらに言えば，前頁で述べた問題点のうち，（B）資料・情報の使い方，（C）文章のまとめ方，（D）引用等の扱い方，（E）発表の仕方，はすべて学校図書館（員）がサポートできるはずのものです。

司書教諭と学校司書　　学校図書館を活用した学習への動きは制度面でも整えられつつあります。まずひとつは，1997（平成9）年の学校図書館法（昭和28年法律第185号）の改正によって，学校図書館司書教諭（以下では司書教諭）を置かなければならない，とされたことです。

　しかし，「学校には，学校図書館の専門的職務を掌らせるため，司書教諭を置かなければならない」と述べられているだけであって，その役割に関する明確なガイドラインがあるわけではありま

せんでした。ですから，資格をもった教諭を校務分掌として割り当てておけば，学校の責任としてはそれで十分だったわけです。もちろん，担当者の個人の努力によって，立派な活動を展開した学校図書館もあったことに疑問をさしはさむつもりはありません。しかし，一般的にいって，教諭は多忙です。授業やクラス運営，部活動の指導等，さまざまな仕事をこなさなければなりませんので，司書教諭に指名されても，図書館だけに専念することは非常に難しかったのです。

そこで，図書館に専念できる事務職員（司書教諭と区別して学校司書という）を置くことが，2015 年 4 月施行の「改正学校図書館法」で定められました。このように，学校図書館を活用して新しい学習を展開するための環境は徐々に整いつつあるように思えます。

もちろん，このような動きは始まったばかりですし，この流れがどのように定着していくのか，ということは，まだ不透明です。あるいは，ここまで書いたことは，いたずらに理想論を追いかけただけのものであった，ということになる可能性もあります。しかしながら，あえて，ここでは，学校図書館のもっている力を信じることにします。

大学図書館　これまで，大学図書館は，何よりも研究図書館でした。大学教員や学生が用いる研究のための資料（情報）を収集し提供すること（すなわち，「研究支援」）が，大学図書館の使命とされてきました。もちろん現在でも，これが大学図書館の根幹であることに変わりはありません。しかし，最近では，従来よりも「学習支援」という側面が強調されるようになってきました。それを象徴的に表している言葉が

「ラーニング・コモンズ（Learning commons）」です。これは紙媒体（本）と電子媒体の双方を利用しながら学習できる場としての大学図書館を指し示す呼称です。

　ラーニング・コモンズは，もともとアメリカの大学図書館から派生してきたものですが，そのきっかけは，web の普及とアクティブ・ラーニングです。

　先にアクティブ・ラーニングについて紹介しましたが，これは元来，大学教育を対象として提唱されたものでした。ゼミ形式の授業等を思い浮かべるなら，学生が主体的に講義に参加する形式は昔からあったわけですし，だからこそ，大学にふさわしい学習形態として議論されてきたわけです。そして，主体的に学習を行う場所として，情報（web と本）が身近にある図書館は，まさにうってつけの場所だったわけです。

　最近では，日本の大学図書館の多くも，ラーニング・コモンズへと姿を改めています。ただし，新しい図書館が紹介されるときはたいていそうなのですが，どうしても新しい施設という側面が強調される傾向があります。たとえば，ラーニング・コモンズの場合，モジュール家具を多用したフレキシブルな空間であるとか，共同作業できる場所，あるいは，カフェやラウンジなどの社交的な施設，等がよく取り上げられるのですが，その背後に「アクティブ・ラーニング＝学生が情報をもとにみずから学ぶ」という考えがあるということをしっかりと認識してください。

4 生涯学習と図書館

図書館と学習支援

学校教育の場合には，先生がいてさまざまな指導が得られます。一方，自分の関心に従って何かを理解しようとするとき，そのほとんどの場合に先生はいません。先生がいないとき，何を指針にして学習を進めればいいのでしょう。それは教材であり情報です。そして図書館がそれらを集約している場所なのです。たんに集めているだけではなく，それらの情報を使いやすいように整理し，情報の案内をしているのです。

　図書館は情報提供機関ですが，多くの場合，情報そのものが目的なのではありません。何かを理解する手がかりとして求められるのが情報なのです。これまで図書館では情報の量が強調されてきました。たとえば，図書館の蔵書数などです。量ももちろん大事ですが，最終的な目標は，利用者が情報を用いて，ある事柄を理解するということです。そしてそれを支援するものとして図書館というシステムがあり，図書館員という人間がいるのです。

情報ネットワークのノードとしての図書館

イリッチは『脱学校の社会』のなかで，産業社会は人間の真の幸福を阻害する方向に進んでおり，現代文明は大きな危機に直面している，と述べ，現代の義務性を中心とした学校制度が，このような社会の価値を制度化し，その精髄を再生産することによって，危機を根元的に助長している，として学校制度を批判しました。そして，学校に代わるものとして，①学習資料に関する

物的ネットワーク，②技能交換の人的ネットワーク，③学習仲間選びのネットワーク，④教育専門家のネットワーク，を提案しました。このネットワークというアイディアは生涯学習を実際に運用するうえで示唆に富んでいます。これら4つをまとめれば，情報のネットワークと人のネットワークということになるでしょうか。図書館が情報ネットワークを構成していることはここまで述べてきたことからもおわかりいただけるでしょう。さらに空間としての図書館は人のネットワークのノード（節点）として機能することができます。そして，現在，教材や人材など，生涯教育に関する多くの情報がwebというネットワークを中心に展開され，生涯学習の実効性を支えています。

蛇足ですが，『脱学校の社会』が出た当時（1970年）には，コンピュータ・ネットワークはまだごく初歩の段階で，イリッチが現在のようなネットワークの状況を想像しえたとはとても思えません。そのことを考えたとき，イリッチの提言の先見性には驚かされます。

また，webはますます進化を続け，より有効な手段を我々に提供しつつあります。このことについては第11章「情報技術は学習をどう変えるか」をご覧ください。

●引用文献●

イリッチ，I.（東洋，小澤周三訳）．（1977）．『脱学校の社会』．東京創元社．
中教審答申．（2012）．「新たな未来を築くための大学教育の質的転換に向けて——生涯学び続け，主体的に考える力を育成する大学へ（答申）」2012年8月．

 **参考図書** ●●●

永田敬, 林一雅編. (2016). 『アクティブラーニングのデザイン：東京大学の新しい教養教育』. 東京大学出版会.

　●大学におけるアクティブ・ラーニングに関する図書は数多くあるので，ここでは具体的な展開を紹介しているものをひとつだけ紹介することにしました。

関口礼子. (1999). 『学校図書館が教育を変える：カナダの実践から学ぶもの』. 全国学校図書館協議会.

第5章 「もの」からの学習

博物館から人はどのような学習をするのか

京都市動物園——成人が多く訪れ，動物園は生涯学習の重要な場となっています。飼育員のブログが人気をよび，集客にも貢献しています（URL：http://www5.city.kyoto.jp/zoo/）。

博物館というと，古い物が並んでいる建物というイメージがあります。しかし実際は，私たちの日々の生活と密接に結びついた学習の場なのです。現代の博物館は，どのように私たちと関わっているのでしょうか。博物館学芸員は，どのような役割を担っているのでしょうか。また私たちは博物館に対して何をすればよいのでしょうか。博物館との能動的な関わりを考えてみましょう。

1 博物館の種類と実態

博物館というと「古いもの」があると思う人が多いでしょう。「博物館行き」という言葉があるように，古い物や古くて役に立たない物が並んでいる建物というイメージをもつ人が多いかもしれません。動物園も博物館です，というと驚く人がいるでしょう。しかしながら，動物園・植物園もれっきとした博物館なのです。博物館にはさまざまあり，その分類の仕方もさまざまです。以下に博物館を分類し，それをもとに，それぞれの生涯学習との関わりを考えてみましょう。

博物館法においては，第2条に「『博物館』とは，歴史，芸術，民俗，産業，自然科学等に関する資料を収集し」と資料の分野が示されています。

また，旧文部省の社会教育調査では「種類別の博物館」として，総合博物館，科学博物館，歴史博物館，美術博物館，野外博物館，動物園，植物園，動植物園，水族館と分けています。また日本博物館協会は，総合，郷土，歴史，美術，自然史，理工，動・水・植の博物館と分類しています。大きく「総合博物館」「人文（科学）系博物館」「自然（科学）系博物館」という分け方もあります。

このほか，設立母体別には，国立・公立・私立に大別できます。国立博物館としては，東京国立博物館，京都国立博物館，国立科学博物館など，文部科学省や文化庁のもとにある博物館のほか，財務省の印刷局記念館や衆議院事務局の憲法記念館など，国の機関が所轄する博物館があります。このほか，国立大学に付属する

大学博物館もあります。

公立博物館には，都道府県立，市町村立，複数の自治体が事務組合をつくって設ける組合立があります。また財団法人が運営する公設民営の博物館もあります。

また，私立博物館には，個人立博物館，企業立博物館，会社によって設立された財団法人，学校法人や宗教法人による法人立博物館があります。

利用対象者別に分けることもできます。子どもを対象とした，子ども科学館や子どもの動物園，少し年長の子どもを対象にしたものには青少年科学センターがあります。成人を対象とした美術館や博物館も，企画によっては子どもを対象にしたり，親子を対象にする場合もあります。このほか主に研究者の利用が多い博物館などもありますが，どれも，活動のテーマによってその対象が変わります。

また，博物館法第2条には，「資料を収集し，保管（育成を含む。以下同じ。）し，展示して教育的配慮の下に一般公衆の利用に供し，その教養，調査研究，レクリエーション等に資するために必要な事業を行い，あわせてこれらの資料に関する調査研究をすることを目的とする機関」と述べられています。

すなわち博物館は実物資料の「もの」を基礎としていますが，このほか「資料収集」「整理保管」「調査研究」「教育普及」という4つの機能をもって成り立っています。この各々の機能をいかに発揮しているかによっても，博物館が特色づけられることになります。さらに，社会への働きかけという役割を高めつつある今日の博物館には，その使命によって種々の形態が考えられます。

博物館と呼ばれるもののすべてが博物館法に基づく施設ではありません。国立博物館の一部も博物館相当施設である場合があり

ます。また，多くの博物館は博物館法の枠の外にあり，博物館類似施設と呼ばれています。さらに，博物館という名がついてなくても博物館に類似した役割を果たしているものとして，寺院や代々の物を展示している街の商店，民家などが考えられます。たとえば，京都の町全体も，管理され4つの機能が生かされる場合，博物館と類似したものとして考えることもできます。このように考えれば，博物館は私たちの生活と大変深い関わりをもっているといえます。

　総則第1条には「この法律は，社会教育法（昭和24年法律第207号）の精神に基き，博物館の設置及び運営に関して必要な事項を定め，その健全な発達を図り，もって国民の教育，学術及び文化の発展に寄与することを目的とする」とあり，博物館は，4つの機能を果たすことによって，「国民の教育，学術及び文化の発展に寄与することを目的」としています。

博物館の推移

　日本における近代的博物館の出発は，1867年パリで開催された，第2回万国博覧会に日本国として参加したことに始まるといわれています。その後，ミュージアム（museum）が博物館と訳されて近代的な博物館事業が進められてきました。

　日本で一番古い博物館は1872年に創られた東京国立博物館です。

　もちろん，「もの」の収集は日本でも古くから行われていましたが，一般国民との深い関わりをもった博物館とはなっていなかったのです。今日的な身近な博物館が出現したのは，第2次世界大戦後からといわれています。社会教育法が制定されて博物館は法的に位置づけられ，社会教育の施設として市民のためのものと

なりました。その後，博物館は高度経済成長期から文化事業の一環として各地に数多く建設されました。さまざまなデータがありますが，日本の博物館数は，数のうえでみても，1950年をおよそ300館とすると1998年は7400館であり，1900年代後半に現存する博物館のほとんどがつくられたといえます。

博物館法第2条3項には「この法律において『博物館資料』とは，博物館が収集し，保管し，又は展示する資料（電磁的記録（電子的方式，磁気的方式その他人の知覚によっては認識することができない方式で作られた記録をいう。）を含む）をいう」とあります。2008年の博物館法改正において，デジタル資料も含まれることとなったのです。

今日，博物館のIT化は大きな変化を生み出しました。資料収集，整理保管，調査研究，教育普及における影響だけではなく，広報，集客に関してもIT化にどう対処し，どう活用するかは，博物館のあり方を左右するものとなりつつあります。

また，博物館のあり方自体に影響を与えたのは，2003年にできた指定管理者制度です。各地方公共団体が定める条例に従って指定管理者の団体を選定し，管理運営の委任をすることが進められてきました。その長所と短所が指摘されていますが，社会教育関連施設の指定管理者による運営は拡大しています。博物館は財政的な問題を抱え，各館の特色を出すことや，集客増に向けた試みをするなど，博物館としての機能を充実させながら，生き残りをかけた挑戦をするという新たな時代を迎えています。

2 博物館の現代的使命

グローバル社会の問題
解決に向けて

私たちの知っている博物館，美術館，動物園，郷土資料館などは，私たちの生活とどのような関わりをもっているのでしょうか。「もの」があり，「もの」を通して学ぶことは博物館に共通しています。しかしながら，各博物館がその本質的な使命を果たすためには，すでに記述した4つの機能，すなわち資料収集，整理保存，調査研究，教育普及が必要となります。それらを進めるのは，とりもなおさず人なのです。人がこれらの機能を果たすように努めてこそ，「もの」自体も生きてくるといえるのです。

国際博物館会議（ICOM）においても，現代社会の博物館は，世界人類に利益をもたらすことを目的として十全の機能を果たすことが合意されています。現代のグローバル社会にあっては，地域と地域が影響を与え合い，一人ひとりの生活が世界と密接な関わりをもっています。地球に起こる事象は緊密に連動し，人類は運命共同体となっています。

1972年にローマ・クラブが出した報告書『成長の限界』は，地球の資源と環境の有限性に強い警告を発しました。人口増加や環境悪化などの現在の傾向がつづけば，近い未来に地球は限界に達するというものです。

地球資源の有限性を指摘したローマ・クラブが，その後の論議から到達したのが，1979年の『限界なき学習——ローマ・クラブ第6レポート』です。科学技術の進歩は物質的な豊かさを生み出すと同時に，人口問題，エネルギー問題，資源問題など，人類

の生存の危機をもたらしました。この危機状態にある人類が，より望ましい未来に向かって進む唯一の道が，私たち人類自身の学習にほかならないというものです。この学習は，一部の科学技術者やエリートだけではなく，世界中の人びとが常に学びつづけなければならないものなのです。

1997年にハンブルクで開かれた，ユネスコの第5回国際成人教育会議においても，私たちが抱えるさまざまな問題に対する生涯学習の役割が強調されました。「地球レベルと地域レベルのどちらにおいても，激しい変動が生じている。このような変動は，経済システムのグローバリゼーション，科学・技術の急速な進歩，年齢構成（高齢化）と人口移動，情報・知識集約型の社会のなかに見出すことができる。大きな世界的変動はまた，労働と失業，増大する生態系の危機，さらには文化・人種・ジェンダー・宗教・所得などに基づく社会集団間の緊張状態においても生じている」（未来へのアジェンダ第4項）と指摘しています。そして，これらの人類共通の問題を解決するための最も強い道具が，成人教育・学習であることが合意されたのです。成人学習に関するハンブルク宣言では，「成人教育は，生態系を維持するような開発を育むための民主主義と公正，ジェンダーの平等，科学的・社会的・経済的な開発を促すための，また，暴力的な紛争から対話と正義に基づいた平和の文化へと転換する世界を創り出すための力強い概念である」（第2項）と述べています。

日本においても，また他の先進国においても，生涯学習を余暇の充実や自己実現，または職業との関わりでとらえる傾向がありました。しかし，人類共通の課題への対処という生涯学習の新しい役割が加わったのです。

グローバルな課題は，環境破壊，人口，食料，エネルギー，資

フロリダの森上博物館 （The Morikami Museum Japanese Garden） の風景

お盆行事におけるフロリダ州太鼓グループの
演奏　　　　　　　　　　　　　　　　　　　日本庭園

　1977 年のオープン当時は，日本からの入植者の写真や生活用品等を展示する
「大和館」しかありませんでしたが，1993 年に展示室，茶室，シアター，図書館を
備えた本館が，さらに 2000 年には日本庭園が完成しました。日本文化を五感で体
験できる博物館として，日米の交流に大きな役割を果たしています。

源，平和（戦争・虐待），少子化と高齢化，人権・生命，ジェンダ
ーと，数えあげればきりがありません。

　これらの問題を解決するのは，各国，各地域，各コミュニティ，
各グループ，各個人なのです。

| 各博物館の使命 |

博物館は各機能を生かし，「もの」を通
してどのように人びとに影響を与えるこ
とができるのでしょうか。どのようにして人の学びと関わり，学
習活動を導き出すことができるのでしょうか。自然系博物館や自
然史系博物館には，自然界を構成する，またはかつて構成してい
た膨大な資料標本類と知的情報の蓄積があります。それらは，す
でに，自然科学の研究や産業の発展に寄与してきました。

　今後，これらを，人びとが生涯学習の一環として，自然と環境

について学び，地球の未来を考え，自分の生活を見直す教育に役立てていく必要があります。

すでに国際博物館会議においても，自然史国際委員会の基本方針に，生物多様性，地球の変化，保護および環境教育の研究において重要で特有な役割を担うことや，可能な限り環境科学を研究する機関と連携することが取り入れられています。さらに，生命と地球科学の双方にわたる環境問題を可能な限り多くの人びとに気づかせる機会を与えるため，高品質の教育プログラムとテーマに沿った展示を推進していかなければならないとしています。これらの活動はすべて，多くの文化のなかにおける「生命」，自然との調和の表現，過度の開発の抑制などの観点を失わずになされなければならないとあります（加藤ほか編，2000）。

同じようなミッションは動物園や水族館，植物園にも通じるものです。動物園の使命は，レクリエーションの場であること，生きた動物を展示し，実物のもつ魅力を紹介し，生態に関わる情報を提供することです。さらに動物そのものの研究や自然保護の場として「種の保存」という役割があります。自然と人間の共存のあり方が問題となっている今日では，動物園は，野生生物を含めた，人間と生きものの共存を図るための理念と活動を生み出す，という大きな使命があるといえます。また，生きものを知ることや触ることから，生きものへの理解と愛情を育てることも現代社会における重要な役割といえます。水族館も植物園も，自然との共生という私たちの生き方と深く関わっています。

理工系博物館は理工学に関する博物館であり，今日では生化学や宇宙科学，環境科学なども加わり科学技術博物館と呼ばれています。科学技術に関する展示のほか，青少年を対象にした「体験型」学習により科学技術への興味を喚起し，科学的思考を高める

教育的役割を多く担っています。

　さらに，科学技術と社会との関わりをテーマにした展示を行い，成人が科学技術のあり方を考える機会を提供しています。現代の私たちの生活は科学技術と深く結びつき，社会のあり様も科学技術に左右されています。理工系博物館の現代社会におけるミッションは，人類の未来と深く関わっているといえます。

　美術館は博物館の4つの機能を備えていますが，同時に，「もの」が芸術作品であるというところに特色があります。作品と鑑賞者との関係が重視され，その空間が重要な意味をもちます。「もの」を通しているわけですが，人間の感性や心が深く関わってきます。

　現代の美術館は収蔵展示に加えて，啓発的な企画展を行っています。テーマを決めて各国の芸術を展示し，文化の交流を促進したり，世界の子どもの絵画展などにより異文化理解を深めることもあります。また，「平和」をテーマにした絵画展などで，絵画を通して，私たちの社会や生き方に関する考えに影響を与えることもあります。さらには，実演や実技指導を行う講習の場として芸術を身近なものとするほか，市民に制作発表の場を提供することにより芸術振興の役割をも果たしています。また，他の博物館同様「学習相談」の機会も提供しています。

　このように現代社会においては，博物館はすべて，人の生き方や人類のあり方と深く関わっているということができます。博物館は生涯学習と深いつながりをもち，生涯学習の場そのものであるといえるでしょう。

3 博物館と地域社会

| 地域と博物館 | 2006 年の教育基本法改正に基づき 2008 |

2006 年の教育基本法改正に基づき 2008 年に博物館法も改正されました。この改正において，第 9 条の 2 に「博物館は，当該博物館の事業に関する地域住民その他の関係者の理解を深めるとともに，これらの者との連携及び協力の推進に資するため，当該博物館の運営の状況に関する情報を積極的に提供するよう努めなければならない」が新設されました。地域住民との連携協力の推進や運営情報の提供が明記されたのです。

また「地域における生涯学習機会の充実方策について」（生涯学習審議会答申，1996 年）では，地域社会の教育力の活用として，学校教育活動と連携するために，「公民館，博物館，美術館などの施設において，学校教育に即した内容で事業を企画したり，社会科や理科，美術などの授業の一部をこれらの施設において，施設の専門的職員の協力を得て行うことを考えてもよい」と提案しています。今日では，学社連携・融合によるさまざまな授業が行われています。

大学ともさまざまな形での連携が行われています。大学と国立博物館との連携の例に「京都国立博物館キャンパスメンバーズ」のように，加入大学が学生数に応じた年会費を支払うことにより，学生が博物館に行きやすくする制度もあります。また，大学の付属ミュージアムが連携してさまざまな企画を進める「京都・大学ミュージアム連携」等もあります。

さらにこの答申では，これらの施設は，これまでも地域社会に

おける生涯学習の中心的な場として活発な活動が展開されている
としながらも，ほかの社会教育・文化・スポーツ施設同様，多様
化・高度化するだけでなく，新たに生じてくる地域住民の学習ニ
ーズを常に把握し，それに応えた学習機会を積極的に提供してい
くことが求められているとしています。積極的に拡充を図る必要
がある現代的課題として，地球環境の保全，国際理解，人権，高
齢社会への対応，男女共同参画社会の形成を挙げています。

　また，「学習の成果を幅広く生かす——生涯学習の成果を生か
すための方策について」（生涯学習審議会答申，1999 年）では，図
書館，博物館などの社会教育施設における地域住民のボランティ
ア活動について次のように述べています。

　　「図書館，博物館等の社会教育施設等においては，住民のボランテ
　ィアの受入れを社会的な責務として捉え，積極的に受け入れることが
　望まれる。ボランティア活動はある意味で生涯学習そのものであって，
　ボランティアの受入れは，施設にとっては，学習者に学習活動の機会
　を提供するという施設の本来の目的ともいうべきものであり，施設の
　運営の活性化にも役立つと期待される。ボランティアにとっても，活
　動の場が広がるとともに，学習の場において学習成果の活用が図られ
　ることになり，学習を進める上で極めて効果的であるなどメリットが
　大きい」。

　博物館などの施設が地域の学習活動の拠点となることによって，
住民の生涯学習を促進し，その活動を通して地域社会への意識や
連帯感を生み出すことにもつながるでしょう。同時に，ボランテ
ィアは，博物館の維持・管理にとって重要な存在となりつつあり
ます。博物館が地域の生涯学習施設として，新たな役割を果たし
発展していくためには，新しい試みを実施していかなければなり
ません。

　地域学や郷土学によって，地域を見つめ直し将来のあり方を考えていこうという研究活動が盛んになりつつあります。地域によって自然条件，社会条件が異なるため，そこで生活する人間の生き方も影響を受け，独自の地域社会が成立するのです。地域社会の一員としての意識や連帯感の希薄化はあるものの，私たちは地域社会のなかで，その伝統と文化に無縁に生きていくことはできません。

しかし，また住民自身も，その活動によって地域社会の形成に大きな影響を与えることができます。すでに「社会の変化に対応した今後の社会教育行政の在り方について」（生涯学習審議会答申，1998 年）において，社会教育活動の振興による地域づくりの重要性を行政が認識する必要性が強調されています。

博物館はすべて地域と結びついていますが，なかでも地域博物館や郷土博物館は，地域の「もの」と博物館の 4 つの機能をもっています。日本の各地に多くのそうした博物館があり，地域の「もの」と地域と住民がいかに結びついているかによって，さまざまな特色を表しています。

郷土の歴史と文化と「もの」の結びつきを，世界に広げ，将来に生かしていこうとしている博物館のひとつに，京都市学校歴史博物館があります。京都の町衆は，1869 年に日本で最初の学区制小学校すなわち番組小学校を自分たちの力で開校しました。番組というのは町の区切りであり，ひとつの単位です。京都の小学校の特色は，町衆すなわち番組住民が資金づくりを含めてみずから学校づくりをしたことにより，地域との関わりが非常に深いということです。また学校は，町組自治の執行の場である町会所につくられ，区役所，保健所，消防，警察の機能をあわせもつ地域の行政機能や警察機能をもつ場と一体となっていました。すなわ

ち，京都には小学校を中心とした社会が形成され，小学校と地域社会との関係はきわめて密であったということができます。両者の関係は今日もつづいています。今後の学校と地域とのあり方を考えるためにも，京都市学校歴史博物館は，当時の小学校と地域の結びつきを表す「もの」や幕末の寺子屋から終戦時までの教科書を展示しています。また，文化の中心であった京都はその地域に住む芸術家や住民からの学校への膨大な数の芸術作品の寄贈がありました。学校歴史博物館は，そのなかから歴史的・芸術的に価値の高い絵画，彫刻，工芸品などを「学校文化財」として保管し，展示しています。

　また，この博物館の建物は，統合によって閉鎖された番組小学校のひとつを利用しています。門や塀にも古い貴重な建築様式を見ることができ，建物自体が博物館の「もの」のひとつでもあります。京都市学校歴史博物館は，地域の博物館として貴重な文化財を所蔵・展示し，歴史と文化を伝えるだけでなく，地域と学校のあり方を発信することによって，これからの地域のあり方を考えさせるという，現在と未来にも関わる提案をしています。このように地域と深く結びついた博物館はほかにも多くありますが，住民の力によって地域とともに発展していくことが期待されています。

4 博物館と生涯学習

情報化と博物館　　　博物館の教育機能は，眺め，知識を得るものから，考え，行動するという態度の変容を導くものまでと幅広くなり，個人の生涯学習との関わりを

深めてきています。展示も，触ることができない「ハンズ・オフ型」のみでなく，物に触れ，実験できる「ハンズ・オン型」のものが加えられるようになってきました。

　また，マルチメディアを利用することにより，よりわかりやすい展示や，擬似体験も可能になってきました。自然系博物館では「体験学習」のプログラムなどが設けられているところがあります。コンピュータが設置されていて，ゲームをしながら展示のテーマや展示物に関して学習できるものもあります。また，データベースのなかから興味のあるものを検索して，個人の興味に合わせて学習を深めるスペースが設けられているところもあります。生涯学習時代にあっては，幅広い層の学習者に深い関わりをもって学習活動を提供するために，上記のような創造的展示活動が行われています。

　最近では，多くの博物館がインターネットにより博物館の情報を公開しています。「仮想見学ツアー」をすることも可能になりました。さらに，直接メールで質問をしたり議論をし合う電子交流システムも運営されています。興味が深まれば実際に博物館へ行くというのもひとつの方法といえます。また，インターネットを使って，実際に行くことが困難な海外の美術館や博物館のなかに入っていくこともできます。

　研究においても，画像データベースは大きな進歩をもたらしました。博物館も，収集資料の整理にこのような電子媒体を利用しており，個別の資料データベースが結びついてネットワーク情報資源へと変化するというグローバルな展開を見せています。今後，博物館同士のネットワーク化や，博物館と個人または地域との結びつきによって，博物館が生涯学習に果たす可能性は計り知れないということができます。

　　　　　　　　　　　博物館には「もの」があり4つの機能を
　生きることとの関わり　　果たしています。ものも機能も，人間が
今まで生きてきたこと，これから生きていくことと深く関わって
います。それらは，生涯学習の現代的課題と結びついているとい
えます。グローバルな課題である環境や人権などに対して，考え
る機会を与えると同時に，展示や活動を通して国際交流が行われ
ています。地域にあっては，博物館を中心とした町づくりや，学
校教育と社会教育が補い合う学社連携，さらにはそれらが一体と
なった学社融合の活動がみられます。博物館におけるボランティ
アの活動も必要とされています。高齢者の博物館利用への配慮に
加え，高齢者自身が展示や説明のボランティア活動をしている博
物館も増えてきました。ボランティア活動は，参加者の生きがい
とも結びついてきます。

　このように，博物館はものを中心としながらも，実際はさまざ
まな形で人間が生きるということに結びついた役割を果たしてい
ます。博物館は家庭，学校，社会における学習と関わり，幼児か
ら高齢者にいたる教育に対する役割を担っていることから，生涯
学習の要となりうる施設ということができます。

●引用文献●

加藤有次ほか編．（2000）．『博物館学概論 新版』博物館学講座第
　　1巻．雄山閣出版．
全日本社会教育連合会．（1998）．『第5回国際成人教育会議報告
　　書』．全日本社会教育連合会．
ボトキン，J. W. ほか．（大来佐武郎監訳）．（1980）．『限界なき学
　　習：ローマ・クラブ第6レポート』．ダイヤモンド社．〔原著は

1979 年].

メドウズ，D. H. ほか．（大来佐武郎監訳）．（1972）．『成長の限界：ローマ・クラブ「人類の危機」レポート』．ダイヤモンド社.

 **参考図書**

加藤有次ほか編．（2000）．『博物館学概論 新版』博物館学講座第1巻．雄山閣.

　●タイトルは概論となっていますが，博物館に関する専門書といえ，博物館について詳しく知ることができます。

　　博物館学講座は全15巻あり，どの巻も博物館について学習する人には必読の書といえます。

辻秀人編．（2012）．『博物館危機の時代』．雄山閣.

　●現代の博物館の課題を例を挙げて紹介しています。社会のあり方と深く関わっている点において，学芸員を志す人だけではなく，多くの人にお読みいただきたい書物です。

青木豊．（2013）．『博物館展示論：集客力を高める』．雄山閣.

蓑豊．（2007）．『超・美術館革命：金沢21世紀美術館の挑戦』．角川書店.

　●自館独自の展示を考え出すためには，いろいろな本を読み，さまざまな博物館を訪れることが求められます。

第**6**章　地域の場からの学習

地域社会を基盤に人はどのような学習をするのか

旧大津公民館

　地域には多くの学びの場が存在し，人びとはそうした場を利用してさまざまな生涯学習を行っています。そこでこの章では，まず人々の生涯学習の実態を明らかにします。そのうえで，公民館をはじめとする地域における学びの場と学びを支える人びとについて概観するとともに，人びとの地域での学びを支援するための課題について考えてみましょう。

1 地域社会における生涯学習活動

生涯学習活動の実態　国民の生涯学習の実態については，内閣府が定期的に全国規模の調査を実施しています。そこでその調査結果を基に地域社会における学習活動の実態をみてみましょう。

　まず，生涯学習の実施状況をみたのが図 6-1 です。その結果，「健康・スポーツ（健康法，医学，栄養，ジョギング，水泳など）」を挙げた人の率が 21.0% で最も高く，次いで「趣味的なもの（音楽，美術，華道，舞踊，書道，レクリエーション活動など）（18.8%）」，「職業において必要な知識・技能（仕事に関係のある知識の習得や資格の取得など）（11.9%）」の順となっていました。個人の欲求を充足するための学習が上位を占めていることがわかります。一方，「ボランティア活動のために必要な知識・技能（6.4%）」や「社会問題に関するもの（社会・時事，国際，環境など）（5.7%）」の学習率は低いようです。なお「生涯学習をしたことがない」と回答した人の率は 52.3% となっていました。

　「生涯学習をしたことがある」と回答した人にどのような場所や形態で生涯学習をしたことがあるのかを尋ねたのが図 6-2 です。その結果，「公民館や生涯学習センターなど公的な機関における講座や教室」を挙げた人の率が 39.9% で最も高く，次いで「自宅での学習活動（書籍など）（31.3%）」「同好者が自主的に行っている集まり，サークル活動（30.2%）」の順となっていました。「行いたい生涯学習の形式」でも「公民館や生涯学習センターなど公的な機関における講座や教室」を挙げた人の率が最も高くな

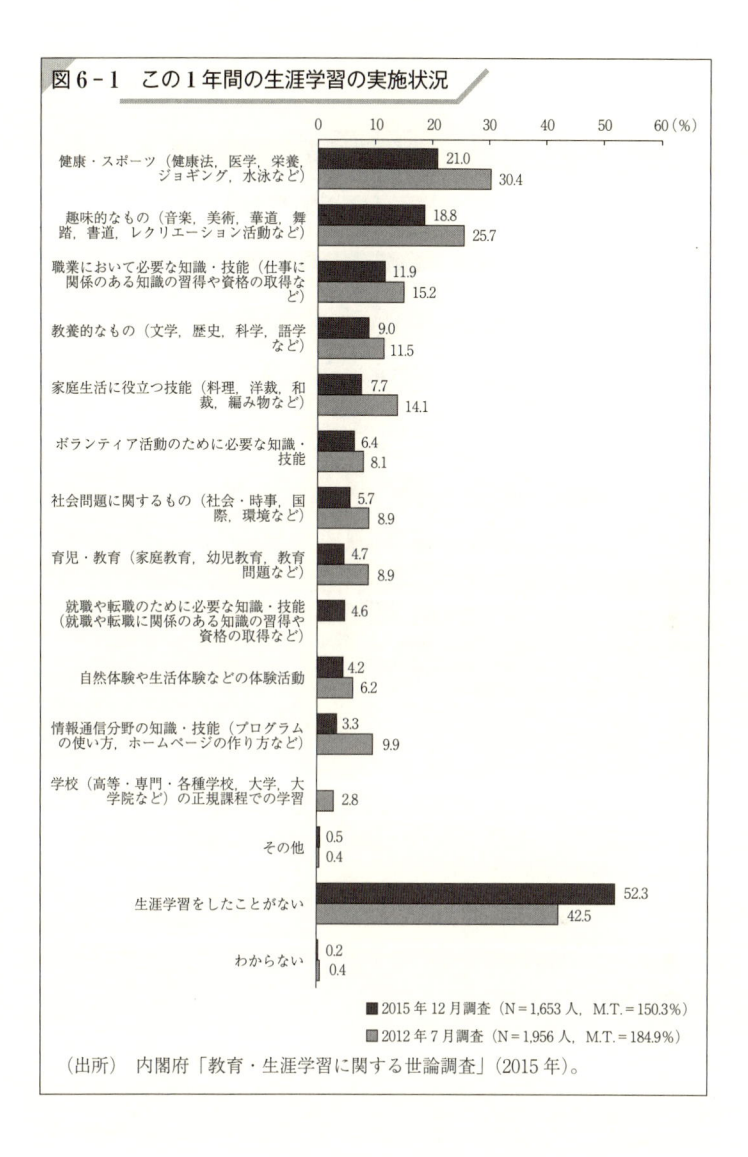

図6-1　この1年間の生涯学習の実施状況

健康・スポーツ（健康法，医学，栄養，ジョギング，水泳など）
- 21.0
- 30.4

趣味的なもの（音楽，美術，華道，舞踏，書道，レクリエーション活動など）
- 18.8
- 25.7

職業において必要な知識・技能（仕事に関係のある知識の習得や資格の取得など）
- 11.9
- 15.2

教養的なもの（文学，歴史，科学，語学など）
- 9.0
- 11.5

家庭生活に役立つ技能（料理，洋裁，和裁，編み物など）
- 7.7
- 14.1

ボランティア活動のために必要な知識・技能
- 6.4
- 8.1

社会問題に関するもの（社会・時事，国際，環境など）
- 5.7
- 8.9

育児・教育（家庭教育，幼児教育，教育問題など）
- 4.7
- 8.9

就職や転職のために必要な知識・技能（就職や転職に関係のある知識の習得や資格の取得など）
- 4.6

自然体験や生活体験などの体験活動
- 4.2
- 6.2

情報通信分野の知識・技能（プログラムの使い方，ホームページの作り方など）
- 3.3
- 9.9

学校（高等・専門・各種学校，大学，大学院など）の正規課程での学習
- 2.8

その他
- 0.5
- 0.4

生涯学習をしたことがない
- 52.3
- 42.5

わからない
- 0.2
- 0.4

■ 2015年12月調査（N=1,653人，M.T.=150.3%）
■ 2012年7月調査（N=1,956人，M.T.=184.9%）

（出所）　内閣府「教育・生涯学習に関する世論調査」（2015年）。

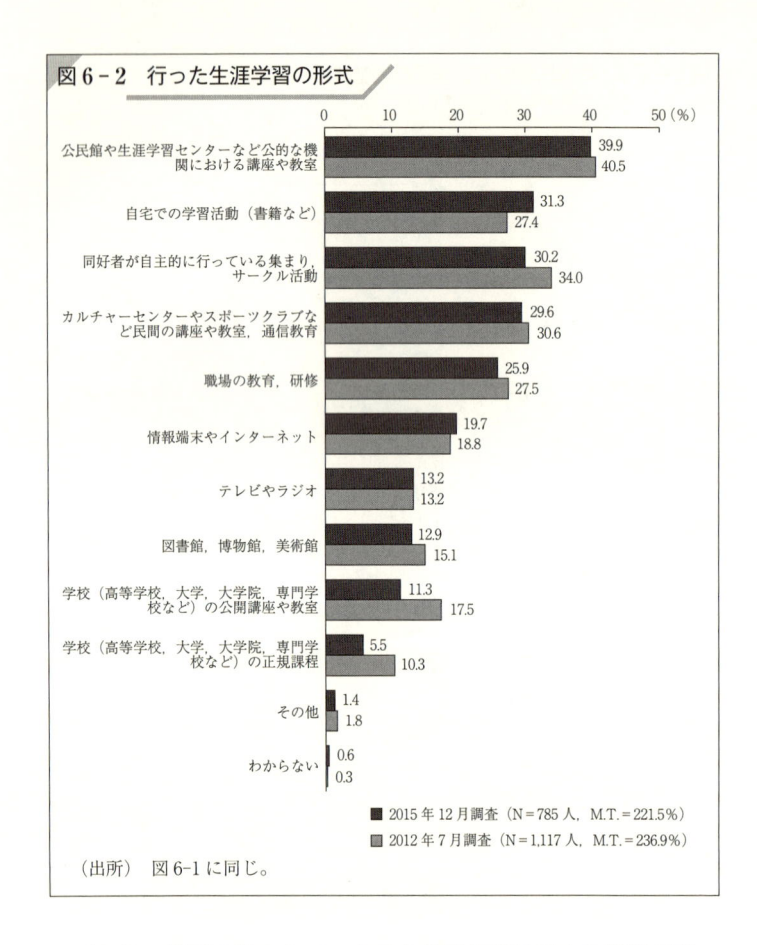

図6-2 行った生涯学習の形式

形式	2015年12月調査	2012年7月調査
公民館や生涯学習センターなど公的な機関における講座や教室	39.9	40.5
自宅での学習活動（書籍など）	31.3	27.4
同好者が自主的に行っている集まり，サークル活動	30.2	34.0
カルチャーセンターやスポーツクラブなど民間の講座や教室，通信教育	29.6	30.6
職場の教育，研修	25.9	27.5
情報端末やインターネット	19.7	18.8
テレビやラジオ	13.2	13.2
図書館，博物館，美術館	12.9	15.1
学校（高等学校，大学，大学院，専門学校など）の公開講座や教室	11.3	17.5
学校（高等学校，大学，大学院，専門学校など）の正規課程	5.5	10.3
その他	1.4	1.8
わからない	0.6	0.3

■ 2015年12月調査（N＝785人，M.T.＝221.5%）
■ 2012年7月調査（N＝1,117人，M.T.＝236.9%）

（出所）　図6-1に同じ。

っており，学習の場として，公的な学習施設に対する期待が高いことがうかがえます。

人びとはなぜ学習しないのか

現在，多くの人が何らかの形で生涯学習を行っている一方で，上述した調査によれば，52.3%の人が「生涯学習をしたこ

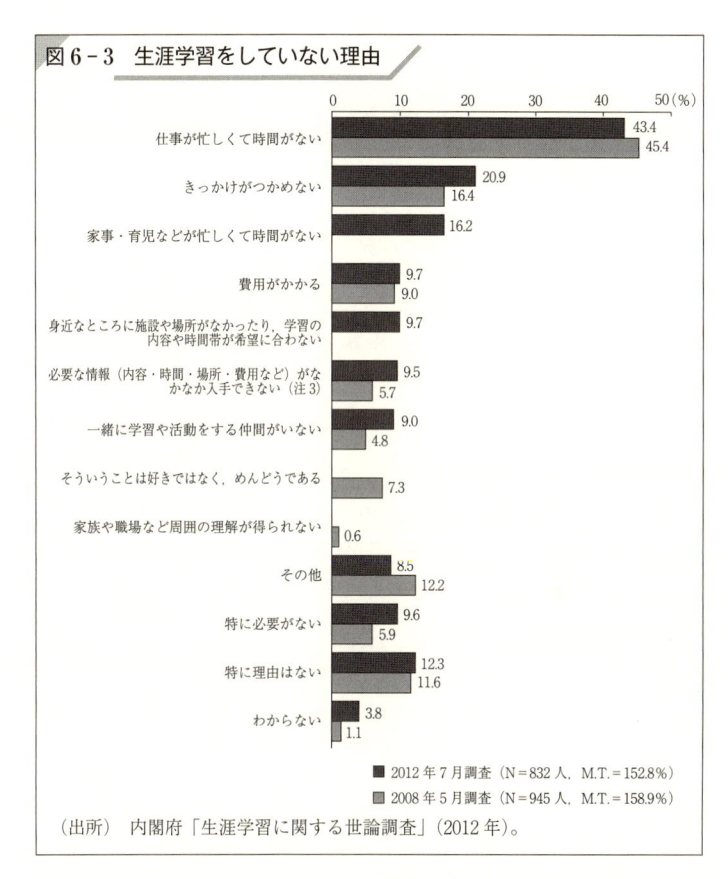

図6-3 生涯学習をしていない理由

理由	2012年7月調査	2008年5月調査
仕事が忙しくて時間がない	43.4	45.4
きっかけがつかめない	20.9	16.4
家事・育児などが忙しくて時間がない	16.2	
費用がかかる	9.7	9.0
身近なところに施設や場所がなかったり，学習の内容や時間帯が希望に合わない	9.7	
必要な情報（内容・時間・場所・費用など）がなかなか入手できない（注3）	9.5	5.7
一緒に学習や活動をする仲間がいない	9.0	4.8
そういうことは好きではなく，めんどうである	7.3	
家族や職場など周囲の理解が得られない	0.6	
その他	8.5	12.2
特に必要がない	9.6	5.9
特に理由はない	12.3	11.6
わからない	3.8	1.1

■ 2012年7月調査（N＝832人，M.T.＝152.8%）
■ 2008年5月調査（N＝945人，M.T.＝158.9%）

（出所）　内閣府「生涯学習に関する世論調査」（2012年）。

とがない」と回答していました。生涯学習をしない理由は，いったい何なのでしょうか。

　図6-3は，生涯学習をしていない理由をみたものです。その結果，理由として最も多かったのは「仕事が忙しくて時間がない（43.4%）」であり，次いで「きっかけがつかめない（20.9%）」，「家事・育児などが忙しくて時間がない（16.2%）」が続いていました。どうやら人びとの多くは，忙しさに追われている境遇が，自分を

学ぶことから遠ざけていると考えているようです。しかし，私たちには本当に学ぶ時間がないのでしょうか。

ここで次のような問題を解いてみましょう。「20歳から60歳まで40年間職場で働き80歳まで生存すると仮定した場合，人間が自由に使える時間はどれほどか。なお職場での拘束時間は年間1800時間（ILOの目指す基準労働時間）とする」という問題です。これを計算すると，生涯時間のうち労働時間が占める割合はわずか13％強でしかないことがわかります。それに対して，35％程度は人が自由に使える時間なのです（川野辺ほか編著，1999，p.15）。

これはあくまで計算上の話ではありますが，私たちには，学ぶ時間がないわけではないのです。大切なのは，この自由時間をみずからの人生を豊かにするための学びに，どううまく使うのかということではないでしょうか。

2 地域における学習の場

| 生涯学習を支援する施設 |

地域のなかで，人びとが学ぶ場にはどういった施設があるのでしょうか。本来，生涯学習支援の観点からいえば，学校教育施設や福祉施設等も含めて学習施設を検討すべきなのかもしれません。しかし，日本の生涯学習振興施策の多くが，実質的には社会教育行政によって担われている現実をふまえて，ここでは社会教育施設を中心にみていくことにします。文部科学省では社会教育行政に必要な社会教育に関する基本的事項を明らかにすることを目的に，「社会教育調査」をおおむね3年ごとに実施しています。

表6-1　種類別施設数

（施設）

区　　分	計	公民館（類似施設含む）	図書館（同種施設含む）	博物館	博物館類似施設	青少年教育施設	女性教育施設	社会体育施設	民間体育施設	劇場,音楽堂等	生涯学習センター
平成 11 年度	94,277	<u>19,063</u>	2,592	1,045	4,064	1,263	207	46,554（…）	17,738（…）	1,751	…
平成 14 年度	94,392	18,819	2,742	1,120	4,243	1,305	196	47,321（27,943）	16,814（11,553）	1,832	…
平成 17 年度	<u>94,998</u>	18,182	2,979	1,196	4,418	<u>1,320</u>	183	<u>48,055</u>（27,800）	16,780（11,129）	1,885	…
平成 20 年度	94,540	16,566	3,165	1,248	<u>4,527</u>	1,129	<u>380</u>	47,925（27,709）	17,323（11,149）	<u>1,893</u>	384
平成 23 年度	91,221	15,399	3,274	<u>1,262</u>	4,485	1,048	375	47,571（27,469）	15,532（10,261）	1,866	409
平成 27 年度	**89,993**	**<u>14,841</u>**	**<u>3,331</u>**	**1,256**	**4,434**	**941**	**367**	**<u>47,536</u>（27,196）**	**14,987（9,871）**	**1,851**	**<u>449</u>**
増　減　数	△ 1,228	△ 558	57	△ 6	△ 51	△ 107	△ 8	△ 35	△ 545	△ 15	40
伸び率（％）	△ 1.3	△ 3.6	1.7	△ 0.5	△ 1.1	△ 10.2	△ 2.1	△ 0.1	△ 3.5	△ 0.8	9.8

（注）　（　）内は団体数を示す。
（出所）　文部科学省「平成 27 年度社会教育調査」。

種類別施設数をみたのが，表6-1です。それによると，2015年10月1日現在の社会教育関係施設の総数は約9万施設で，前回調査（2011年）と比べると，「図書館（同種施設含む）」と「生涯学習センター」以外の施設数は減少傾向にあります。その背景には，地方公共団体の厳しい財政状況や少子化の進行等があります。

　施設のなかで最も多いのは，「社会体育施設」の約4万8000施設であり，次いで「民間体育施設」と「公民館（類似施設含む）」がそれぞれ約1万5000施設となっています。ただし，「社会体育施設」や「民間体育施設」の数は，「多目的運動広場」「体育館」「野球場・ソフトボール場」といった多様な施設の合計であり，単独の施設としては「公民館（類似施設含む）」の数が最も多いといえるでしょう。「公民館（類似施設含む）」では，年間35万9000学級・講座が実施され，942万6000人が受講しており，現在でも地域の学びの拠点として重要な役割を果たしています。公民館での学習については，後の項で詳細に述べてみたいと思います。

生涯学習を支援する専門的職員

　社会教育施設には，人びとの学習活動を指導・助言するための専門的職員が配置されています。その主だった職員が，司書，学芸員，公民館主事です。

　図書館，博物館には専門的職員としての司書，学芸員の設置が法律で義務づけられ，職務資格などの法規定も整備されています。司書は，都道府県や市町村の公共図書館等で図書館資料の選択，発注および受け入れから，分類，目録作成，貸出業務，読書案内等を行います。また，学芸員は，博物館資料の収集，保管，展示および調査研究，その他これと関連する事業を行います。

　一方，公民館主事は，法に定められた資格・職ではありません。

表6-2 専門的職員の状況

(人)

施設等区分 指導者等区分	計	都道府県・市町村教育委員会		公民館(類似施設含む)	図書館(同種施設含む)		博物館		博物館類似施設		青少年教育施設	女性教育施設	社会体育施設	民間体育施設	劇場,音楽堂等	生涯学習センター
		社会教育主事	社会教育主事補	公民館主事(指導系職員)	司書	司書補	学芸員	学芸員補	学芸員	学芸員補	指導系職員	指導系職員	指導系職員	指導系職員	指導系職員	指導系職員
平成11年度	108,301	6,035	464	18,927	9,783	425	3,094	447	2,234	208	2,860	295	9,071	52,770	1,688	…
平成14年度	105,725	5,383	371	18,591	10,977	387	3,393	454	2,243	261	2,921	290	8,963	49,899	1,592	…
平成17年度	110,294	4,119	242	17,805	12,781	442	3,827	469	2,397	223	2,961	263	9,599	53,469	1,697	…
平成20年度	114,461	3,004	153	15,420	14,596	385	3,990	524	2,796	351	2,974	478	12,743	54,138	1,928	881
平成23年度	117,604	2,518	140	14,454	16,923	459	4,396	558	2,897	303	2,746	417	15,286	53,637	1,879	891
職員数に占める割合	22.4%	8.6%	0.5%	29.3%	46.7%	1.3%	22.2%	3.3%	10.2%	1.1%	33.0%	13.5%	12.0%	26.8%	9.4%	23.3%
うち専任 (専任の割合%)	43,827 (37.3)	2,052 (81.5)	84 (60.0)	4,261 (29.5)	6,006 (35.5)	121 (26.4)	3,190 (72.6)	393 (59.7)	1,096 (37.8)	66 (21.8)	938 (34.2)	114 (27.3)	1,034 (6.8)	23,454 (43.7)	614 (32.7)	404 (45.3)
うち女性 (女性の割合%)	60,123 (51.1)	315 (12.5)	43 (30.7)	6,281 (43.5)	14,765 (87.2)	395 (86.1)	1,670 (38.0)	275 (41.8)	1,193 (41.2)	201 (66.3)	791 (28.8)	354 (84.9)	6,332 (41.4)	26,634 (49.7)	508 (27.0)	366 (41.1)
平成27年度	**117,865**	**2,048**	**141**	**13,275**	**19,015**	**450**	**4,738**	**725**	**3,083**	**285**	**2,852**	**445**	**16,742**	**51,162**	**2,045**	**859**
増減数	261	△470	1	△1,179	2,092	△9	342	67	186	△18	106	28	1,456	△2,475	166	△32
伸び率(%)	0.2	△18.7	0.7	△8.2	12.4	△2.0	7.8	10.2	6.4	△5.9	3.9	6.7	9.5	△4.6	8.8	△3.6
職員数に占める割合	22.2%	7.6%	0.5%	27.8%	47.7%	1.1%	23.8%	3.6%	10.7%	1.0%	35.7%	12.6%	12.1%	26.4%	9.9%	21.2%
うち専任 (専任の割合%)	41,038 (34.8)	1,680 (82.0)	73 (51.8)	3,621 (27.3)	5,410 (28.5)	71 (15.8)	3,235 (68.3)	355 (49.0)	1,100 (35.7)	126 (44.2)	945 (33.1)	98 (22.0)	911 (5.4)	22,679 (44.3)	381 (18.6)	353 (41.1)
うち女性 (女性の割合%)	61,989 (52.6)	351 (17.1)	44 (31.2)	6,239 (42.7)	16,803 (88.4)	385 (85.6)	2,022 (42.7)	359 (49.5)	1,381 (44.8)	165 (57.9)	823 (28.9)	374 (84.0)	6,795 (40.6)	25,220 (49.3)	653 (31.9)	375 (43.7)

(出所) 文部科学省「平成27年度社会教育調査」。

また，社会教育法の第27条において「公民館に館長を置き，主事その他必要な職員を置くことができる」と規定され，その設置は市町村の判断に委ねられています。公民館主事の職務は，「館長の命を受け，公民館の事業の実施にあたる（同法第27条3項）」とされ，市民対象の学級・講座の企画・実施，利用者に対する学習相談や指導・助言等，を担当しています。

　こうした施設に配置される専門的職員とは別に，社会教育法に基づき都道府県・市町村の教育委員会事務局に置かれる専門的職員として，社会教育主事がいます。社会教育主事の主な職務としては，地域の社会教育行政の企画・実施や社会教育を行う者への専門的・技術的な助言・指導等，が挙げられます。

　社会教育主事の数は年々減少し，1999（平成11）年度の調査と比較するとその数は約3分の1になっています（表6-2）。その理由としては，社会教育費の削減や市町村合併の進行，国の派遣社会教育主事「給与費補助」の廃止などさまざまな要因が考えられます。今，地域における社会教育の充実のためにも，社会教育主事の量的・質的な強化が喫緊の課題となっています。

3 公民館という社会教育施設

公民館とは

　公民館は，終戦後間もなく，日本において構想された社会教育施設です。1946年7月に文部次官は『公民館の設置運営について』という通牒を出しました。そのなかでは，公民館の性格を次のように述べています。

公民館は全国の各町村に設置せられ，此処に常時に町村民が打ち集って談論し読書し，生活上産業上の指導を受けお互いの交友を深める場所である。それは謂はゞ郷土に於ける公民学校，図書館，博物館，公会堂，町村集会所，産業指導所などの機能を兼ねた文化教養の機関である。それは亦青年団婦人会などの町村に於ける文化団体の本部ともなり，各団体が相提携して町村振興の底力を生み出す場所でもある。

　また，この公民館の構想をつくった寺中作雄（当時，文部省社会教育課長）が同年12月に刊行した『公民館の建設——新しい町村の文化施設』には，公民館を建設した3つの理由が書かれています。それは，第一に，「民主主義を我がものとし，平和主義を身についた習性とするまでに，我々自身を訓練する」ため，第二に，「豊かな教養を身につけ，文化の香高い人格をつくる」ため，第三に，「身についた教養と民主主義的な方法によって，郷土に産業を興し，郷土の政治を立て直し，郷土の生活を豊かにするため」です。

　こうして公民館は，民主主義と地方分権を根づかせるための総合的な文化施設として構想され，教育だけでなく地域振興・地域づくりの拠点としての役割を果たすことが期待されたのです。

　その後，1949年に社会教育法が制定されます。そのなかで公民館は，「市町村その他一定区域内の住民のために，実際生活に即する教育，学術及び文化に関する各種の事業を行い，もって住民の教養の向上，健康の増進，情操の純化を図り，生活文化の振興，社会福祉の増進に寄与することを目的とする」と定義され，社会教育の中核的教育機関として位置づけられることになりました。

　公民館は以後，急速に全国に広がり，構想の理念を受け継ぎつつも，それぞれの時代や地域が求める課題に対応した取り組みを

展開していくことになります。

　しかし近年，公民館は大きな曲がり角に来ています。1999（平成11）年には約1万9000館あった公民館は，それ以後，減少の一途を辿り，2015（平成27）年には約1万5000館となっています（表6-1）。その背景には，市町村合併による公民館の統合や公民館のコミュニティセンター化に伴う，教育委員会部局から首長部局への移管があります。また現在，社会教育施設の指定管理者制度の導入も進んでおり，現代社会における公民館のあり方が，今まさに問われているといえるでしょう。

現代における公民館の
役割

全国公民館連合会は『公民館のあるべき姿と今日的指標』（1967年）のなかで，公民館の役割として，①集会と活用（つどう），②学習と創造（まなぶ），③総合と調整（むすぶ）を挙げましたが，これらは現在でも，公民館が果たす役割として重視されるべきものです。

　「まなぶ」「つどう」とは，公民館が，地域住民にとって，生きがいや地域課題・生活課題の解決のための学びの場であるとともに，あらゆる年代の人びとが気軽に集い，交流・活動することができる，地域住民に開かれた施設だということです。

　「むすぶ」については，「他の教育機関や行政機関等との連携」と「仲間づくり」という2つの意味が含まれています。

　多様で複雑な地域課題が生じる現代社会において，公民館がその課題解決に単独で取り組むことには限界があります。それゆえ公民館は，課題に応じて地域の関係施設や機関と連携しながら，事業を実施していく必要があります。この点に関しては「公民館の設置及び運営に関する基準」でも，「公民館は，事業を実施す

るに当たっては，関係機関及び関係団体との緊密な連絡，協力等の方法により，学校，家庭及び地域社会との連携の推進に努めるものとする」とされており，地域における社会教育の総合的な中核施設としての役割が，公民館には求められています。

　もうひとつは，人と人を「むすぶ」という意味です。公民館には，日常的に地域の多様な世代の住民が集まってきます。そうした人びとに対して，趣味や地域課題について共に学ぶ機会や交流の機会を提供することで「仲間づくり」を進めることが，公民館には求められています。近年，都市化の進行や個人主義的な考え方の広がりのなかで，地域における人間関係の希薄化が深刻な課題となっています。人と人を「むすぶ」機能の充実は，地域の活性化という社会的課題の解決のために，ますます重要になっています。

公民館で人は何を学んでいるのか

　公民館で人は何を学んでいるのでしょうか。表6-3で2014年度間の公民館での学習内容別の学級・講座数をみると，「趣味・けいこごと」が43.6％で最も高く，次いで「家庭教育・家庭生活（20.9％）」「体育・レクリエーション（18.8％）」の順となっていました。「市民意識・社会連帯意識」の学級・講座数は6.7％にとどまっています。

　この統計をみる限り，現在公民館で提供されている学習機会の多くは，「趣味・けいこごと」を中心とする「教養の向上」という個人的な欲求の充足に関わるものです。個人の学習要求に応える学習機会を提供することは，人びとの自発的・主体的な学びを尊重する生涯学習の立場から非常に重要なことです。しかし，こうした公民館のカルチャーセンター化傾向が強まる一方で，近年，

表6-3　学習内容別学級・講座数

(平成26年度間)（件）

区　　分	計	教養の向上	うち趣味・けいこごと	体育・レクリエーション	家庭教育・家庭生活	職業知識・技術の向上	市民意識・社会連帯意識	指導者育成	その他
都道府県・市町村教育委員会	123,877 (120,164)	42,702 (41,960)	25,831 (26,741)	22,095 (21,211)	43,085 (40,122)	925 (880)	11,010 (10,839)	1,264 (2,375)	2,796 (2,777)
構　成　比	100.0%	34.5%	20.9%	17.8%	34.8%	0.7%	8.9%	1.0%	2.3%
都道府県・市町村首長部局	170,191 (176,365)	27,402 (28,118)	18,351 (19,735)	19,173 (22,605)	78,205 (78,096)	3,963 (9,348)	36,675 (33,784)	2,252 (3,096)	2,521 (1,318)
構　成　比	100.0%	16.1%	10.8%	11.3%	46.0%	2.3%	21.5%	1.3%	1.5%
公民館（類似施設を含む）	359,445 (390,495)	184,525 (201,511)	156,550 (174,139)	67,615 (68,142)	75,119 (77,908)	1,662 (3,747)	24,238 (28,632)	2,306 (2,773)	3,980 (7,782)
構　成　比	100.0%	51.3%	43.6%	18.8%	20.9%	0.5%	6.7%	0.6%	1.1%
青少年教育施設	18,201 (14,781)	13,893 (9,073)	2,867 (3,704)	1,841 (2,755)	1,189 (760)	59 (208)	298 (157)	413 (442)	508 (1,386)
構　成　比	100.0%	76.3%	15.8%	10.1%	6.5%	0.3%	1.6%	2.3%	2.8%
女性教育施設	11,178 (8,652)	2,494 (2,568)	944 (1,102)	499 (166)	2,876 (2,994)	1,394 (745)	1,953 (1,642)	1,319 (176)	643 (361)
構　成　比	100.0%	22.3%	8.4%	4.5%	25.7%	12.5%	17.5%	11.8%	5.8%
生涯学習センター	18,867 (14,197)	10,257 (8,127)	7,283 (5,909)	2,875 (1,008)	3,280 (2,407)	423 (317)	1,510 (1,606)	324 (473)	198 (259)
構　成　比	100.0%	54.4%	38.6%	15.2%	17.4%	2.2%	8.0%	1.7%	1.0%

(注)　（　）内は平成23年度調査（平成22年度間）の数値である。
(出所)　文部科学省「平成27年度社会教育調査」。

地域づくりの拠点としての役割の低下が懸念されています。そのことが社会教育施設としての公民館の存立基盤を危うくし，上述したような公民館のコミュニティセンター化や指定管理者への委託等の状況を全国各地で引き起こす大きな要因ともなっているのです。

　公民館事業の特徴は，公民館で学んだ住民がその成果を，個人の生活だけではなく，地域へ還元するところにあります。そしてそこにカルチャーセンターでの学びとの大きな違いがあるのです。なぜ公民館で学ぶのか，何を公民館で学ぶのかを，公民館関係者と利用者双方が理解し，公民館活動を展開していく必要があります。

4 地域における生涯学習支援の課題

社会の要請への対応　社会教育の内容について，教育基本法は「個人の要望や社会の要請にこたえ，社会において行われる教育は，国及び地方公共団体によって奨励されなければならない」（第12条）と規定しました。「個人の要望」と「社会の要請」の両者への対応が，近年の社会教育行政では重視されているのです。

　これらのうち，2013年に出された中央教育審議会生涯学習分科会の「第6期中央教育審議会生涯学習分科会における議論の整理」では，「地域住民が学習活動を通じて絆を形成し，コミュニティへの参画や地域課題の解決を図っていくことの重要性が増している」ことを指摘し，公民館等の社会教育施設に，「学習活動を地域の課題解決につなげていくような取組を支援し，普及して

いくなど，『学びの場』を核とした地域コミュニティの形成を進める」ことを求め，「社会の要請」への対応を，社会教育施設の重要課題として示しました。

また，「学びを通じた地域づくりの推進に関する調査研究協力者会議」の報告「人々の暮らしと社会の発展に貢献する持続可能な社会教育システムの構築に向けて――論点の整理」(2017 年)は，「地域住民が地域コミュニティの将来像や在り方を共有し，その実現のために解決すべき地域課題とその対応について学習し，その成果を地域づくりの実践につなげる『学び』」を「地域課題解決学習」ととらえ，それを社会教育の概念に明確に位置づけました。そして，公民館等の社会教育施設に対し，「地域課題解決学習」の推進による地域コミュニティの維持・活性化，社会的包摂への寄与，社会の変化に対応した学習機会の提供において中心的な役割を果たすことを求めています。

「地域課題解決学習」を進める際には，以下の点に留意する必要があります。

① 住民の自主性・自発性の尊重
② 住民の主体的参画を促進する楽しい仕掛けづくりの必要性
③ 子供・若者の参画と多世代交流の重要性
④ 教育の特性への配慮
⑤ 社会教育行政のネットワーク化と社会教育の資源を活用した能動的対応の必要性

地域を活性化するための学習支援

近年は，「地方創生」が，地域に活力を取り戻すための重要なキーワードになっています。2014 年に成立した「まち・ひと・しごと創生法」では，「地方創生」の目的（第1条）を，

「それぞれの地域で住みよい環境を確保して，将来にわたって活力ある日本社会を維持していくためには，国民一人一人が夢や希望を持ち，潤いのある豊かな生活を安心して営むことができる地域社会の形成，地域社会を担う個性豊かで多様な人材の確保及び地域における魅力ある多様な就業の機会の創出を一体的に推進すること」が重要であると述べています。すなわち，「まち」「ひと」「しごと」に関わる施策を一体的に進めることで「まち」に活力を取り戻そうというわけです。

　これら3つのなかで，生涯学習の視点からまず取り組まなくてはならないのは，地域を担う人材の育成でしょう。地域を支えるのはそこに住む人であり，人が育ってこそ地域は活性化するのです。

　では，地域の担い手をどう育てればいいのでしょうか。多くの住民の参画を促すために私たちはまず，住民一人ひとりの心のなかに，自分の住む地域に対しての愛着と誇りを育てる方策を考えるべきです。愛着も誇りもないところから，地域づくりへの主体的な活動は生まれません。

　最近は各地で，地域について学ぶ機会としての「地域学」が立ち上げられています。住民一人ひとりが，こうした学びを通じて，地域のよさを発見し，そして再評価していくことが，彼らの地域への愛着を深め，ひいてはまちづくりの担い手として行動する人づくりにつながるのではないでしょうか。

　このことについて，滋賀大学と大津市教育委員会が共同で行った調査（2013年）では，地域について学ぶことで，多くの市民が「地域への愛着が深まった」ことを実感していること，そして，地域に対して愛着を「感じている」人のほぼ4人に3人が，地域で「活動したい」と考えていることが明らかになりました。

地域に住む人すべてが何らかの役割をもって参画するまちづくりを進めることは容易なことではありません。しかし，だからこそ豊かな地域をつくるためには，地面を耕し，種をまき，でてきた芽を大切に育てていくような地道な取り組みが必要です。そして，それが「地域学」なのです。

　社会教育施設，とりわけ公民館には，「地域学」の視点をもちながら，学びを通した地域の担い手づくりに取り組むことで，地域の活性化に寄与することが求められています。

ソーシャル・キャピタルの醸成

これまで地域社会の問題の多くは，住民たちの間で共有され，そして学習も含めた共同の取り組みのなかで解決されてきました。しかし，人口減少や少子高齢化，職住分離といった社会の変化に伴い，地縁的なつながりが希薄化する等，地域コミュニティの衰退が大きな問題になっています。

　それゆえ今，多様な形で地域の人と人とのつながりや絆を強めることにより，地域力を高めようとする動きが活発化しています。

　このことと関わって近年，ソーシャル・キャピタルへの関心が高まっています。ソーシャル・キャピタルは，一般には，社会関係資本と訳され，その提唱者といわれるパットナム（R. D. Putnam）によれば，「調整された諸活動を活発にすることによって社会の効率性を改善できる，信頼，規範，ネットワークといった社会組織の特徴をいう」（パットナム著，2001，pp. 206-207）と定義されます。

　2002 年度に内閣府が行った調査は，このソーシャル・キャピタルの要素である「つきあい・交流」や相互の「信頼」関係といった項目で，その程度が高いと回答した人が，ボランティア・

NPO・市民活動を行っている率が高いことを明らかにしています。

　このソーシャル・キャピタルの醸成において，学習活動は重要な役割を果たします。何かひとつのことを学び合うことは，人間関係をより親密なものにし，互いの信頼を高めるのです。たとえば，ある市民大学において，学習プログラムのなかに講義だけでなくグループ学習を取り入れ，受講者同士で自由に研究・調査を行う機会を設けた結果，グループ学習の過程で仲間づくりが進み，それが学習終了後の彼らの地域での多様な活動につながった，ということがあります。

　地域における学習支援を考える際には，学びの過程のなかで，知識を与えるだけでなく，意図的にソーシャル・キャピタルを豊かにする必要があります。上述した「地域学」についても，それが単に地域の歴史や文化を学ぶだけのものならば，学んだ成果を地域づくりへつなげることは難しいでしょう。人びとを具体的な地域づくり行動へと向かわせるためには，互いに学びあうなかでの人間関係づくりを意識した「地域学」の仕組みをつくる必要があるのです。

●引用文献●

川野辺敏，山本慶裕編．(1999)．『生涯学習論』．福村出版．

神部純一．(2014)．「地域を学ぶことの意義に関する一考察：大津についての学びに関する調査結果を基にして」．『日本生涯教育学会論集』35，pp. 33-42.

国立教育政策研究所社会教育実践研究センター．(2010)．『平成21年度　公民館に関する基礎資料』，p. 71.

鈴木眞理, 守井典子編. (2003). 『生涯学習の計画・施設論』. 学文社.

全国公民館連合会. (2014). 『月刊公民館（4月号）』.

寺中作雄. (1946). 『公民館の建設：新しい町村の文化施設』公民館協会, pp. 11-12.

内閣府. (2012). 「生涯学習に関する世論調査」.

内閣府. (2017). 「教育・生涯学習に関する世論調査」.

内閣府国民生活局編. (2003). 『ソーシャル・キャピタル：豊かな人間関係と市民活動の好循環を求めて』. 国立印刷局.

パットナム, R. (河田潤一訳). (2001). 『哲学する民主主義：伝統と改革の市民的構造』. NTT出版.

文部科学省. (2015). 『社会教育調査』.

参考図書

日本公民館学会編. (2006). 『公民館コミュニティ施設ハンドブック』. エイデル研究所.

●本書は, コミュニティ施設を含めた公民館の現代的な課題や, その理論・制度・事業・運動について広く論じ, 公民館の新しい時代に向けてその可能性と展望を明らかにしています。

鈴木眞理, 小川誠子編著. (2003). 『生涯学習をとりまく社会環境』. 学文社.

●本書は, 国際化, 人権問題, 男女共同参画社会, 少子・高齢社会, 科学技術等, さまざまな生涯学習の現代的課題について論じています。

吉本哲郎. (2008). 『地元学をはじめよう』. 岩波書店.

●いきいきした地域をつくるための手法である「地元学」が, いま全国各地で取り組まれています。本書は, 地域の人との関わり方, 調べ方から活かし方までをわかりやすく説明していま

106　第6章　地域の場からの学習

す。

稲葉陽二ほか編著.（2011）.『ソーシャル・キャピタルのフロン
ティア：その到達点と可能性』. ミネルヴァ書房.
　●本書は，ソーシャル・キャピタルに関心がある学生・研究者
への手引き書も兼ねており，ソーシャル・キャピタルを学際的
に多方面から扱っています。

第7章　地域の人びとの相互学習

　地域には，NPO，ボランティア団体，社会教育関係団体等，住民が自発的に参加し，互いに学び合いながら活動する団体が数多く存在します。また最近は，ICTを活用して学ぶだけでなく，人と人がつながり，交流する機会も増えてきました。そこでこの章では，こうした活動の特徴を明らかにするとともに，人びとが団体活動に参加することによる教育効果について考えてみましょう。

1 住民の自発的な参加によって創られた団体

　地域における住民の学びの場には，前章でみた公的な施設での学習機会以外にも，住民の自発的な参加によって創られた団体が数多く存在します。人びとは，NPO やボランティア団体，社会教育関係団体等での活動を通して，さまざまなことを学んでいるのです。

　人びとが団体の活動に参加することによる教育効果には，次のようなものがあります（佐藤・稲生編，1989，p. 177）。

　①　活発な構成員相互のコミュニケーションを通じて，構成員の相互理解と，相互信頼が図られ，開放的な人間関係が育っていく。

　②　共通の目的に結ばれているという社会連帯感が強まる。

　③　話し合う，考え合う，そして実践面では協力し合うという団体活動での体験が，地域社会における，望ましい社会活動の展開に寄与する。

　④　共通の問題意識を基盤とする仲間意識が育つ。

　⑤　団体の諸活動を通じて，構成員がそれぞれもっている固有の意識や態度が変容し，今日的な社会に対応できる人間形成が図られる。

　⑥　構成員のもつ生活課題が，仲間とのコミュニケーションを通じて解決の糸口を発見し，解決を目指す日常活動に発展する。

　⑦　発達課題についても，仲間とのコミュニケーションや，団体の日常的な活動を通じて身につけていくことができる。

　団体での活動は，学び合いと実践を通じて，構成員一人ひとり

の人間的な成長を促し，構成員間の連帯意識を高め，ひいてはコミュニティの活性化をもたらす可能性をもっているといえるでしょう。

2 NPO

NPOとは　　　NPO は，Non-Profit Organization の 略語であり，行政よりではないことを示す意味で，「民間非営利団体」という訳語が定着しつつあります。したがって，NPO は，政府や行政から財政的にも組織的にも独立し，自主的に組織された営利を目的としない団体だと理解すればよいでしょう。そして，それを法人化したのが NPO 法人です。

1995 年 1 月の阪神・淡路大震災では，大勢のボランティアが被災地に駆けつけ，被災者救援にあたりました。このことがきっかけとなり，ボランティア活動や市民活動を支援する「特定非営利活動促進法（NPO 法）」の制定に向けての動きが急速に進んだ結果，NPO 法が 1998 年に成立しました。以後，多くの NPO 法人が設立されることになります。1998 年には，わずか 23 であった認証・認定法人数は，2017 年 8 月末では，5 万 1723 法人となっています（表 7-1）。

NPO の範囲については，さまざまな考え方があります（図7-1）。最も広いとらえ方は，利益拡大を目的としない組織をすべて含みます（最広義）。また，共益団体と公益団体とを区別する考え方（広義），広く一般市民にサービスを提供する市民活動団体に限定するという考え方（狭義），さらには特定非営利活動法人（NPO 法人）のみに限定するという考え方もあります（最狭義）。

表7-1 認証・認定数の推移

年　度	認証法人数	認定法人数
平成 10 年度	23	—
平成 11 年度	1,724	—
平成 12 年度	3,800	—
平成 13 年度	6,596	3
平成 14 年度	10,664	12
平成 15 年度	16,160	22
平成 16 年度	21,280	30
平成 17 年度	26,394	40
平成 18 年度	31,115	58
平成 19 年度	34,369	80
平成 20 年度	37,192	93
平成 21 年度	39,732	127
平成 22 年度	42,385	198
平成 23 年度	45,138	244
平成 24 年度	47,540	407
平成 25 年度	48,981	630
平成 26 年度	50,088	821
平成 27 年度	50,867	955
平成 28 年度	51,518	1,021
平成 29 年度 8 月末	51,723	1,031

（出所）　内閣府「NPO ホーム ページ」（https://www.npo-homepage.go.jp/about/toukei-info/ninshou-seni）。

ここでは，NPO 法に則して認証された NPO 法人について，その活動をみていくことにします。

NPO 活動の分野　NPO 法の第 2 条において「『特定非営利活動』とは，別表に掲げる活動に該当する活動であって，不特定かつ多数のものの利益の増進に寄与することを目的とするものをいう」とされ，20 の分野が示されています。

活動分野をみると，認定・仮認定法人，認定・仮認定を受けて

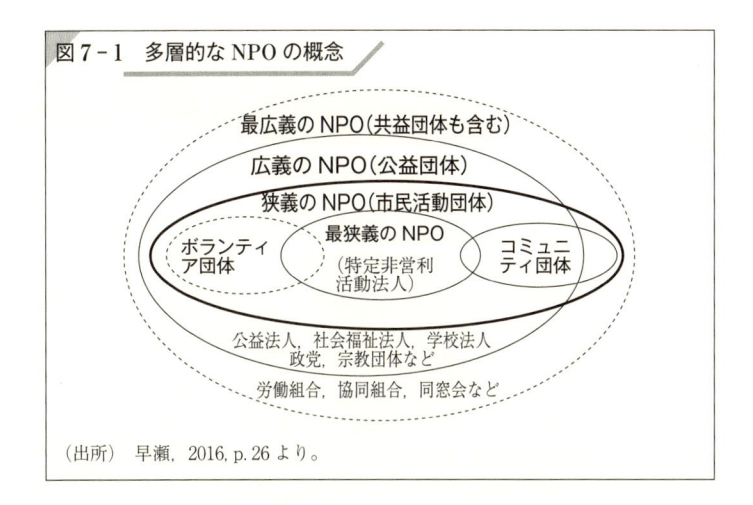

図 7 - 1　多層的な NPO の概念

最広義の NPO（共益団体も含む）
広義の NPO（公益団体）
狭義の NPO（市民活動団体）

ボランティア団体
　最狭義の NPO（特定非営利活動法人）
コミュニティ団体

公益法人，社会福祉法人，学校法人
政党，宗教団体など

労働組合，協同組合，同窓会など

（出所）　早瀬，2016，p. 26 より。

いない法人ともに，「保健，医療又は福祉の増進」に関わる活動をしている法人の率が最も高く，次いで「子どもの健全育成」や「まちづくりの推進を図る活動」の率が高くなっています（図7-2）。

　それらの活動に次いで高いのが，「社会教育の推進を図る活動」です。社会教育の推進に関わっては，たとえば，高齢者のパソコン教室，在日外国人に対する日本語教室，不登校や引きこもりの青少年の自立支援，さまざまな体験活動等，市民による地域の多様なニーズに応じたきめ細かな活動が行われています。

　これ以外にも，20 の分野のなかには，「環境の保全を図る活動」「男女共同参画社会の形成の促進を図る活動」等，生涯学習の「現代的課題」に関わる活動がいくつも含まれています。当然，それぞれの分野の活動のためには，その前提として学習が必要であり，NPO 活動と生涯学習は密接に結びついているといえるでしょう。

　ところで，NPO とボランティア団体は何が違うのでしょうか。

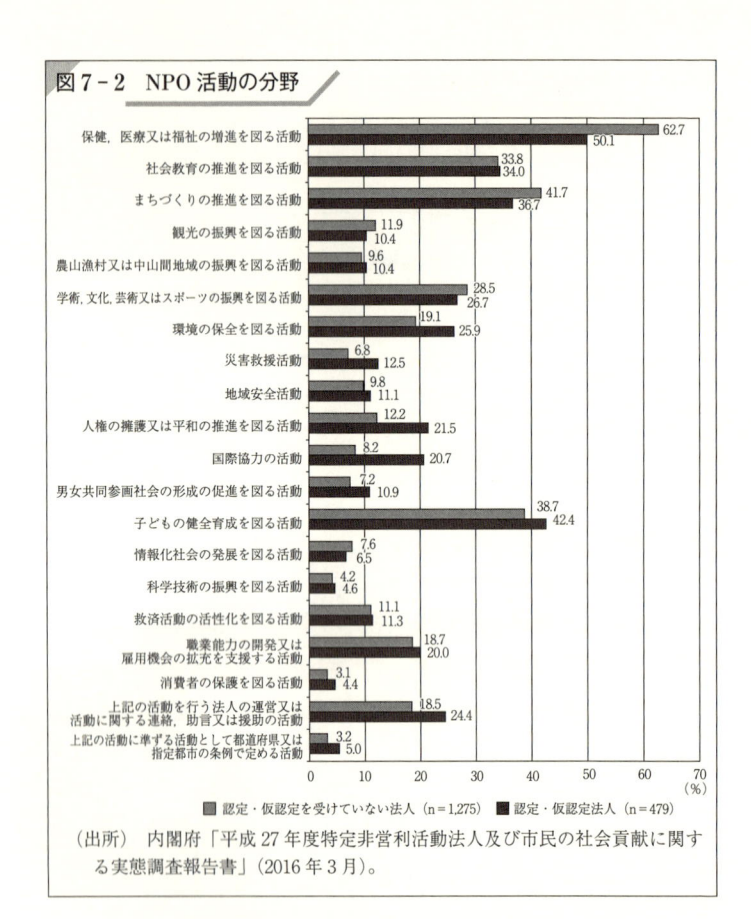

図7-2 NPO活動の分野

活動分野	認定・仮認定を受けていない法人 (n=1,275)	認定・仮認定法人 (n=479)
保健，医療又は福祉の増進を図る活動	50.1	62.7
社会教育の推進を図る活動	33.8	34.0
まちづくりの推進を図る活動	41.7	36.7
観光の振興を図る活動	11.9	10.4
農山漁村又は中山間地域の振興を図る活動	9.6	10.4
学術，文化，芸術又はスポーツの振興を図る活動	28.5	26.7
環境の保全を図る活動	19.1	25.9
災害救援活動	6.8	12.5
地域安全活動	9.8	11.1
人権の擁護又は平和の推進を図る活動	12.2	21.5
国際協力の活動	8.2	20.7
男女共同参画社会の形成の促進を図る活動	7.2	10.9
子どもの健全育成を図る活動	38.7	42.4
情報化社会の発展を図る活動	7.6	6.5
科学技術の振興を図る活動	4.2	4.6
救済活動の活性化を図る活動	11.1	11.3
職業能力の開発又は雇用機会の拡充を支援する活動	18.7	20.0
消費者の保護を図る活動	3.1	4.4
上記の活動を行う法人の運営又は活動に関する連絡，助言又は援助の活動	18.5	24.4
上記の活動に準ずる活動として都道府県又は指定都市の条例で定める活動	3.2	5.0

（出所）　内閣府「平成27年度特定非営利活動法人及び市民の社会貢献に関する実態調査報告書」（2016年3月）。

　両者の特性には，自主性，連帯性，柔軟性，先駆性等，多くの共通点があります。しかしボランティア団体は，ボランティアで構成される団体であり，その活動に対する報酬は多くの場合，無報酬です。一方NPOには，スタッフのなかに有給で働いている者もおり，また，収益活動ができるという点がボランティア団体との大きな違いとなります。

NPO がもつ強み NPO の活動は，行政にはない強みをもっています。

　行政の取り組みは，長期的に継続できるよう慎重に吟味され，その効果は公平・平等に配分されることが求められます。そのためには厳格なルールと手続きが必要であり，問題に対しての柔軟な対応が難しくなります。それに対して，NPO 活動では，平等・公平の原則からは自由であり，NPO のメンバーの合意によって，迅速に，柔軟に対応することができるのです。

　近年，「新しい公共」という考え方が重視されるようになってきました。「新しい公共」とは，「官だけでなく，市民，NPO，企業などが積極的に公共的な財・サービスの提供主体となり，教育や子育て，まちづくり，介護や福祉などの身近な分野で活躍」することです。2003 年の中央教育審議会答申「新しい時代にふさわしい教育基本法と教育振興基本計画の在り方について」は，「これまで日本人は，ややもすると国や社会は誰かがつくってくれるものとの意識が強かった。これからは，国や社会の問題を自分自身の問題として考え，そのために積極的に行動するという『公共心』を重視する必要がある」として，「新しい公共」の創造を 21 世紀の教育が目指す目標の一つとして掲げています。

　NPO は，行政とは異なる特性を生かして，新たな公共の担い手としての役割を担うことが期待されています。

3 社会教育関係団体

社会教育関係団体とは　社会教育関係団体については，社会教育法第 10 条において「法人であると否と

を問わず，公の支配に属しない団体で社会教育に関する事業を行うことを主たる目的とするものをいう」と定義されています。具体例としては，PTA，青年団，婦人会，子ども会，ガールスカウト，ボーイスカウト等が挙げられますが，その他，スポーツ団体や芸術文化団体等，多種多様な団体が社会教育関係団体として登録されています。

　社会教育関係団体の認定は教育委員会等が行い，「社会教育に関する事業を行うことを主たる目的とする団体であること」「営利事業を目的としない団体であること」「規約および経理機構を有する団体であること」等の認定の基準は，それぞれの自治体によって定められています。社会教育関係団体として認定されると，社会教育活動への支援の一環として，補助金の交付や社会教育施設の使用料の減額・免除制度の適用が受けられる場合があります。

| 公の支配に属しない団体 |

社会教育関係団体の定義をもう少しくわしくみておきましょう。上述した定義のなかで，「公の支配に属しない」とありますが，これは団体の組織，人事，財産等について，国や地方公共団体から指導や干渉されることはないということです。

　このことが強調される背景には，かつての社会教育関係団体が公の支配下にあり，国民の思想統制や戦争への協力の手段に使われてきたという歴史的経緯があります。そのため戦後，社会教育関係団体の自由で自主的な活動を保証するために，社会教育法では「文部科学大臣及び教育委員会は，社会教育関係団体の求めに応じ，これに対し，専門的技術的指導又は助言を与えることができる」（第11条1項）「社会教育に関する事業に必要な物資の確保につき援助を行う」（第11条2項）と規定し，行政の関与は「求

めに応じた指導・助言」という間接的な条件整備に限定されています。

社会教育関係団体と補助金 社会教育法制定時には社会教育関係団体への補助金の禁止条項もあり，「ノーサポート，ノーコントロール（金も出さないが，口も出さない）」の原則が示されていました。

しかしその後，1959 年の法改正で補助金の禁止条項は廃止され，それ以降，憲法 89 条の規定（「公金その他の公の財産は，……公の支配に属しない慈善，教育若しくは博愛の事業に対し，これを支出し，又はその利用に供してはならない」）に抵触しない事業（たとえば，図書等の資料の収集・作成，社会教育関係団体間の連絡調整，機関誌の発行，研究調査，社会教育施設の整備等）に関しての補助金の支出が可能になりました。

補助金の交付は社会教育関係団体の活動の活発化をもたらす一方，そのことが社会教育関係団体に対する不当な支配や事業の干渉につながることがあってはなりません。そのため，社会教育法第 12 条では「社会教育関係団体に対し，いかなる方法によっても，不当に統制的支配を及ぼし，又はその事業に干渉を加えてはならない」，また，第 13 条では「地方公共団体にあっては教育委員会が社会教育委員の会議（社会教育委員が置かれていない場合には，条例で定めるところにより社会教育に係る補助金の交付に関する事項を調査審議する審議会その他の合議制の機関）の意見を聴いて行わなければならない」ことを規定しています。

4 グループ・サークル活動

　「グループ・サークル」とは，その構成員が共通の目的に向かって，特定の活動を行う組織等です。音楽や読書およびスポーツ等の趣味，教養，健康づくり等の仲間や同好会等がいい例でしょう。内閣府が実施している「教育・生涯学習に関する世論調査」では「行った生涯学習の形式」を尋ねていますが，その結果，公的な機関における講座や教室，自宅での学習活動に次いで，「同好者が自主的に行っている集まり，サークル活動」を挙げた人の率が高くなっていました。グループ・サークル活動は，生涯学習の方法として重要な役割を果たしていることがわかります。

　グループ・サークル活動は，PTAや子ども会等の社会教育関係団体のようなしっかりとした人的配置や役割分担がなされた「組織集団」と比較すると，「未組織集団」であるといわれます。すなわち，構成員の間で目標は共有されているのですが，集団の構成員や役割等は流動的で，不安定な状態にあるということです。しかしそれは，組織のなかでのさまざまな制約に縛られることなく，気の合う仲間と自由に学ぶことができるということでもあり，それがグループ・サークル活動の魅力なのかもしれません。

5 ICT を活用した学びの可能性

ICT を活用した学習のメリット

団体やグループ・サークルは，人びとにとって，重要な生涯学習の場になっているのですが，なかなか乗り越えられない限界も存在します。たとえば，物理的限界です。集合して学ぶためには場所が必要であり，会場の収容能力等の問題で，すべての人を受け入れることが難しいということがあります。また，活動時間や場所によって，どうしても参加できない人がいるという時間的，距離的限界もあります。

こうした限界を乗り越えるものとして，近年，情報通信技術（ICT）の活用が注目されています。

たとえば，インターネット等を利用すれば，人は公民館や図書館等に出向かなくても，学習に必要な情報を入手することができます。それは，距離的な制約を受けずに，在宅でも多様な学習が可能になるということです。また，学習施設の開館時間等を気にせずに学習情報や学習機会を得ることができるという点では，時間的な制約を受けることもありません。

人と人との交流と ICT

ICT の活用は，個人の学習を促進するだけでなく，住民同士がバーチャルで，年齢，職業，居住地等に関係なく多様な形態でつながり，情報共有や情報交換をすることを可能にします。

たとえば，総務省が行った「次世代 ICT 社会の実現がもたらす可能性に関する調査」（2011 年）では，「ソーシャルメディアを

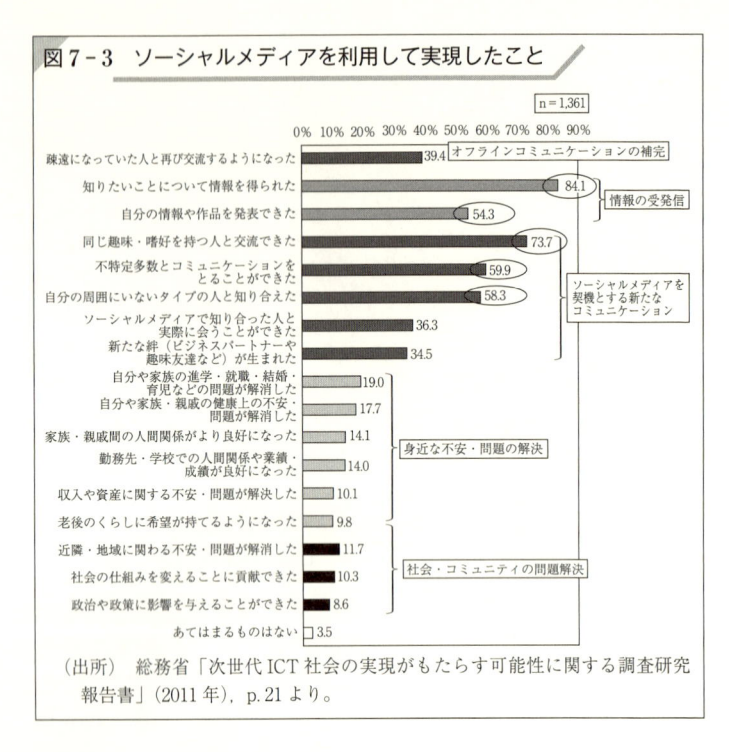

図 7-3　ソーシャルメディアを利用して実現したこと

n＝1,361

0% 10% 20% 30% 40% 50% 60% 70% 80% 90%

疎遠になっていた人と再び交流するようになった	39.4	オフラインコミュニケーションの補完
知りたいことについて情報を得られた	84.1	情報の受発信
自分の情報や作品を発表できた	54.3	
同じ趣味・嗜好を持つ人と交流できた	73.7	
不特定多数とコミュニケーションをとることができた	59.9	ソーシャルメディアを契機とする新たなコミュニケーション
自分の周囲にいないタイプの人と知り合えた	58.3	
ソーシャルメディアで知り合った人と実際に会うことができた	36.3	
新たな絆（ビジネスパートナーや趣味友達など）が生まれた	34.5	
自分や家族の進学・就職・結婚・育児などの問題が解消した	19.0	身近な不安・問題の解決
自分や家族・親戚の健康上の不安・問題が解消した	17.7	
家族・親戚間の人間関係がより良好になった	14.1	
勤務先・学校での人間関係や業績・成績が良好になった	14.0	
収入や資産に関する不安・問題が解決した	10.1	
老後のくらしに希望が持てるようになった	9.8	
近隣・地域に関わる不安・問題が解消した	11.7	社会・コミュニティの問題解決
社会の仕組みを変えることに貢献できた	10.3	
政治や政策に影響を与えることができた	8.6	
あてはまるものはない	3.5	

（出所）　総務省「次世代 ICT 社会の実現がもたらす可能性に関する調査研究報告書」(2011 年)，p. 21 より。

利用して実現したこと」を尋ねていますが，「知りたいことについて情報を得られた」に次いで，「同じ趣味・嗜好を持つ人と交流できた」「不特定多数とコミュニケーションをとることができた」「自分の周囲にいないタイプの人と知り合えた」等，ソーシャルメディアを契機とする新たなコミュニケーションに関する回答率が高くなっていました。

　では，ネット上で知り合った人との絆はどのように深まっていくのでしょうか。同調査の別の質問項目によれば，「ソーシャルメディアで初めて知り合った人と実際に会ったことがある」人の率は 47.7% であり，約半数が「会った」と回答しています。

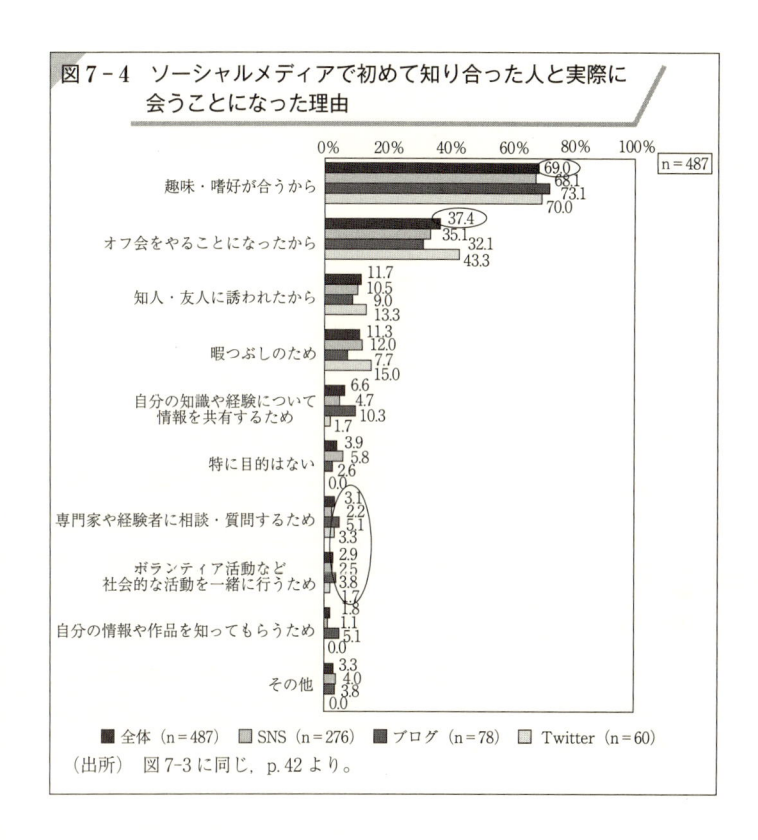

図7-4　ソーシャルメディアで初めて知り合った人と実際に会うことになった理由

- 趣味・嗜好が合うから　69.0／68.1／73.1／70.0
- オフ会をやることになったから　37.4／35.1／32.1／43.3
- 知人・友人に誘われたから　11.7／10.5／9.0／13.3
- 暇つぶしのため　11.3／12.0／7.7／15.0
- 自分の知識や経験について情報を共有するため　6.6／4.7／10.3／1.7
- 特に目的はない　3.9／5.8／2.6／0.0
- 専門家や経験者に相談・質問するため　3.2／2.5／3.9／3.3
- ボランティア活動など社会的な活動を一緒に行うため　2.9／2.5／3.8／1.8
- 自分の情報や作品を知ってもらうため　1.8／1.1／5.1／0.0
- その他　3.3／4.0／3.8／0.0

n＝487

■ 全体（n＝487）　▨ SNS（n＝276）　▨ ブログ（n＝78）　□ Twitter（n＝60）

（出所）　図7-3 に同じ，p.42 より。

　実際に会った理由としては「趣味・嗜好が合うから（69.0%）」と「オフ会をやることになったから（37.4%）」という回答が多くなっていました。また，「専門家や経験者に相談・質問するため」や「ボランティア活動など社会的な活動を一緒に行うため」といった理由で会っているとの回答もみられました（図7-4）。

　こうしていまや ICT は，ネット上で人と人を結びつけるだけでなく，現実社会のなかでの交流の広がりや身近な問題の解決にも重要な役割を果たしています。ICT を活用した多様な人びと

との交流は，地域のなかに，住民同士が互いに学びあい教えあう新たな場を生み出していくことでしょう。

●引用文献●

経済企画庁編．（2000）．『国民生活白書（平成12年版）：ボランティアが深める好縁』．

経済産業省．（2009）．『新成長戦略（基本方針）：輝きのある日本へ』（2009年12月閣議決定）p. 24.

齋藤力夫，田中義幸編著．（2016）．『NPO法人のすべて：特定非営利活動法人の設立・運営・会計・税務 増補10版』．税務経理協会．

佐藤守，稲生勁吾編．（1989）．『生涯学習促進の方法（生涯学習講座第5巻）』．第一法規．

鈴木眞理，津田英二編著．（2003）．『生涯学習の支援論』．学文社．

全国公民館連合会．（2001）．『月刊公民館（9月号）』pp. 4-9.

総務省．（2011）．『次世代ICT社会の実現がもたらす可能性に関する調査研究報告書』．

内閣府．（2003）．『平成15年度　コミュニティ再興に向けた協働のあり方に関する調査報告書』．

内閣府．（2015）．「教育・生涯学習に関する世論調査」．

内閣府．（2016）．『平成27年度　特定非営利活動法人及び市民の社会貢献に関する実態調査報告書』．

早瀬昇．（2016）．「ボランティア団体・NPO・コミュニティ団体活動の推進」．『アカデミア Vol. 116』p. 26.

参考図書

中村香，三輪健二編著．（2012）．『生涯学習社会の展開』．玉川大学出版部．

　　●本書は，「学習社会」の実現に向けて，生涯学習の諸相を考察しています。とくに第3部では，地域において共同で学びあうことについて，第4部では学習を通して社会とつながることについて，さまざまな事例に基づいて考察しています。

田中雅文．（2011）．『ボランティア活動とおとなの学び：自己と社会の循環的発展』．学文社．

　　●本書は，ボランティア活動が，社会の発展とボランティア自身の生きがいや成長に対して，どのような効果を与えているのか，その過程で学習がどのような役割を果たしているのか，について考察しています。

関口礼子編著．（2005）．『情報化社会の生涯学習』．学文社．

　　●本書は，情報通信技術の社会教育，学校教育における展開を詳細に紹介し，また，社会教育行政のあり方，高齢者の学びの場や図書館と情報通信技術との関わり等について広範囲に検討しています。

第 8 章

教育によらない強力な学習

宗教の場合

2002年9月にカナダのカルガリー大学で開かれた仏教の Yogācāra（瑜伽学派）に関するシンポジウムを聴く参加者。世界中から学習のために集まってきています。

　学生食堂などで食事をしていると，ときどき，食事の前に，両手を合わせ，箸を親指と人差し指の間にはさみ，軽く会釈をしてから食事にかかる学生をみることがあります。それをみると，ああ，しつけのきちんとした家庭に育った子なのだな，と思います。たぶん，食事は，家族そろって食べることが多かったのだろうと，推測できます。

　食事の前に箸を指の間にはさむという行為は，人が生まれながらにしてもっている本能ではありません。どこかで学習した結果だからです。

1 宗教と生活

宗教と生活様式 日常のうちには，教育によらないで，強力な学習をしている場合があります。そのうちから，本章では，宗教を例にとって，考えてみましょう。

食事の前に，両手を合わせ，箸を親指と人差し指の間にはさみ，軽く会釈をするというのは，元はといえば，仏教の僧堂のマナーです。自分の食器，箸を出し，食事を受けとって，「いただきます」と感謝の意を表します。植物にせよ，動物にせよ，命をもっています。それが，摘まれ，あるいは捕獲され，命を失って，人間の食材になって，代わりに人間は命を長らえ，活動するエネルギーを得るのです。そうした自分たちのために失われた命に対する感謝の気持ちを食事の前に表すのです。また，「ご馳走さま」というのも，自分たちが食を饗するまでには，大勢の人の手と足を煩わしています。その人たちが走り回った結果，食材が調達され，運ばれ，調理され，料理ができあがって，自分たちが食することができたのです。それらの大勢の人への感謝の気持ちの表現なのです。

私たちは，そのような語源を知らなくても，食事の前と後に，「いただきます」「ご馳走さま」といいます。

宗教と生活習慣は，もともと密接な関連をもっていました。宗教は，人びとの生活を深く規定してきました。高遠な思想も宗教ですが，毎日の卑近な生活も，これまた，宗教と深く結びついているものが少なくありません。

食事の前に手を合わせるということは，生まれながらにしても

っている人間の特性ではありません。生まれてから，周囲の環境のなかで「学習」した結果なのです。だから，そうしている人をみると，育った環境がそうするような生活習慣のなかにあったことが推測できるのです。他の人がやっていないのに，それがつい出てしまうのは，その行為が頭で学習したのではなく，生活習慣の一部，その人の行動様式の一部として深く染みついてしまっているからです。だから，家庭のしつけがしっかりなされているとみるのです。誤解されないようにいっておきますが，それをしない人はしつけがなっていない，といっているわけではありません。人はそれぞれ違ったしつけ，すなわち行動の様式を家庭内で学習しているでしょうから。

| 宗教と世俗 | 文化は，精神文化，物質文化，行動文化に大別できます。宗教はその3つとも備 |

えています。

　古い例を挙げると，「大化の改新」は仏教擁護派と排斥派との争いで，仏教擁護派が勝利を収めると，日本に仏教の理念が導入され，同時に仏教文化を擁していた民族の高度な技術，生活様式も一緒に移入され，生活や社会が一新されました。つづいて，人びとの行動を規制するもろもろの律令が中国の例に倣って制定されました。大化の改新は，そうした，ひとつの文化様式から他の文化様式への改変をするために，争いが起こったといってよいのです。

　世界では，宗教が異なる集団同士の争いは，例を挙げるに事欠きません。宗教ほど人を殺したものはない，とさえいわれています。たとえば，2002年2月から3月のインドの西部グジャラート州におけるヒンドゥー教徒，イスラム教徒の「宗教暴動」があ

ります。1992年に，インド北部アヨディアのイスラム教モスクが破壊され，ヒンドゥー教徒とイスラム教徒の対立が激化し，全土で約2000人もの人が死亡したといいます。この破壊されたイスラム教モスク跡にヒンドゥー至上主義団体がヒンドゥー教寺院を建設する運動を展開しましたが，その運動の帰りのヒンドゥー至上主義者たちの乗った列車に今度はイスラム教徒が放火をして，約1000人もの人が死亡したのが2002年の宗教暴動です。1947年にイスラム教徒のパキスタンがインドから独立したのも，両教徒間の激しい流血の結果でした。インドは，ヒンドゥー教徒が人口の約8割を占めますが，この経験をふまえて，その後，国教を定めず多宗教共存を掲げる「世俗主義」の国家となったはずなのですが。

今でも，パキスタン，アフガニスタン，イラクを中心に，タリバンと2001年に世界貿易センタービルを破壊したとされる国際武装組織アルカイダ，領土に関する目標をもち，社会機構を作る意思をもって，2014年6月29日，国家樹立宣言をしたIS，シーア派とスンニ派などが，各地で紛争を展開し，サウジアラビア，イラク，シリア，米国，ロシア，中国など世界の国々も巻き込んでいきそうな気配です。

日本の宗教的特徴

日本の仏教を眺めてみると，法隆寺は別名「学問寺」と呼ばれたように，仏教書を読むために，文字を習い，文献を読み解くための学習をするところでした。仏教書とはいっても，哲学的な仏教教義のみが書いてあるわけではありません。兵法の指南書である『兵書』やセックスのしかたを指南する『愛経』，その他『眼疾病陀羅尼経』『療痔病経』『呪歯経』『呪目経』『呪小児経』『治病合薬経』『善薬長

者経』のような各種の医学，薬学の知識，『梅檀香身陀羅尼経』のような香の知識などを盛った経典があるように，生活一般の知恵がつまった情報伝達の書でもありました。また，「内典」「外典」（仏教書以外の書）の語にみられるように，仏教書のみならず，儒教の書などに盛られた知恵も学習されていました。ゆえに，比叡山の僧侶や五山の僧侶たちが，時の為政者の政治顧問となりえたのです。空海や行基ら僧侶たちが灌漑などで民衆指導をしてまわったのもよく知られています。

　江戸時代に広まった，庶民が読み，書き，そろばんのリテラシーを習得する学校が「寺子屋」と呼び慣わされたのも，文字の学習をするのは，はじめ，そうした宗教者によって営まれていた寺院や塾であったからです。江戸時代，生活の倫理の力点が変わって，四民平等を説く仏教より，天子の徳を説く儒教的な考え方のほうが身分制度を維持するために適合的になると，「寺子屋」は，教科書に『論語』や『女大学』を用いるなど，儒教倫理を教える場所に変わっていきました。すなわち，宗教は，生活全般を覆うのです。それだけに根が深いのです。

　日本人は，生まれてまもなくのお宮参りを神道の神社で行い，結婚式をキリスト教の教会で行い，一般の生活倫理には上下関係など儒教倫理を適用し，葬式を仏教寺院で行うことにも抵抗を感じない不思議な民族である，と外国人は考えます。ライシャワーはかつて，そうした現象をみて，*The Japanese Today* のなかで，次のように説明しました（Reischauer, 1988）。中近東のあたりから文化は東へ，東へと伝播してきました。途中の地域では，次の波が来ると，新しい文化に染まり，古いものはさらに東へ送って，その地域では古い文化は廃れていきました。しかし，その波が日本までくると，その先は太平洋なので，さらに先送りすることが

できません。したがって，日本という島では，さまざまな文化と民族がそこにとどまり，それらはそこで共存せざるをえませんでした。

　日本には，古来からある神道，6世紀ごろから伝わってきた仏教，同じく6世紀ごろに一度伝わりましたが江戸時代に改めて注目され隆盛を得た儒教，16世紀と19世紀に伝わってきたキリスト教など，さまざまな宗教が，それぞれの時代に血なまぐさい闘争を繰り広げながらも，現在では平和に共存しています。先に述べたような，人生のいろいろな節目で，宗教的無節操ともとれるように，いろいろな宗教行事をつまみ食いしているようにみえる日本人の行動様式は，いろいろな宗教のたまり場になった日本のなかで，宗教同士がお互いにいがみ合わずに共存するための分業なのかもしれません。幾多の宗教的な争いを経て，日本人が生み出した知恵であるといってもよいでしょう。「本地垂迹説」（仏や菩薩が衆生を救うために神の姿を借りて現れるという教説）なども，異なる宗教を調整するための知恵のひとつであったのでしょう。

　その意味で，日本に根づいた宗教は，他の宗教に対する寛容性をもっているとされています。また宗教の闘争的姿勢を和らげてもいます。しかし，世界のなかでは，宗教が，排他的・戦闘的姿勢を保っている場合も少なくありません。むしろ日本の宗教のほうが，例外的なのでしょう。

2 宗教を構成するもの

超人間的存在

　宗教はその根源を，理屈でなく，人間や人間の理性を超えた超人的なものに求め

ます。すなわち，神や仏や祖師や絶対者，その他の超人的なもの
の存在がそこにはあります。神的なものが存在しないようにみえ
る儒教ですら，その根拠を，すべての文言が「子曰く」で始まる
ように，始祖に求めています。

　宗教は，一般に，「超人的・超自然的な力に対する心性・信仰
と態度・行事の体系」ということになります。宗教の対象となる
力はシンボライズされて，神・仏・絶対者・超越者などと呼ばれ
ることになります。シンボルがさらに具象化されて像を構成する
場合もありますし，目に見える像を否定する場合もあります。具
象化されたシンボルは，人びとのきわめて高い精魂の結晶である
だけに，高い芸術性をもつ場合が多くあります。中南米のマヤ文
明，アステカ文明の壮大な作品，ヨーロッパの中世からの絵画・
彫刻・寺院建築，アジアの仏教遺跡などをはじめとして，それら
の宗教に信仰をもたない者に対しても，その成果は目を見張らせ，
うったえるものをもつものも多くあります。

　しかし形があるだけに，異教徒たちの攻撃の対象になることも
少なくありません。たとえば 2001 年 2 月から 3 月にかけて，ア
フガニスタンのバーミヤンの歴史的な仏教遺跡で，6 世紀から 9
世紀にかけて作られたという 55 メートルと 35 メートルの高さの
巨大な石像が破壊されました。その一方で，シンボルを「偶像」
とし，信仰は心のなかの問題であるとして，廃する場合もありま
す。形に表されたシンボルを設けることによってなんらかの障害
が予測される場合は，なおさらそうなります。

　　　　　　　　　　　さらに，宗教には，教義が不可欠です。
　　　教　義　　　　教義は，宇宙・世界・社会・文化・人間，
生と死・その他に関する意味体系を言語という表現形式によって

表したものです。哲学的な世界観や行為の規範のみならず，とき
にはそれを象徴する比喩やあるいは神話をもって構成される場合
もあります。内容的には，根幹に苦難観・救済方法を含みます。
苦難の根拠（苦難観）・苦難から解放された状態もしくは苦難を克
服し獲得した結果に関する意味づけ，もしくはそれらの統一した
意味体系を表します。

　その論理のなかに，勧善懲悪という因果応報を説く場合がよく
あります。この論理は，現世のみならず，来世にも及び，信仰の
篤い者，すなわち，その宗教・宗派の善とすることを行う者が，
たとえ現世において不幸であっても，来世において救われ，反対
に不信心の者，すなわちその宗教・宗派の論理からみれば悪を行
う者が，たとえ現世において幸福であっても，来世において地獄
に落ちる，というものです。

　これらは転意して，自己の生活態度と生活状態を正当化する意
味づけでもあります。人びとに対して，目的に向かって困難を乗
り越えようとする力と勇気を与えます。そして，もし結果がたと
え不首尾に終わった場合にも，殉教者としての栄誉と，天国や来
世での幸福を約束します。その結果，人びとに安心立命をあたえ，
その教えに安心して従えるようになります。すなわち，人格の統
合的機能を果たすのです。宗教は，たいていは，聖と俗および，
来世と現世についての概念をもち，それらは中心的教義とあわせ
て，同時にひとつの意味体系をもつことになります。

　教義は，宇宙・世界・社会・文化・人間・生と死・その他に関
する意味体系を言語によって表現したものだといいましたが，各
宗派は，それに磨きをかけるべく，努力を怠りません。それは，
ときとしては，現世において自分たちの置かれた地位に不満をい
だいている者たちの社会改革に踏み出す原動力になる場合もあり

ますし，また逆に，来世における正義を信じて，現世の幸・不幸をそのまま是認することになる社会維持の機能を果たす場合もあります。

儀礼と儀式

さらに，宗教のもうひとつの要素は儀礼と儀式でしょう。儀礼や儀式は，宗教的意味体系を，ときにはそのすべてについて，ときにはその一部について，言語的ないしは非言語的な表現形式（たとえば礼拝様式・芸術・音楽・舞踊・行動など）によって表したものです。キリスト像の前で十字を切るという儀式，1500年も前に移入されたときの中国語の音声（発音は日本語の音の体系に変形されているが）で経文を唱える儀式，一定の時刻になるとアラーへの拝礼を繰り返す儀式など，宗教・宗派によって，固有の儀礼が生み出されています。儀礼は，人がその宗派に属するということの象徴ともなります。

これは，宗教的な礼拝の儀式にとどまりません。歌舞音曲の禁止，飲酒禁止，ターバンをはずしてはならない，あごひげを剃ったり髪の毛を切ったりしてはいけない，衣服は足までの長さでなくてはいけない，女性は，全身をベールで覆わなければいけない，教育を受けてはならない，外で働いてはならない，などは，イスラム原理主義に基づくタリバーンの報道とともに明らかにされた行動規範ですが，このように日常の生活規範にまで及んできます。有名になった「ジハード」という言葉は「聖戦」と訳されていますが，元来「努力する」という意味だそうです。自分のできる範囲で努力するのは宗教的義務です。宗派の求める行動様式のゆるい人にはさらにいっそう努力することを強制し，またその行動様式に反対する勢力に対しては，自分たちの生き方を守るために

「自衛」の戦いを挑まねばならないそうです。その戦いは holy war「聖戦」として正当化されます。そしてその殉教者は崇められ，天国に行きます。したがって，主義のためには喜んで自分の命を捧げるというエクスタシーを醸し出します。こうした論理は，タリバーンのみならず，過去の幾多の宗教的争いの際に，繰り返された論理でもあります。第2次世界大戦時，「神国日本」の思想のもとに大勢の若者が「よろこんで」特攻隊に志願した心理にも通じるものです。今でも，世界のあちこちで自爆テロが繰り広げられています。

　教義と儀礼によって，宗教的意味体系は行為の範型化を通じ制度化されていきます。宗教的意味体系がシンボル体系を通じ担い手に理解され，しかも人びとのパーソナリティに内面化されていきます。それがその人の信念となったとき，これは宗教的信念の体系となります。とくに，この宗教的信念の体系が行為への実践的起動力となって働く場合，それは宗教的エートス（習慣，倫理）となります。

| 宗教団体 |

デュルケーム（E. Durkheim）は，「宗教とは聖なる事物に関する信仰と行事との連帯的体系であって，これに帰依するすべての者を教会という同一の道徳的共同社会に結合させるものである」（小口，1958，p. 413）と規定しています。宗教を結合の契機として存立する団体を宗教団体と呼びます。教団や教会は，前述のように，宗教的意味体系を言語的ないしは非言語的な表現形式によって共有し合う集団です。

　宗教団体には，各種の生活共同体が宗教的活動をもひとつの側面として行う広義のものと，礼拝と布教のために特設された狭義

のものがあります。

前者は，家・同族団・村落・国家などが，それぞれ守護する神を奉祭し，祭礼を営むところに見出されます。そこではそれぞれの集団構造が同時に祭礼組織をなし，家長・族長・村長・君主などが司祭の機能を果たす聖俗一体の仕組みになっています。英国国教や，日本の明治以降，第2次世界大戦終了までの神道などは，それにあたります。原始時代，宗教上の支配者が政治上の支配者であったことは，たとえば，神のお告げという呪術をもって政治的意思決定を行っていた卑弥呼や伝説の神功皇后などを考えてみると容易に想像されます。

日本では，明治初期の仏教勢力を弱める廃仏毀釈政策，第2次世界大戦後の国家神道の排斥の経緯を経て，現在では，政治と宗教の分離すなわち政教分離が当たり前のこととして受け入れられています。しかし，たとえばイスラム圏では政教一致が原則だそうですし（たとえばエジプトの憲法），キリスト教でも，たとえばドイツ基本法の前文は，「神と人間に対する責任を自覚し」という言葉で始まり，米国でもあらゆる重要な場面で「神への誓い」が採用されて（2017年のトランプの大統領就任の宣誓も，聖書に手を当てて行われました），政教分離を理論としては受け入れながら，宗教的な色彩を完全には払拭しきれないでいるのがみてとれます。

もうひとつの狭義の，特設的宗教団体は，上記の広義の宗教団体と異なり，むしろ積極的に家・同族・村落・国家などの絆を排除し，同一の信仰によって結ばれた人びとが，信仰を守りかつ普及させるために結成したものです。

日本の宗教法人法（1951年）に規定する宗教団体は，この種のものです。宗教団体をさらに，①礼拝の施設を備える神社・寺院・教会・修道院などの具体的団体，②これらの団体を包括する

教派・宗派・教団・教会・修道会・司教区などの上位団体の2種と規定しています。日本の憲法20条が，「信教の自由は，何人に対しても，これを保障する」とうたっているのもこの意味の宗教団体です。

　各団体は，それぞれ独自の教義と礼拝・行動の様式・価値意識をもっています。人びとの地理上の移動が容易になって，ひとつの文化圏から他の文化圏に移動するようになると，前述の第1のタイプの国で宗教活動を行ってきた人びとが他の文化圏に移住したとき，その文化をもった人びとは，宗教団体としての法的認可を受けているか否かにかかわらず，事実上，第2のタイプの宗教団体のような様相を呈することもあります。

　そのような人びとは，よきにつけ悪しきにつけ，周囲とは明らかに異なる行動様式をとり，衣服をまとい，価値基準をもち，場合によっては，たとえ周囲と軋轢を起こしても，それを保持することを強く願います。それを保持する根拠は，宗教的信条であり，「神」です。そしてそれらの宗教の求める行動様式や外的基準を守ることが，それらの宗教・宗派への帰属のシンボルになっていきます。

　2001年5月，富山でパキスタン人の店の前にコーランが破り捨てられて大問題になったことがありました。コーランは，イスラム教の中心的シンボルです。日本全国からイスラム教徒が集結して外務省の周りでデモをし，抗議を繰り返しました。破り捨てた犯人はわかりましたが，やった人は腹いせに単なる1冊の本を破り捨てたぐらいのつもりだったのですが，それがイスラム教徒たちの信仰の中心的シンボルであったために，やった人の想像をはるかに超えたたいへんな事件に展開してしまったのです。

3 強烈な学習作用を引き起こす宗教

学習作用：条件づけ

それでは，ある人たちにとってたいした
ものではないものが，別のある人たちに
とってたいへん重要である，ということがどうして起こるのでし
ょうか。宗教はどのようにして，そのような影響力を人びとに行
使するのでしょうか。

　たとえば，パブロフのよく知られている実験を挙げてみましょ
う。元来，メトロノームの音と口中に唾液が出るという肉体的反
応にはなんら科学的な因果関係はありません。しかし，動物に，
メトロノームの音を聞かせながら食物を与えるということを繰り
返し繰り返し行うと，しまいには，食物を与えなくともメトロノ
ームの音を聞いただけで，口のなかに唾液が出てくるようになり
ます。すなわち，メトロノームの音という条件刺激を，食物の口
中刺激という無条件刺激と，それに対する唾液反応という反応と
ほぼ同時に反復的に提示すると，音だけで唾液が生ずるという因
果関係がつくりだされるのです。この反応は条件反応と呼ばれ，
条件反応を形成する過程すなわち条件づけの過程で，新しい刺激
と反応の結合が形成されるのです。この条件反応の形成または強
化をリインフォースメント（補強）といいます。

　冒頭に挙げた食事の作法も，そのような条件づけの結果なので
す。宗教は，前にも述べたように，教義のみならず，世界観や日
常的生活の様式をも含んでいます。毎日毎日繰り返し行われる生
活の様式は，よきにつけ悪しきにつけ，その集団のなかで生活す
る人びとの身について，言葉を変えていえば，学習を引き起こし

て，その人の生活の基盤となっています。

　古代では，ユダヤ教やインド教（後に仏教・ヒンドゥー教・バラモン教などに分かれた原初的宗教）などにみられるように，家庭，学校，社会の教育は，もっぱら宗教が中核をなしていました。ギリシャの場合は，強い審美的傾向で知られていますが，これまた宗教が教育の重要な要素をなしていました。ローマにおいても同様な傾向をもっていました。

　ヨーロッパ中世文化は，カトリシズムがその中核をなし，カトリック教会の影響は圧倒的で，修道院を中心にして教育・文化活動は盛んで，人びとの生活全体は，教会の影響下にありました。世界最古の大学といわれるイタリアのボローニャ大学やフランスのパリ大学は，神学・天文学・法学・医学などから発しました。同時に，その当時普及していた天動説の世界観を否定するものとして宗教裁判が行われ，地動説を唱えたジョルダーノ・ブルーノが処刑され，ガリレオ・ガリレイが自説を曲げる誓約をさせられ幽閉されたのは有名です。

　ルネッサンス以降，宗教改革を経て「プロテスタンティズムの倫理」（ウェーバー，1994）の台頭がみられ，資本主義を発展させ，また，自然主義思想の発展とともに，社会・政治的には新興階級としてのブルジョアジーの台頭など，近代国家の成立の諸要因が公教育制度を発達させていきました。すなわち，「学校」の誕生です。こうした過程からみても，「学校」が宗教と密接な関係をもって発生，普及してきたことは，容易に想像されるでしょう。

　世界では，地域全体がひとつの宗教であるケースが少なくありません。また，ヨーロッパでも北アメリカでも，学校は，たとえば，カトリックの教育委員会とプロテスタントの教育委員会とに分かれて設置されたりしていました。両教徒が混在する地域では，

今でもひとつの地域にカトリック系の学校とプロテスタント系の学校が隣り合わせに設置されているといった例があります。キャンパスを隣り合わせにしながらひとつの学校にならなかったのをみても，それぞれいかにその独自性を主張しようとしていたかがわかります。

政治と宗教の分離　工業化とともに，学校教育はすべての人に普及していきましたが，それと平行して進んできたのは，教育機関の「世俗化」の推進と政教分離の原則でした。宗教改革と啓蒙主義の時代を経て，近代国家成立とともに，大学では，法学部が力を得て，「近代国家」の指導者の養成をする機能を中心とするようになり，ヨーロッパや北アメリカでも宗教色を脱してきました。理学部や工学部なども，大学のなかに入ってきました。

　小学校においても，たとえば，1944年のイギリスのバトラー法が，すべての公立学校においては，特定の宗派に偏らない合同礼拝と宗教教育を行うと定めたように，学校は宗教的「中立」を守るようになってきました。現在では，学校は世界的に，少なくともキリスト教圏では，世俗化されたということになっています。

　その後，諸宗教団体の教育は，主として家庭内や各派の設立する私立学校および教会の社会教育活動を通じて行われるようになりました。

　日本では，第2次世界大戦後，「極端なナショナリズム」が排除され，同時にそれを支えていた国家神道が排除されました。「教育基本法」（旧法第9条2項，現法第15条2項）によって，公立学校における宗教教育および宗教活動が禁じられました。学校における宗教教育の中立性は徹底して守られ，宗教は公立学校の教

育のなかから完全に排除されています。

　しかし，世界には，学校と宗教が不可分である国もあります。また，キリスト教圏であるヨーロッパや北アメリカでも，学校は教会立であることを脱しはしたものの，依然として，神への祈りで，学校での1日を始める習慣が残っているところがかなりあります。生徒たちは，いろいろな家庭や宗教的バックグラウンドをもって入学してきます。世界に存在する特定の宗教や宗派に対する強い信仰をもって入ってくる生徒もいます。また，無神論者もいます。特定の衣服の着用が問題視されたり，あるいは，特定の教材を用いる授業を受けられない，といった事態も生じています。

　米国でのひとつの事件を紹介しておきましょう。あなた方自身は，この問題をどう考えるでしょうか。

　その事件の舞台となった小学校では，毎日，生徒を星条旗の前に立たせ，「私たちは神の下に1つになった自由と正義の国，合衆国に忠誠を誓います」と暗唱させるそうです。それに対して，ある無神論者である親が，異論を唱えて提訴し，やめさせようと裁判に持ち込みました。2002年6月26日，サンフランシスコ連邦高裁は，「『神の下に1つ』との表現は信仰と結びついており，中立ではない」から米憲法の政教分離条項に違反するという違憲の判決を出しました。誓いの文は，under God であり，特定の神を指しているわけではありませんが，God は単数形であり，一神教を前提としており，多神教の宗教と神の存在を信じない人びとを排除していると考える人もいます。にもかかわらず，判決は，当時のブッシュ大統領をはじめ，政府高官の非難をあび，この判決の直後，米下院も判決に抗議する決議を採択しました。この決着は，最高裁にまで持ち越されましたが，2004年最高裁も，この問題についての直接的判断をさけ，一人の親のみの名でなされ

たこの提訴は，提訴者が子の正当な権利を代弁する資格がないとして，棄却しました。

教育と教化　争いが生じるのは，宗教が，文明というような単なる物質文化のみならず，精神文化，行動文化と密接な関係をもっているからです。そして，宗教が教えるのは，単一の世界観，単一の価値観です。強力に，ひとつの世界観，ひとつの価値観を教え込もうとしているのが，宗教です。

　バーミヤンの仏教遺跡の石像破壊や，富山県のコーラン破り捨て事件を紹介しましたが，そのほかにも，イスラム教の教義に反する書を翻訳出版した学者が刺殺されるといった事件（1990年）がありました。ニューヨークの2つの世界貿易センタービルとワシントンのペンタゴン襲撃の同時多発テロ（2001年9月）とそれにつづくアフガニスタンへの報復も，宗教がらみであるとみなされています。宗教のためには，自分の命を捨てることや殺人をも辞さないくらい，のめり込んでしまうこともあるのです。

　政教分離以来，「教化」と「教育」とは区別して考えられてきました。「教化」は宗教的な場合，ときによっては，政治的な場合にも当てはめて考えられ，「教育」は学校教育に当てはめられてきました。しかし，いずれも他者の働きかけにより，学習を引き起こすことには違いありません。

　一般に，「教化」とは，一定の社会勢力が言語的・抽象的手段を用いて，特定の教義や価値を人びとの信念のなかに内面化させることをいいます。ひとつのやり方のみが繰り返し提示され，そのとおりにすることを繰り返し指示され，さらにそれ以外の行動様式を否定されると，条件づけとなって，人は理屈抜きにそれの

みを信じてしまいがちです。そしてそれは，感情の一部になってしまいます。それを否定されると，自分自身を否定されたと感じてしまうのです。

　それに対して，「教育」と呼ばれるものは，人びとの自発性を助長し，「いかに考えるか」の道筋を教えるものであると区別して考えられてきました。「教化」は，それに対し，「いかに考えるか」ではなくて，「何を考えるか」を学習させるのです。すなわち，単一価値の注入なのです。

　20世紀のはじめ，シュプランガーというドイツの哲学者は，世の中の価値を，理論的価値，審美的価値，経済的価値，宗教的価値，政治的価値，社会的価値の6つに分類し，すべての人は，このすべてをその精神作用において追求するが，人によって，どれに優位性を置いているかが異なるとして，人びとを6つのタイプに分類しました。そして，その6つの価値のなかで，宗教的価値を最高のものと考えました（シュプランガー，1961）。時代のせいでもあるでしょうが，しかし，宗教のもつ，御しがたく説明しがたいが強力な精神作用を表しているといえるでしょう。

| 教団と学習のメカニズム |

では，どうして宗教がときによっては，それほどの強い教化力をもつのでしょうか。繰り返し執拗に行われる条件づけと指導がそこに働くことは前に述べましたが，そのほかに教団という組織の存在が大きく働くと思われます。

　教団も集団であるので，いったんその集団のなかに入ってしまうと，そこには，集団のもつ力関係の一般原理が待っています。一般に，集団では，とくに対抗組織が意識される場合はなおさら，集合を強化し集団を大きくしようとする力関係が働きます。その

ときに利用されるのが集団内でのラダーシステム（階層構造）です。

　目の前にラダーシステムが用意されて提示された場合，そしてそれを登るのがそう苦労ではなさそうにみえるとき，それを登ろうとするのは，人間の基本的欲求でしょう。学校制度もそれを用意して学習意欲を刺激し，家元制度も同じように幾段階もの免状を用意して，学習継続を維持しています。ラダーシステムは，人びとをひきつけ，そこにとどめるのに有効な手段です。これをマスターしたら階級が上がる，というのは，学習を継続させる有効な手段なのです。このラダーシステムを登る原理が，もって生まれた身分・家柄・性別・年齢のような帰属的手段でなく，業績的手段による場合，すなわち，これから努力をして特定の条件を満たせば，その地位が上昇することが明白である場合，人びとは，その条件を満たすように，努力することになります。あるいは，その地位を下落させないために，一定の条件を満たしつづけるように努力することになります。

　これは，宗教団体のみならず，他の集団においても当てはまることです。宗教団体もそれを有効に用いているというだけのことなのです。とくに現世の，他の社会体系の提供するラダーシステムに自分がうまく組み入れられていないと感じている人びとは，宗派の提示する階級上昇に安心立命を見出すことになります。

　しかし，気がついてみたら，すでに他のシステムと相容れない文化を強烈に，しかも排他的に学習してしまっていたために，他の社会規範と乖離してしまって，その集団の外では生きられなくなっていた，というようなことも往々にして生じるのです。とくに，IS などは，メールや SNS など，最新の技術手段を使用して，積極的に勧誘活動を行っています。

宗教団体で働くラダーシステム上昇の原理は，集団文化への忠誠です。すなわち「神」や「教祖」「始祖」への帰依です。その集団の要求する儀礼などの行動様式に従うことになります。それが人の内面に向かったのが「修行」です。これは，その集団に帰依した人の精神面を強く支えることになります。それによって，たとえば「非行」（本人や社会が意識するか否かにかかわらず，異なる文化）から立ち直るということもあるでしょう。苦難に耐える強い精神力を養うこともあります。勤勉を説く「プロテスタンティズムの倫理」が，私有財産蓄積を是認したのと車の両輪をなして，資本主義の発展を支えたことは有名です。

　しかし，集団内でのラダーの上昇につながるためには，集団への帰依を目に見える形で証明しなければなりません。すなわち，自分自身の内なる精神修養のみにとどまらなくなります。それは，具体的には，集団への帰属者を増やすという行為や集団への財政的貢献をなすという外的な形によって証明されます。前者は，折伏（しゃくぶく）や宣教・伝道という行為になります。後者は，寄進をする，他者からの寄進をつのる，ということになります。かくして，過去の歴史のなかでは，熱心な伝道行為が行われてきましたし，ときには，それが暴力的な行為や他民族の征服につながってきた場合も，少なくありません。十字軍の遠征もそうですし，「コーランか剣か」と選択を迫るのもそれですし，先住民族の征服もそうです。現代社会でも，その種の強引な行為は，ニュースになっています。とくに，一神教の場合，あるいは特定の始祖などを一神教に近い形で据える宗派の場合，受け入れるか否か，という二者択一でしかありえないので，妥協の余地がなくなります。

　人びとは，しかし，仲間を増やす，財の寄進を得るという帰依を外的な形態で証明するためには，いかに人を説得するかを工夫

し，また，その武器となる教義を自分自身必死で学習することになります。電車のなかなどで，この種の勉強をしている人をみかけることもあるでしょう。文字どおり，「勉(はげ)」むことを自分に「強」いることになります。そこでは強烈な学習が行われています。しかし，学習内容は，「どう考えるか」はなくて，「何を考えるか」なのです。単一価値の学習なのです。

　ある宗教運動が強力に展開され，繰り返し，繰り返し，提示されるとき，それは，それに出会った人びとのなかで条件づけされ，しだいに内面に定着していきます。献身・受難・愛・死・世界観に関する意味づけがなされていきます。ときには，非日常的心理状態や自己陶酔の恍惚を生み，それに基づいて共同体的感情が生まれます。

　この集合意識ないしは集団の強制力が高揚し，それに自己を埋没させてしまうと，集合体ないしは集団の力が構成員に畏敬と依存の感情を喚起させます。それは，魅惑的なもの・恐ろしいもの，有益な力ないしは危険な力ともなり，心の支えと励ましをあたえるとともに，功利主義を否定し，道徳的責任と倫理的要求を課す（池田，1984，p.320）ことになります。そしてそれを他者に向けての行動に結びつけようとします。そこで布教活動に力が入ります。ある種の宗教団体が，部外者からみれば，反社会的でファナティック（狂信的）な行動に走るのもそのためです。ときにはそれは自己に向けられて，たとえばヘールボップ彗星に乗るために集団自殺をするに至るような，部外者には不可解な行動に走ることも幾度となく報道されています。

4 日本人の宗教意識

宗教の社会的理解　日本国憲法第 20 条は，「信教の自由は，何人に対してもこれを保障する」「いかなる宗教団体も，国から特権を受け，又は政治上の権力を行使してはならない」，すなわち，信教の自由と，政教分離の原則を明確にしています。また，2 項で「何人も，宗教上の行為，祝典，儀式又は行事に参加することを強制されない」としています。3 項で「国及びその機関は，……いかなる宗教的活動もしてはならない」と定めています。これらの法規の結果，日本の公立学校や市町村立の社会教育機関のなかから，宗教教育はまったく姿を消してきました。この点は，他の国々に比して，徹底していました。

　教育基本法第 15 条では，「宗教に関する寛容の態度，宗教に関する一般的な教養及び宗教の社会生活における地位は，教育上尊重されなければならない」としています。しかし，宗教は公立の機関ではタブーである，と考えられてきたので，他の宗教に対する寛容な態度ということはもちろん，宗教の社会生活における意味すら考えることを放棄してきました。家庭が宗教教育に熱心でない場合は，人びとは，宗教的なものに接することなく，育つことになります。それだけに，なんらかの宗派からの強烈な働きかけがあると，人びとは，とくに自分たちの生活のスタイルが確立していない，たとえば若い人びとは，それの影響を容易に受け，のめり込んでしまうということもありえます。布教活動は，強力な単一価値の注入です。免疫がないだけに，ファナティックな行動にも容易に導かれがちでもあるのです。

オウム真理教事件や同時多発テロ以来，日本でも宗教への関心は強くなりました。中教審のなかでもそれは改めて論じられ，「教養教育に関する骨子案」（2001 年）のなかでは，「異文化理解の一環として，宗教に関する理解も必要である」とされました。

　憲法や教育基本法のなかで禁じているのは，国や市町村立の学校を始めとする諸機関のなかで「特定の宗教」の教育が行われることです。一般的な宗教的情操教育は禁じていないということがあらためて意識されるようになりました。

　世の中には，複数の異なる信念の体系が存在します。個人は，無神論を含めて，そのうちのひとつに帰依します。宗教が生活全般を覆い，また強力な学習を引き起こすものだけに，「何を考えるか」ではなしに，「いかに考えるか」を意識化してみる必要があるでしょう。

日本人の宗教意識　　最後に，日本人が全体的に宗教に対してどのような状況であるかを，読売新聞社が 2001 年 12 月 15，16 日に行った「宗教に関する全国世論調査（21 世紀日本人の意識）」から紹介してみましょう。

　「何か宗教を信じているか」という質問には，22% の人が，「信じている」，77% は「信じていない」と答えています。日本人では，無宗教の人が 8 割弱と多数を占めています。しかし，「神や仏が存在すると思うか」では，「存在する」が 40%，「存在しない」が 28% です。「幸せな生活を送るうえで，宗教は大切だと思うか」という設問には，「そうは思わない」と 62% の人が答えていますが，「大切である」と答えた人も 34% います。自分自身が信仰しているとまではいかなくとも，宗教の存在意義を認めている人は，その程度います。

一方，人びとは，「盆や彼岸の墓参り」(75.8%)，「正月の初詣」(70.0%)，「家の仏壇や神棚に手を合わせる」(51.9%)，「子供の宮参りや七五三のお参り」(49.8%)，「身の安全，商売繁盛，入試合格などの祈願」(39.1%)，「厄払い」(34.0%)，「お守りやお札を身につける」(31.2%) を行っています。おそらくは，これらの事柄を宗教行為とは意識していないのでしょう。これを「宗教周辺事項」(井上，2001，p.15) と呼んでいます。冒頭で例をひいた，箸を両手にはさんで食事を始めるという行為も，同じようなものです。

　自宅に神棚や仏壇，祭壇など神仏をまつる場所が「ある」人は78%，「ない」は22% です。宗教を信じる心をもっていないにもかかわらず，昔からあったこうした設備を家のなかに残しています。

　世界がせまくなり，日本人にも今まで接触してきた宗教とは異なる宗教が意識されるようになりました。宗教意識が薄れている日本で，強力な学習作用を引き起こす宗教にどう対処するかは，個人個人が宗教や宗派のその作用を意識し，そのなかで，自分をどう位置づけるのか，また，自分とは異なる信仰をもつ他者をどう位置づけ，どう対応するのかを，意識的に考えてみる必要があるでしょう。日本では学校教育のなかに（少なくとも公立学校のなかでは）宗教の社会的機能などについて学習するような環境はありません。家庭でも希薄です。それだけに，外から働きかけがあった場合，簡単にのめり込んでしまう無垢の基盤があるのです。

●引用文献●

池田昭. (1984). 「宗教」. 『現代社会学辞典』. 有信堂高文社.

井上順孝. (2001). 「身近なタブーに関心」. 『読売新聞 2001 年
　12 月 28 日』12 版, p. 15.

ウェーバー, M. (梶山力訳, 安藤英治編). (1994). 『プロテス
　タンティズムの倫理と資本主義の〈精神〉』. 未来社.

岸田雅雄. (1993). 「イギリス・ドイツ・日本：その社会と宗教」.
　『書斎の窓』第 423 号, pp. 51-55.

小口偉一. (1958). 「宗教社会学」. 福武直, 日高六郎, 高橋徹編
　『社会学辞典』. 有斐閣.

「宗教離れ, 高齢者も：宗教観 本社全国世論調査」. 『読売新聞,
　2001 年 12 月 28 日』12 版, p. 15.

シュプランガー, E. (伊勢田耀子訳). (1961). 『文化と性格の
　諸類型』(世界教育学選集 18・19). 明治図書出版.

Reischauer, E. O. (1988). *The Japanese Today: Change and Continuity*. Cambridge. Belknap Press of Harvard University Press.

Spranger, E. (1921). Lebensformen: Geisteswissenschaftl. Psychologie u. Ethik d. Persönlichkeit. Halle (Saale): M. Niemeyer.

参考図書

パーソンズ, T. (徳安彰ほか訳). (翻訳 2002, 原著は 1978).
　『宗教の社会学：行為理論と人間の条件第三部』. 勁草書房.
　●社会体系と行為の理論で一世を風靡したパーソンズによる宗
　教に関わる部分です.

池上良正ほか編. (2003). 『宗教とはなにか』岩波講座宗教 1.

岩波書店.

池上良正ほか編. (2004). 『宗教への視座』岩波講座宗教 2. 岩波書店.

●宗教について，いろいろな角度から広く包括的に概説しています。文化人類学，社会人類学，宗教学，思想史，社会学，女性史など，大勢の専門家による全10巻でのシリーズのはじめの2巻です。

井上順孝ほか編. (1996). 『宗教学を学ぶ』. 有斐閣.

櫻井義秀，三木英編. (2007). 『よくわかる宗教社会学』. ミネルヴァ書房.

橋爪大三郎. (2001). 『世界がわかる宗教社会学入門』. 筑摩書房.

◇以下，たくさんある仏教，キリスト教以外の宗教のものについて，新書版のものを挙げておきます。

大塚和夫. (2004). 『イスラーム主義とは何か』. 岩波書店.

村上重良. (1970). 『国家神道』. 岩波書店.

本村凌二. (2005). 『多神教と一神教：古代地中海世界の宗教ドラマ』. 岩波書店.

第9章

女性の生涯の変化は男女に
どのような学習を求めるか

京都市男女共同参画センターウィングス京都——各地の男女共同参画センターは，地域に合った活動を繰り広げています。

男女共同参画社会をどのようにしてつくっていけばよいのでしょうか。それは，生涯学習時代の新しい挑戦です。個人としての学習から社会の制度の変革までを考えていきましょう。

1 女性の人権の確立

長い道のり　女性の人権はまだ確立していないという人がいるかもしれません。同様に男性の人権も確立していないといえるかもしれません。たしかに私たちは人権について，まだまだ多くの問題を抱えています。しかし，歴史を眺めてみれば，多くの人びとの努力で，少しずつ女性の人権は確立されてきたということができます。

　生涯学習というものが人間の権利として世界的に認識されたのは，20世紀半ばのことでした。学習権宣言（The Right to Learn）が第4回ユネスコ国際成人教育会議で行われたのも，1985年のことでした。すべての人間が人間として成長する生涯学習が認められるには，まず人権の確立への動きが必要です。同時に生涯学習によって人権の確立はより進められていくのです。

　近代的な意味での普遍的な人権は，近代市民革命期の1789年，フランスの「近代人権宣言（人および市民の権利宣言）」によって確立されたといわれています。この人権宣言は各国の人権保障に大きな影響を与えました。「すべての人」「すべての市民」の権利を差別なく保障した点が重要な意味をもっているとされています。しかし，以下のような実態が指摘されています。実際にフランス革命が進行してさまざまな法律がつくられてくると，「すべての人」「すべての市民」が含まれていないことが明らかになってきたのです。身分，納税額，人種等により，男性の一部は権利の主体から排除されていました。さらに女性の人権はこの普遍的な人

　全国各地にある男女共同参画センターでは，男女共同参画施策の推進，男女共同参画啓発のための講座，情報誌やリーフレットの刊行，研究および情報収集ならびにさまざまな媒体を通しての情報提供，DV への対処や就職のための相談，各活動団体の交流事業等々さまざまな活動を行っています。グローバルな概念のもと，地域に合わせた活動を行い，まさに "Think globally, Act locally" な生涯学習の場となっています。

　京都市男女共同参画センターでは，「LGBT に関する講座」のほか「男女共同参画の視点を持った相談員養成講座」「女性の防災リーダー育成事業」や「DV・性暴力被害者支援講座」等の新しいテーマに地域の機関や団体と連携して取り組んでいます。

受付の様子　　　　　　　　　　『男女共同参画通信』（別冊）
京都市男女共同参画センターウィングス京都（URL：http://www.wings-kyoto.jp/）

◆━◆━◆━◆━◆━◆━◆━◆━◆━◆━◆━◆━◆━◆━◆━◆━◆━◆

権のなかに含まれていなかったのです。

　1789 年の段階で，すでに多くの陳情書のなかに女性の権利や両性の平等を要求したものが存在していたといわれています。しかし，これらはまったく取り上げられることはありませんでした。劇作家のオランプ・ドゥ・グージュ（Olympe de Gouges）は 1791 年に「人および市民の権利宣言」に対して，「女性および女性市

民の権利宣言」を著し，女性にも人間としてまた市民としての権利があることを主張しています。当時の女性たちのさまざまな要求を体系的に集約したのです。その後も，多くの女性たちによって，女性の権利の確立と，従属からの解放のためにさまざまな活動が続けられてきました（辻村，金城，1992，pp. 32-37）。

ハムラビ（ハンムラビ）法典，ローマ法などを持ち出すまでもなく，古代から中世にかけては，女性は身分的差別に加えて，出産，母性に関わる女性の性役割の固定化と家父長権力のもとで絶対的隷属を強いられてきました。人権確立の過程において，女性は常に疎外または抑圧された状態にあったといえます。近代的な教育制度の確立の過程においても同様の状態であり，疎外と抑圧のなかで，伝統的性役割を強要されてきました。女性が人権を確立し教育を受ける権利を獲得するまでには，長い苦難の歴史があったのです。

| 国際的潮流とともに | 女性の人権の確立は，第2次世界大戦後において，1948年の国際連合の世界人権宣言に始まったといえます。宣言は国に対して拘束力がなく，実質的に効力のあるものにするには，規約として採択する必要があります。そして国が規約を批准した場合は，規約は国内的にも効力をもつことになり，国は規約に反する法律や慣行をただちに改めなければなりません。国連は，1966年に国際人権規約を採択し，日本は1979年に批准をしました。規約を批准した国は，発効の日から1年以内に，規約に沿うためにとった措置や，実現状況を国連事務総長に報告しなければなりません。したがって，この規約の批准は日本で男女平等を実現していくための有効な足がかりとなりました。

日本が 1980 年に提出した報告は，翌年人権専門委員会で検討され，賃金，昇進などの雇用の場での女性の地位，女性議員の数などにみられる女性の政策決定への参加状況，国際結婚した女性の子どもの国籍に対する権利など，女性の地位に関して多くの問題があると指摘されました。また，2009 年には女性差別撤廃委員会から「男女共に婚姻適齢を 18 歳に設定すること，女性のみに課せられている 6 ケ月の再婚禁止期間を廃止すること，及び選択的夫婦別姓制度を採用することを内容とする民法改正のために早急な対策を講じるよう締約国に要請する。さらに，嫡出でない子とその母親に対する民法及び戸籍法の差別的規定を撤廃するよう締約国に要請する」(国連女子差別撤廃委員会，2010，p. 178) と差別的な法規定に関する指摘要請がありました。法律の改正が進まないなか多くの指摘を受けているのが現状です。

　さらに，国連において 1967 年に女性に対する差別撤廃宣言が採択されました。その後，女性差別撤廃条約が 1979 年に採択され，1981 年に 20 カ国の批准を得て発効しました。日本は 1985 年に批准しています。すでに 1975 年には「世界行動計画」が採択されており，「国連女性の 10 年」(1976 年〜85 年) も設けられています。

　その後も，女性の人権の保障と男女平等の実現を目指して，世界的な会議が数多く開かれています。国連を中心とした世界規模の動きと軌を一にしながら，日本においても 1977 年に「国内行動計画」の策定，1986 年に男女雇用機会均等法の施行，翌 1987 年には「西暦 2000 年に向けての新国内行動計画」が策定されました。1991 年には「西暦 2000 年に向けての新国内行動計画（第 1 次改定）」に基づいて施策が推進されました。

　1995 年には，第 4 回世界女性会議において，実質的な男女平

等と男女共同参画を確立するために「女性のエンパワーメントに関するアジェンダ（指針）」として「北京宣言及び行動綱領」が採択されました。人権を獲得した女性のエンパワーメント（empowerment）（→*Column* ③）によって，社会を変革していこうというのです。そのために，女性に対する教育・訓練，あらゆる意思決定過程への参加，女性同士およびNGO（Non Government Organization：非政府組織）の連携・連帯，すなわちネットワークづくりと行動が重要であることが明示されました。西暦2000年に向けて取り組むべき優先事項を示し，各国が自国の行動計画を立てることが求められたのです。

日本においては，1996年に男女共同参画推進本部によって「男女共同参画2000年プラン」，すなわち男女共同参画社会形成の促進に関する，西暦2000年までの国内行動計画が策定されました。「男女共同参画2000年プラン」では，施策の基本方向と具体的施策として，「Ⅰ．男女共同参画を推進する社会システムの構築　Ⅱ．職場・家庭・地域における男女共同参画の実現　Ⅲ．女性の人権が推進・擁護される社会の形成　Ⅳ．地球社会の『平等・開発・平和』への貢献」という4つの基本目標と11の重点目標が挙げられています。

1997年には男女雇用機会均等法が改正され，1999年から施行されました。その後も2006年に改正，2007年施行，2016年に改正，2017年施行と続きます。また，1999年には男女共同参画社会基本法が制定され，2000年には，男女共同参画基本計画が，2005年には同第2次計画，さらに章末の年表に見られるように第3次，第4次と策定されていきました。第4次の目指すべき社会は，①男女が自らの意思に基づき，個性と能力を十分に発揮できる，多様性に富んだ豊かで活力ある社会，②男女の人権が尊重

され，尊厳を持って個人が生きることのできる社会，③男性中心型労働慣行等の変革等を通じ，仕事と生活の調和が図られ，男女が共に充実した職業生活その他の社会生活及び家庭生活を送ることができる社会，④男女共同参画を我が国における最重要課題として位置付け，国際的な評価を得られる社会，となっています。

求められる生涯学習 多くの女性が，主体的かつ積極的に社会参画をすることが可能になった今日において，どのようにその力をつけていくかは，1976年ナイロビにおいて開かれた第19回ユネスコ総会で採択された「成人教育の発展に関する勧告」(Recommendation on the Development of Adult Education)にある生涯学習の定義が示しているということができます。生涯教育及び生涯学習は，「現行の教育制度の再編成及び教育制度の範囲外の教育におけるすべての可能性を発展させることの双方を目的とする総合的体系を」指し，「この体系において男性と女性は，各人の思想と行動の不断の相互作用を通じて，自己の教育を推進する。教育及び学習は，就学期間を限定されるものではない。教育と学習は生涯にわたるものであり，あらゆる技能及び知識を含むものであり，あらゆる可能な手段を活用すべきものであり，そしてすべての人に対して人格の十全な発達の機会を与えるべきものである」と定義しています。

この勧告のなかで強調されているのは，学習者中心の原理です。学習者は，みずから学び学習の主体となることで，社会づくりに深い関わりをもつのです。学習者自身の知識や経験を活用し，学習に関わる意思決定に個人または集団や地域社会が参加することによって，社会づくりをしていくことを意味しています。1985年の第4回ユネスコ国際成人教育会議で採択された「学習権宣言

（The Right to Learn）」においても，学習活動が，人間を，出来事のなすがままに動かされる客体から，自分たち自身の歴史を創造する主体へ変えるものであると謳われています。このなかで，女性と女性組織が貢献してきた，人間関係を追求するエネルギーと方向づけを承認し賞讃するとし，その独自の経験と方法は，平和や男女間の平等のような，人類の未来に関わる基本的問題の核心をなすものであると確認しています。そして，成人教育の発展およびより人間的な社会をもたらす諸計画に女性が参加することが必要であると述べられています。

1997年にハンブルクで開かれた第5回国際成人教育会議では，各国政府の機関と市民団体，女性団体，労働組合，企業家などさまざまなグループとのパートナーシップが確立されました。国はもとより，あらゆるコミュニティの組織，NGO，女性団体，雇用者，労働組合，先住民組織，市民一人ひとりが生涯学習の機会を創出し，認識を広める責任をもっていることが確認されました。

このように人権の確立と生涯学習があいまって，新しい社会の実現を可能にするのです。疎外と抑圧から解放された女性が，生涯学習によってその力を発揮し，人類の未来に貢献することが求められているのです。

女性の人権の確立はグローバルな課題であるといえます。このグローバルな課題に各国，各地域に合った方法で対処していくことが求められています。今後の社会づくりは，まさに "Think globally, Act locally" である教育・学習活動が要求されています。

> **LGBTと人権擁護**　人の性を単に男と女に分ける二分法がとられているのが現状ですが，今日では性的指向（Sexial Orientation：セクシュアル・オリエンテーション）お

よび性自認（Gender Identity：ジェンダー・アイデンティティ）に対する人権の擁護が喫緊の課題となっています。

　性的指向および性自認に関して，LGBT と呼ばれることがありますが，それらは，一般的に次のことを指しています。

　　L：女性の同性愛者（Lesbian：レズビアン）

　　G：男性の同性愛者（Gay：ゲイ）

　　B：両性愛者（Bisexual：バイセクシャル）

　　T：こころの性とからだの性との不一致（Transgender：トランスジェンダー）

　性的指向および性自認にかかわらず，等しく誰もが社会参画できる社会づくりが求められています。理解と社会づくりに関する啓発活動は緒に就いたばかりであり，生涯学習としての重要な課題であるといえます。

2 女性のライフサイクルの変化と生涯学習

長寿化と多様化のなかの女性のライフサイクル

人の成長に関するとらえ方は，同じ時代，同じ文化であれば，人はある時期または年齢によって，似かよった問題に直面し，段階的に変化を迎え成長していくというステージモデルと，年齢よりも遭遇する出来事を重視するライフ・イヴェントモデルの2つに分けることができます。1976年にステージ理論に革命をもたらしたといわれる *Passage*（航路）を著したシーヒー（G. Sheehy）は，1995年に *New Passage*（新しい航路）を著しました。この長寿時代の成人期を，成人の生活の新しい地図（The New Map of Adult Life）として描いています。シーヒーは，大掛かりで綿密な調査の結果，新しい時代の成人期は長く，アメリカにおいて人びとは45歳から85歳プラスという第二の成人期を生きることができるようになったことを明らかにしました。それぞれの生き方次第で，その後の人生をよく生きることが可能になったのです。標準的なライフサイクルに甘んじる必要はなくなり，人びとは自分で自分のライフサイクルをつくり出すことができるようになったというのです（Sheehy, 1995）。

ライフ・イヴェント（life event）とトランジション（transition）を中心とするライフ・イヴェントモデルは，人生における出来事を中心に人格の発達や人の成長を考えようというものです。人生における出来事は一部には年齢と結びつきがあります。しかし，ライフ・イヴェントモデルにおいては，年齢との結びつきはあまり考えられていません。かつては結婚にも適齢期があり，就職も

退職も年齢に左右されることが多かったということができます。しかし，近年は，長寿化・多様化が進み，人の成長に典型的と呼べるパターンを見出すことが困難になりました。したがって，出来事こそが成長と学習に深い関わりがあるというのです。

さらに，ライフステージのなかにライフ・イヴェントを組み込んだライフ・イヴェント・フレームワークも提唱されています。

私たちは自己決定のもとに人生をつくりだすことができるようになったのです。各人が，必要とするときに，必要な学習が求められているのです。時代の変化のなかで，女性の人生における生涯学習の重要性が高まってきたのです。

女性のライフサイクルの変化と男女共同参画社会づくり　女性のライフサイクルは大きく変わりました。個人的要請と社会的要請を受けるなかで，自立的に生きようとする現代の女性には多くの学習課題が生じています。

女性の役割を固定的に定め，家事，育児を女性の仕事とする性別役割分業を意識することから解放されるために，ジェンダーに関する学習が必要です。また，経済的に自立し，社会参画をしていくための学習も必要です。さらに，社会環境の変化はもちろんのこと，少子化や家族規模の縮小，多様化した家族形態のなかで，家庭教育に関する学習も必要です。長寿化によっても，ライフサイクルに関する学習や，高齢期の自由時間の充実のための学習が必要となります。高齢社会での男女のあり方や，介護についても学習しなければなりません。自立的に生きるためには，環境の変化に適応し，さまざまな学習を一つひとつこなしていかなければなりません。

また，ライフステージごとの女性の学習をみてみると，第1期

は，青年期の女性が自立的生き方を学ぶ時期であるといえます。
今日も女性が経済的自立や社会的自立をすることは，旧来の性別
役割分業意識が払拭されていない状況において，困難なことです。
第3章でみてきたように，職業的発達は幼い頃から始まります。
青年期に自己概念が明確になり，職業が選択されるのですから，
自分の生き方を学ぶためには相当な学習が必要であるといえます。

第2期においては，家庭生活と職業生活の両面から生じる多く
の問題の解決のために学習が必要となります。仕事と家事・育児
の両立は多くの女性が直面している問題です。家庭における役割
分担，家庭生活支援の問題および社会における就労形態などのさ
まざまな問題があり，女性のみで解決することはできません。社
会の成員全員が取り組まなければならない問題なのです。男女共
同参画社会の形成と最も深い関わりのある時期といえるでしょう。

また，今日では母と子が密室保育といわれる閉塞状況に置かれ
ていることや，ほかの家庭や地域社会と関わりが希薄な家庭の孤
立化が大きな問題となっています。地域の人びととともに育児や
自己実現への道を探す学習も求められています。

第3期を子育てから解放されている時期とすれば，新たな生活
の設計のための学習が必要です。女性の年齢別労働力率をグラフ
で表すと，30歳代の就業率が下がるM字型曲線になることが示
しているように，日本の女性は子育て期間に仕事を中断した後，
再び職業生活に入る場合が多いのです。この再就職や社会適応に
は非常な困難を伴い，多くの学習を必要とします。

今日では職業を継続する女性が多くを占めています。したがっ
て，職業を継続している女性には技術革新や社会変化に伴う職業
に関する学習が必要とされています。しかしながら，全国の生涯
学習施設のプログラムに職業に関わる講座が極端に少ないのが現

状です。これらの社会のギャップを埋めていくのも現代女性の生涯学習の課題のひとつといえます。さらに，地域活動や社会活動，趣味の充実，高齢期への準備など，さまざまな学習機会が必要です。また，結婚や出産をしない生き方や，離婚や単身での子育てからも学習課題は多く生じます。多様な生き方から多様な学習ニーズが生じているといえます。

　第4期は，寿命の延びによって生じた高齢期をいかに充実して生きるかが課題となります。個人の健康維持や生活の充実だけでなく，高齢社会のなかでの高齢者の役割も学習しなければなりません。まさに女性は，ライフステージごとに，しかも個々の遭遇する出来事に合わせてみずから学習することが求められているのです。

3 男女共同参画社会と教育

男女共同参画推進に向けた教育

　私たちは戦後の教育基本法で男女共学が認められて以来，男女平等の教育のなかで育っていると考えがちです。しかし，実際は逆に作用する教育が行われており，さらにその実態にさえ気づいていないという現状があります。

　教育に関しては，すでに「男女共同参画2000年プラン」において，Ⅲ.の「女性の人権が推進・擁護される社会の形成」のなかに「男女共同参画を推進し多様な選択を可能にする教育・学習の充実」の項がもうけられ，①男女平等を推進する教育・学習，②多様な選択を可能にする教育・学習機会の充実が挙げられています。

施策の基本方針は，男女の固定的な性別役割分業意識を是正し，人権意識に基づいた男女平等観の形成を推進するため，家庭，学校，地域など社会のあらゆる分野において，男女平等を推進する教育・学習の充実を図ることです。さらに学校教育においては，男女平等の意識を高める教育を推進すること，また女子の就職・進路指導にあたっては，教職員など助言を与えるべき立場にあるものが，男女の役割について固定的な考えにとらわれることのない指導をすることが明記されています。

　具体的施策として，初等中等教育の充実に関しては，学校教育全体を通じて，人権の尊重，男女の平等，相互協力・理解についての指導の充実を図ると同時に，教科書や教材における配慮，教員の養成・研修面でのいっそうの充実を図るよう，教育委員会などに対して情報提供，指導，援助を行うことが挙げられています。また，家庭科教育の充実に関しては，社会の変化や女性差別撤廃条約の批准に対応するために，1994年度新入生より男女ともすべての生徒に履修させるようすでに改善したとして，引き続きその趣旨の徹底や教育研修の充実，施設や設備の整備・充実に努めるとしています。

　家庭教育・社会教育においても，家庭教育に関する学習機会の充実，青少年男女の相互理解・協力などの推進，成人男女の学習活動の促進，男女平等観の促進が挙げられ，実現に向けての具体的施策が挙げられています。

　しかし，ここで学ばなければならないのは，男女共同参画基本計画が2次，3次，4次と進んでいくなかで，何がどのように変化し，どのような成果を得たかということです。また今後の課題は何かということを社会の成員自身が考え直さなければならないということです。現状を直視し，新たな社会づくりについてみず

から学ぶことが求められています。

ジェンダー平等教育　男女の教育において，その数や量を男女同じになるよう合わせていくだけではなく，教育の中身においてジェンダー平等（gender equality）教育がされているかどうかを見極めていくことが，求められています。

　教育内容としての男女平等教育は，教育の数や量としてのgender parity とその中身を考えた gender equality の両方を含みます。量的格差は縮まっても，教育の中身を考えたジェンダー平等教育がされず，逆に負の教育がされているなら社会の進歩は望めません。どのような教育がされているか，教育の中身を考えることが求められています。

　新しい時代を迎えているにもかかわらず，日々の教育のなかには男女の役割を固定化しようというものが多くあります。そのひとつが教科書です。人権意識に基づいた男女平等教育観の育成において国際的に取り上げられているのが，学校教育のなかで，日々直接的に影響力を与えている教科書についての問題です。1990 年の国連経済社会理事会「婦人の地位向上のためのナイロビ将来戦略に関する第 1 回見直しと評価に伴う勧告及び結論」においても，1995 年までに教科書の差別的記述撤廃を求めています。第 4 回世界女性会議で採択された「行動綱領」は，女性に対する教育および訓練についての「戦略的目標及び行動」のなかで，「出版社，教員，公共団体及び父母団体などすべての当事者と協力して，教員養成を含むあらゆる教育段階に向けて，ジェンダーに関する固定観念のない教育課程，教科書及び教材を開発する」（83 項 a）よう求めています。

　教科書のなかの男女観に関しては，すでに種々の研究がありま

す。それらは教科書の内容が男女平等観の育成とはほど遠い実態を明らかにしています。とくに以下の4点が指摘されています。第1に，女性の登場が極端に少ない点。第2に，性別役割の固定化を追認している点。第3に，ステレオタイプ化された男らしさ，女らしさを強調している点。第4に，男女平等ないし性差別を考えさせるものがないという点です。

現在使われている教科書はどのような内容でしょうか。国語の教科書だけを取り上げても，ある社の教科書では6年生（上）のまとめの「学んだ漢字一覧」に描かれている働く人の絵はすべて男性であり，（下）においては女性の働く姿として学校の先生がただひとつだけ描かれているのです。そのほか，多くの出版社の多くの学年において，働く人はすべて男性で，働く女性は出てこないというのが現状です。21世紀の現在，児童の使っている教科書は世界的な教科書改善の動きと日本の男女平等に向けた法規制のなかにありながら，十分な改善がみられないのです。

2015年のユネスコの報告書 *Eliminating gender bias in textbook: Publishing for policy reforms that promote gender equity in education*（教科書のジェンダー平等形成のための方針展開に向けて）は，実際に男女が平等でない国ほど教科書にジェンダーバイアスが反映されているという報告をしています。また，法の整備や制度化，男女平等教育への運動が大きな影響をあたえることをいくつかの国の例を挙げて示しています。

教科書を選ぶ大人たちが教科書の内容も含めて男女平等教育に関心をもつことが求められます。教科書や補助教材は，常に男女平等の観点から検証していく必要があります。

性別特性論からの解放 日本の教育においては，性別特性論に基づく教育がされてきました。この教育論においては「生物学的な性」により人間を 2 つに分け，それを基盤として「後天的に形成される性」の特徴を考えます。したがって男性向け教育，女性向け教育がつくり出されます。この教育においては個人の特性や多様な生き方は排除されます。男女各々の特徴と役割に向けた教育ですが，あくまで男子が基準であり，一般には女子の特性論として用いられています。

　戦後，新しい憲法のもと制度として打ち立てられた男女の教育の機会均等は名ばかりのものとなり，女子特性論は家庭科教育が象徴するように，根強く生き続けてきました。国連の女性差別撤廃条約への批准や京都府等の地方自治体における実施等，さまざまな動きのなか，1989 年の学習指導要領からは中学「技術・家庭科」，高等学校「家庭科」を男女とも学ぶこととなっています。ただ，実態はどのようになっているのか，今後もその実施状況について，常に我々成人が関心をもち学びつづける必要があります。

ヒドゥン・カリキュラムの是正　「ヒドゥン・カリキュラム（hidden curriculum）」は「隠れたカリキュラム」や「潜在的なカリキュラム（latent curriculum）」ともいい，学習教材や教職員の言葉，態度，学校運営を通じて，気づかないままに子どもたちの価値観の形成に影響を与えているものをいいます。上述の教科書の内容のほか，男女別名簿や教員の言動が注視されています。男女別名簿は，多くの場合，男性が先です。したがって「男は先・主・優，女は後・従・劣」という意識を生み出しているという指摘があります。男女混合名簿の使用は都道府県の男女共同参画推進計画のなかで，目標を設

定し推進されてきました。また市町村によっては，その自治体の方針として 100% 達成しているところもあります。

さらに大きな問題となっているのは教員の言動です。指名・整列の順序，校内行事の役割，進路指導の内容，あるいは誉め方，叱り方などによってステレオタイプ化された性役割の固定化を助長することが明らかにされています（西岡，1998）。

「第3次男女共同参画基本計画」（2010 年）においても教員研修の充実が取り上げられています。しかしながら初任者研修及び 10 年経験者研修においても，「男女平等・男女共同参画」に関する内容・項目の明記は少なく，一部に人権教育のなかで取り扱っていると考えられるものがある程度です。各教育委員会への調査結果からも十分な教員研修が実施されてないという報告があります（木村，2014，pp. 190–198）。ヒドゥン・カリキュラムは，その名のとおり隠れているだけに，是正のためには積極的な対策が強く求められています。

4 男女共同参画社会づくりに向けて

家庭における固定的性役割の強化と親の学習

性差別や性役割の固定化は，教員の責任のみにあるとはいえません。それは深い文化的背景のもとに，社会全般においてもたれている考えなのです。教科書と同様に，時代や社会の動きと固定観念の間に大きな離齬が生じています。

家庭での手伝いや進学などを通じて，家庭における性役割の強化が行われています。学校教育よりも家庭教育において，より強く性別役割意識に基づいた教育が行われているのです（西岡，

1999)。

　また，家庭における両親の対等な関係，両親の男女平等観が，母親が専門職であることと関わりがあることや，母親を尊敬していることと，男女平等意識の高さや男女共同参画社会への関心の高さとの関係などが明らかになりました。すなわち家族のあり方と人の意識や考えとの間に深い関わりがあるのです（西岡，2001）。

　国内行動計画には，具体的施策として「社会教育の推進」のなかに「家庭教育に関する学習機会の充実」が挙げられ，男女が相互の人格を尊重し，相手の立場を理解し助け合うような人間形成を図るために，子どものいる親などを対象とした家庭教育学級や，親になる前の男女を対象とした学級など，家庭教育についての学習機会をさらに充実させるとしています。

　地方自治体の男女共同参画推進計画においても，シンポジウムや講座などをもつこととしています。これらは一朝一夕に解決できるものではないだけに，多くの機会の提供と地域に合った工夫が必要とされています。

社会の変化とさまざまな課題

　女性のライフサイクルは近年変化の度合いを強め，さらに多様化が進んでいます。しかしながら，総務省の調査では，女性の就業率は増加しているにもかかわらず，子育ての期間は就業できない，Ｍ字型が続いています。また，20代後半から30代の有業率と潜在的有業率との間に大きな差がみられます。すなわち女性は，就業意欲はあっても就業を控えざるをえないというのが現状です。Ｍ字カーブの谷は浅くなったとはいうものの厳然として存在しています。国際比較をみても，アメリカ，スウェーデン，ドイツなど他の国の年齢階級別労働力率にＭ字のくぼみはみら

れません。

　現在では共働き世帯は専業主婦のいる世帯数を上回っているにもかかわらず，家事・育児・介護等の家事関連時間は共働き世帯では妻4時間54分に対して夫は46分です（総務省「社会生活基本調査」2017年）。夫が有業で妻が無業の世帯でも，夫は50分と短い時間です。これらの解決には長時間労働や，社会慣習等，多くの問題を抱えています。ワーク・ライフ・バランス（仕事と生活の調和）とはほど遠い現状です。

　また，育児休業取得率は，女性が80％台であるのに対して，男性は数パーセントと低い水準にあります（厚生労働省「平成27年度雇用均等基本調査」2016年）。政府が2020年度までに達成するという男性の育児休業取得率目標はたったの13％です（内閣府「少子化社会対策大綱」2015年）。現状では3％台とその13％からもほど遠い状態です。女性の場合もM字型の落ち込みにみられるように，育児休業を取ることができず，仕事を辞めざるをえない人たちが多くいます。

男女共同参画社会に関する意識と行政への要望

「男女共同参画社会に関する世論調査」（内閣府，2016年）において各分野の男女の地位の平等感は以下のようになっています。「平等」と答えた者の割合は，「学校教育の場」66.4％，「家庭生活」47.4％，「自治会やPTAなどの地域活動の場」47.2％，「法律や制度の上」40.8％，「職場」29.7％，「社会通念・慣習・しきたりなど」21.8％，「政治の場」18.9％です。「男性の方が優遇されている」とする者の割合は女性が高く，「平等」と答えた者の割合は男性が高いという傾向があります。男女共同参画社会づくりへの道のりの険しさを表しています。

「男女共同参画社会」を実現するための行政への要望は，「子育てや介護中であっても仕事が続けられるよう支援する」「子育てや介護などでいったん仕事を辞めた人の再就職を支援する」と「保育所の施設・サービスや，高齢者や病人の施設や介護サービスを充実する」が上位3項目となっています。これら3項目を挙げた者の割合は，女性のほうが高くなっています。現在その充実が不十分であることから出た，切実な願いということができます。この状態は，あまりにも長く続いてきたといえるのではないでしょうか。

ローカルな対処とネットワークづくり

女性の人権の確立や男女の平等というグローバルな概念の実現は，国連を中心に世界的な動きとなっています。しかし，ローカルには慣習や慣例等によるさまざまな問題を抱えています。各国，各地域に合った工夫のもとに男女共同参画社会の形成を促進していかなければなりません。

　日本においては，少子高齢社会という社会的な問題が生じています。欧米諸国に類をみない急速な高齢化と極端な出生率の減少は，まったく新しいシステムをつくりださない限り，国自体の存亡に関わる問題となっています。女性の社会進出が少子化を招いたと間違った考えをもっている人も少なくありません。しかし，ILO（国際労働機関）の調査からも明らかなように先進諸国において，女性が働きやすい制度をつくった国々では出生率が上がっています。すなわち女性の労働力率と出生率は比例し，女性が働いている国のほうが出生率が高いのです。

　また逆に，男女共同参画社会づくりは，出生率を上げるためや，少子高齢化による労働力不足を補うために実現すべきものではあ

りません。あくまで人権の確立を中心に，人が生きていくうえで人間らしく自己実現できる社会づくりを目標とし，新しく目指す社会としてとらえることが望まれます。

これまでの長い歴史からも，その実現は容易ではないことがわかります。そのためにはあらゆる分野における学習が必要です。子どもの学習から成人の学習まで，家庭教育，学校教育から社会教育までと，まさに生涯学習が求められているといえるでしょう。

先述の通り，1995 年の第 4 回世界女性会議における北京宣言および行動綱領では，女性のエンパワーメントの必要性が示されています。女性のエンパワーメントが社会変革にとって緊要だというのです。そのために，女性に対する教育・訓練，あらゆる意思決定過程への参加，女性同士および NGO の連携・連帯すなわちネットワークづくりと行動が重要であることが明示されました。

また，1997 年の第 5 回国際成人教育会議で示されたようにNGO やコミュニティ組織，女性団体も含めた各国のさまざまな組織や団体のネットワークが必要です。互いに連携し合って支え合う動きはすでにさまざまな形で実現しています。

たとえば，男女共同参画社会を目指す地域の多くの団体，グループ，個人がネットワークをつくり，交流を進め力をつけています。ネットワーク会議をもち，各団体の交流を図るとともに，シンポジウム，ワークショップを通して，市民の啓発および相互学習に努めています。男女共同参画社会づくりは，女性のみの問題ではありません。社会の全成員が，よりよい社会づくりを目指して，さまざまな学習と活動を通してつくり出していくことが求められているのです。

年表　男女共同参画社会への歩み

年　　代	国連および国際機関の動き	日本の動き
1945 年 （昭和 20 年）	●「国際連合憲章」採択（6 月）	●女子教育刷新要綱発表（12 月） 【大学・専門学校の男女共学】 ●衆議院議員選挙法改正，公布（12 月） 【初の女性参政権実現】
1946 年 （昭和 21 年）		●戦後第 1 回総選挙（4 月） 【初の女性参政権】 ●日本国憲法公布（11 月） 【男女平等明文化】
1947 年 （昭和 22 年）	●「第 1 回国連女性の地位 委員会」開催（2 月）	●教育基本法施行（3 月） 【教育の機会均等，男女共学】 ●労働基準法施行（9 月） 【男女同一賃金明文化】 ●刑法改正，施行（11 月） 【姦通罪廃止】
1948 年 （昭和 23 年）	●国連総会「世界人権宣 言」採択（12 月）	●民法改正，施行（1 月） 【家制度の廃止】
1949 年 （昭和 24 年）		●第 1 回婦人週間（4 月）
1951 年 （昭和 26 年）	●ILO 総会「同一価値の 労働についての男女労働者 に対する同一報酬に関する 条約（100 号）」採択（6 月）	●ILO 加盟（6 月） ●ユネスコ加盟（7 月）
1952 年 （昭和 27 年）	●国連総会「女性の参政権 に関する条約」採択（12 月）	
1956 年 （昭和 31 年）		●国連加盟（12 月）
1957 年 （昭和 32 年）	●国連総会「既婚女性の国 籍に関する条約」採択（1 月）	●売春防止法施行（4 月）
1960 年 （昭和 35 年）	●ユネスコ総会「教育にお ける差別の防止に関する条 約」採択（12 月）	

1967年 (昭和42年)	●国連総会「女性に対する差別撤廃宣言」採択（11月）	
1972年 (昭和47年)	●国連総会, 1975年を「国際女性年」に決定（12月）	●勤労婦人福祉法施行（7月） 【後の男女雇用機会均等法】
1975年 (昭和50年)	●ILO総会「婦人労働者の機会及び待遇の均等を促進するための行動計画」採択（6月） ●国際女性年世界会議（メキシコシティー）開催（6〜7月）「メキシコ宣言」「世界行動計画」 ●国連総会, 1976〜1985年の10年間を「国連女性の10年」に決定（12月）	●衆参両院「国際女性年にあたり, 女性の社会的地位の向上をはかる決議」採択（6月） ●総理府に「婦人問題企画推進本部」設置 「婦人問題企画推進会議」発足（9月）
1977年 (昭和52年)		●婦人問題企画推進本部「国内行動計画」決定（1月）
1979年 (昭和54年)	●国連総会「女性に対するあらゆる形態の差別の撤廃に関する条約（女性差別撤廃条約）採択（12月）	
1980年 (昭和55年)	●「国連女性の10年」コペンハーゲン世界会議開催（7月）「国連女性の10年後半期行動プログラム」採択　女性差別撤廃条約署名式	
1981年 (昭和56年)	●ILO総会「男女労働者特に家族的責任を有する労働者の機会均等及び均等待遇に関する条約（156号）」採択（6月） 【家族的責任条約】 （日本は1995年に批准）	

1985 年 （昭和 60 年）	●「国連女性の 10 年」ナイロビ世界会議開催（7 月）「西暦 2000 年に向けての女性の地位向上のためのナイロビ将来戦略」（ナイロビ将来戦略）採択	●国籍法，戸籍法改正，施行（1 月）【父母両系血統主義採用，配偶者帰化条件男女同一化】 ●厚生省，生活保護基準額の男女差解消（4 月） ●女性差別撤廃条約批准（6 月）
1986 年 （昭和 61 年）		●男女雇用機会均等法施行（4 月）
1987 年 （昭和 62 年）		●婦人問題企画推進本部「西暦 2000年に向けての新国内行動計画」決定（5 月）
1989 年 （平成元年）	●国連総会「児童の権利に関する条約」採択（11 月）（日本は 1994 年に批准）	●新学習指導要領告示（3 月）【中学・高校での家庭科の男女共修】
1990 年 （平成 2 年）	●国連経済社会理事会「女性の地位向上のためのナイロビ将来戦略に関する第 1回見直しと評価に伴う勧告及び結論」（ナイロビ将来戦略勧告）採択（5 月）	
1991 年 （平成 3 年）		●婦人問題企画推進本部「西暦 2000年に向けての新国内行動計画（第 1次改定）」決定（5 月）
1992 年 （平成 4 年）		●育児休業法施行（4 月）【男女共通の育児休業制度】 ●婦人問題担当大臣設置（12 月）
1993 年 （平成 5 年）	●国連世界人権会議「ウィーン宣言及び行動計画」採択（6 月） ●国連総会「女性に対する暴力の撤廃に関する宣言」採択（12 月）	
1994 年 （平成 6 年）	●国連国際人口・開発会議「カイロ宣言」「行動計画」採択（9 月）【リプロダクティブ・ヘルス／ライツを提起】	●高校家庭科男女必修実施（4 月） ●総理府に「男女共同参画室」と「男女共同参画審議会」設置（6 月） ●総理府に「男女共同参画推進本部」設置（7 月）

1995年 （平成7年）	●第4回世界女性会議「北京宣言」「行動綱領」採択（9月） ●国連人権教育の10年（～2004年）	●育児・介護休業法改正，施行（10月） （一部施行1999年4月）
1996年 （平成8年）		●男女共同参画審議会「男女共同参画ビジョン」答申（7月） ●男女共同参画室「男女共同参画2000年プラン」策定（12月）
1999年 （平成11年）		●労働基準法改正（女子保護規定撤廃）施行（4月，一部1998年4月） ●男女雇用機会均等法改正，施行（4月） ●男女共同参画社会基本法公布・施行（6月）
2000年 （平成12年）	●国連特別総会　女性2000年会議開催「政治宣言」「北京宣言及び行動綱領実施のための更なる行動とイニシアティブ」採択（6月）	●ストーカー規制法施行（11月） ●男女共同参画室「男女共同参画基本計画」策定（12月）
2001年 （平成13年）		●内閣府に「男女共同参画局」と「男女共同参画会議」設置（1月） ●配偶者からの暴力の防止及び被害者の保護に関する法律施行（10月）
2004年 （平成16年）		●配偶者からの暴力の防止及び被害者の保護に関する法律改正，施行（12月）
2005年 （平成17年）		●育児・介護休業法改正，施行（4月） ●「男女共同参画基本計画（第2次）」策定（12月）
2007年 （平成19年）		●男女雇用機会均等法改正，施行（4月）

2008年 (平成20年)		●改正配偶者からの暴力の防止及び被害者の保護に関する法律施行（1月） ●ILO条約勧告適用専門家委員会報告発表（3月） 【同一価値の労働についての男女労働者に対する同一報酬に関する条約（100号）に関する法規定に対する勧告】 ●男女共同参画推進本部「女性の参画加速プログラム」策定（4月） 【指導的地位に立つ女性の参画加速のための基礎整備と女性の参画が進んでいない分野（医師・研究者・公務員）への重点的取組】 ●改正性同一性障害者の性別の取扱いの特例に関する法律施行（12月）
2009年 (平成21年)	●日本の「女性差別撤廃条約実施状況第6回報告」に対する国連女性差別撤廃委員会の最終見解公表（8月） 【婚姻適齢，離婚後の女性の再婚禁止期間，夫婦の氏の選択，非嫡出子等に関する差別的な法規定に対する勧告】	
2010年 (平成22年)	●第54回国連女性の地位委員会「北京+15」記念会合開催（3月） ●国連グローバル・コンパクト，国連女性開発基金共同作成「女性のエンパワーメント原則（WEPs）」発表（3月）	●改正育児・介護休業法施行（6月，一部2012年7月施行） ●「第3次男女共同参画基本計画」策定（12月）
2011年 (平成23年)	●「ジェンダー平等と女性のエンパワーメントのための国連機関（UN Women）」設立（1月）	

2013 年 （平成 25 年）		●改正ストーカー規制法一部施行 （10 月）
2014 年 （平成 26 年）	●第 58 回国連女性の地位 委員会「自然災害における ジェンダー平等と女性のエ ンパワーメント」決議採択 （3 月）	●改正配偶者からの暴力の防止及び 被害者の保護等に関する法律施行 （1 月施行） ●改正男女雇用機会均等法（7 月） 【間接差別の範囲拡大，性別による 差別事例の追加，セクハラの予防・ 事後対応の徹底等】
2015 年 （平成 27 年）	●第 59 回国連女性の地位 委員会「北京＋20」開催（3 月） ●UN Women 日本事務所 開設（4 月） ●「持続可能な開発のため の 2030 アジェンダ」採択 （9 月）	●「第 4 次男女共同参画基本計画」 策定（12 月） ●「女性・平和・安全保障に関する 行動計画」策定（9 月）
2016 年 （平成 28 年）		●「女性の職業生活における活躍の 推進に関する法律」施行（4 月） ●「女性の活躍推進のための開発戦 略」策定（5 月）

（出所） 国際連合広報センター監修『国際連合と女性の地位向上　1945-1996』
日本語版，1995・1996 年，国際女性の地位協会，などを参考に作成。

●引用文献●

木村育恵．（2014）．『学校社会の中のジェンダー：教師たちのエ
　スノメソドロジー』．東京学芸大学出版会．

国連女子差別撤廃委員会「女子差別撤廃委員会の最終見解」内閣
　府男女共同参画局編．（2010）．『平成 22 年版 男女共同参画白
　書』．

全日本社会教育連合会．（1998）．『第 5 回国際成人教育会議報告
　書』．

辻村みよ子，金城清子．（1992）．『女性の権利の歴史』．岩波書店．

西岡正子．（1998）．「女性の人権と教育：ヒドゥンカリキュラムの実態とその影響」．『佛教大学総合研究所紀要』第5号．

西岡正子．（1999）．「女性の教育と教育における平等：ヒドゥンカリキュラムの実態と是正への対策」．『佛教大学総合研究所紀要別冊』．

西岡正子．（2001）．"The Role of Lifelong Learning in Promoting Gender-Equal Education"『佛教大学教育学論集』第12号．

藤田秀雄編．（2001）．『ユネスコ学習権宣言と基本的人権』．教育史料出版会．

Sheehy, Gail.（1995）. *New Passage : Mapping Your Life Across Time*. New York : Random House Value Publishing.

Unesco.（1981）. "Recommendation on the Development of Adult Education", *Unesco's Standard-Setting Instrument*. Paris : Unesco.

📖 参考図書

辻村みよ子，金城清子．（1992）．『女性の権利の歴史』人間の歴史を考える8．岩波書店．
　●女性の権利の歴史を学術的に考察していくなかで人権の歴史そのものを深く洞察しています。今後，男女の平等を確立するための方策についても多くの示唆を与えています。

関口礼子．（1991）．『誕生から死まで：カナダと日本の生活文化比較』．勁草書房．
　●まさにカナダにおける誕生から死までの生活を知ることができます。しかし同時に，日本の生活や制度をみつめ直すことができる点がこの本の特徴です。また，女性の問題は男性そして社会の問題であることが理解できます。

西岡正子編著．（2016）．『未来をひらく男女共同参画：ジェンダ

ーの視点から』．ミネルヴァ書房．

●ジェンダーに関わる法律からメディアまでの情報を提供し，読者自身が考えることを目的としています。ジェンダーを通して現代社会を読み解くことができます。

第 10 章　人口の高齢化は学習をどう変えるか

NPO 法人大阪府高齢者大学校の授業風景

　　今日，わが国はかつて経験したことのない高齢社会に突入しつつあります。人口の高齢化は，人びとの学びのあり方をどう変えていくのでしょうか。ここでは，高齢者とエイジングをみる視点を確認したあとで，高齢者の学習の特徴や高齢者への学習支援のあり方について考えていきます。高齢者の学習の特徴としては，つながりの学習・土の学習・超越への学習という枠組みでとらえてみました。また高齢者の学習の場の例として，高齢者大学の実践例にも注目してみました。

1 人口の高齢化をめぐる問題

　今日，日本の社会は，先人たちが経験しなかった高齢社会に突入しつつあります。人類の歴史上の多くの人が経験しなかったライフサイクルの段階を，今日では多くの人が経験するようになってきました。しかし，それに伴い多くの課題が出てきているのも事実でしょう。では，高齢期を充実させていくためには，私たちにはどのような学習が求められているのでしょうか。ここではこうした点を考えていきましょう。

　まず，日本の高齢社会を人口構造からみてみましょう。かりに高齢者を 65 歳以上の人たちだと考えますと，この層の人たちの比率は，2023 年 9 月現在ではほぼ 29.1% となっています。75 歳以上は 16.1% で，15 歳未満の子どもの比率が 11.5% であることを考えますと，現在高齢者人口は子ども人口よりも多くなっているということがわかります。これらの数値が，世界の多くの国々のなかでも高い比率であることはいうまでもありませんが，人口高齢化をめぐる問題のポイントは，この数値の大小だけで判断されるのではありません。

　図 10-1 は，日本の人口ピラミッド（2015 年）を示しています。この人口構造を眺めるだけでも，人口高齢化に関わる問題点が浮かび上がってくるでしょう。たとえば，人口ピラミッドでは昭和 22（1947）年から昭和 24（1949）年あたりに生まれた人（いわゆる第 1 次ベビーブーマーや団塊の世代）の部分が，ふくらんでいるのがわかるでしょう。一方で青少年層の部分は，少子 – 高齢社会と命名されるように，むしろへこんでいます。現在この団塊世代の

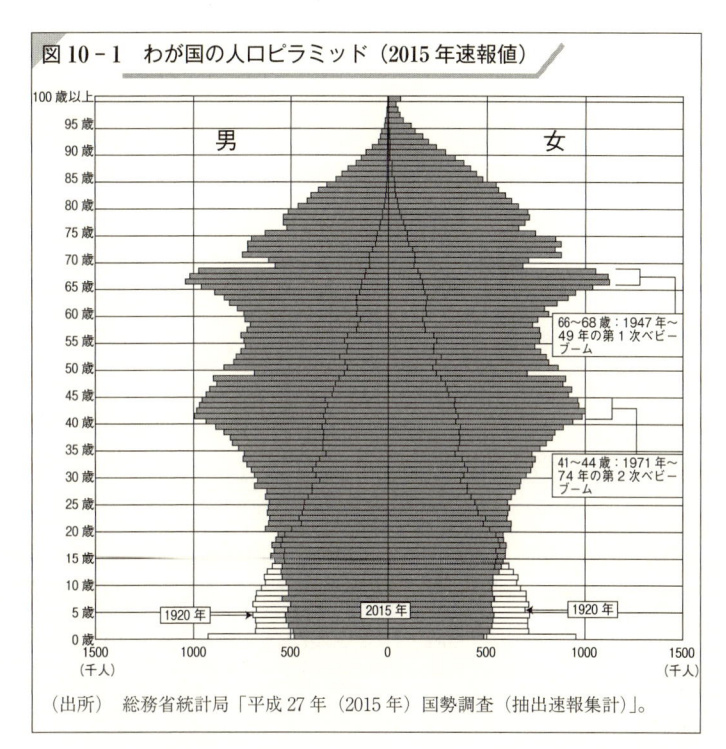

図 10 - 1　わが国の人口ピラミッド（2015年速報値）

66〜68歳：1947年〜49年の第1次ベビーブーム

41〜44歳：1971年〜74年の第2次ベビーブーム

1920年　2015年　1920年

（出所）　総務省統計局「平成27年（2015年）国勢調査（抽出速報集計）」。

人たちが高齢期に突入していますが，さらにこの層がいわゆる後期高齢期（75歳以上）に達したとき，だれがどうやってその層を支えていくのでしょうか。このあたりに今後の日本の高齢社会の大きな特徴と課題があるといえます。

　さらに人口ピラミッドの高齢者の部分をよく眺めると，80代あたりからだんだんと女性の比率が高くなっているのがわかります。女性のほうが平均寿命が長いのもその理由のひとつなのでしょうが，戦争の影響があったことも忘れてはなりません。人口の高齢化は，戦争やベビーブームといった社会的要因による影響が大きいのです。ただ一方で，いわゆる生涯未婚率（50歳時点で結

婚経験なし）が，男性 23.4％，女性 14.1％（2015 年データ）となっており，今後，男性高齢者のひとり暮らし問題も考えていかねばならないかもしれません。

　また人口の高齢化は，大きな地域間格差を伴いながら進行します。高齢者が地域からみえにくくなった大都市周辺地域での高齢者問題と，65 歳以上の人が半数にものぼる地域での高齢者問題とでは，おのずとその性格が異なってくるでしょう。高齢化に伴う問題は，地域によってその様相が大きく異なることもふまえておく必要があるでしょう。

2 高齢者とエイジングをみる視点

　今日では，マスコミは，人口の高齢化に関連した社会問題をよく報道します。高齢者介護や認知症の問題，施設入所，相続税，孤独死や老人虐待など。しかし，まず知っていただきたいのは，多くの高齢者は，「健康な」生活をしているのだということです。多少の持病をかかえたりすることはあっても，高齢者のほぼ 85％ は「自立した」人たちだともいわれています。たしかに厳しい高齢者問題があることはまぎれもない事実です。しかし，一方で，「高齢者は弱者だから保護をしなければ」と単純に考えてしまうこともまた問題なのではないでしょうか。若者が想像している以上にたくましく元気に生活している高齢の人たちも多いのです。また最近では介護予防活動として生涯学習をとらえる動向も出てきていますが，介護予防に解消されない教育や学習の独自性も考えていく必要があるようにも思えます。

　ところで，先に高齢者（や老人）を 65 歳以上の人たちと考えて

話を進めると述べましたが，じつは65歳から高齢者という考え方には，それほど強い根拠があるのではないのです。最近では日本老年学会らが75歳高齢者説を出しています。極論すれば，高齢者や老人という言葉は，社会や文化がつくりだした概念なのであって，世界には老人という概念のない社会も存在するといわれています（ただ年をとった人がいるだけなのです）。年齢にこだわりすぎないようにしつつ，高齢期と学習の関連の問題を考えていくほうがいいでしょう。

ところで最近「エイジング」（aging）という語をよく耳にします。この言葉にはどういう意味があるのでしょうか。中年期から高齢期にかけての，老いや年をとることと近い意味だといってもさしつかえないでしょう。しかし，英語圏では，この言葉には，若干独自の意味が込められているともいわれています。

かつては，人生後半部を形容する単語としては，senility や senectitude や senescence といった「老衰」や「老化」という意味合いの強い語が用いられていました。しかし，これでは人生の後半部を初めからバイアスをかけてみることにつながり，ひいては，エイジズム（年齢差別）にもつながりかねないともいわれました。これに対して，「年をとる（age）」に ing のついたエイジングという語のなかには，人生の後半部をニュートラルで自然な観点からとらえようとする姿勢があるといえます。ですから，この語を用いて人生後半部を語ることで，高齢期のプロセスと経験を，あるがままの自然な現象としてとらえる姿勢が示されたといえるでしょう。年をとって白髪が出たり，体力が低下したりすることがあっても，これらをネガティブにとらえるのではなく，自然な人間的な現象としてとらえていくのです。

もうひとつ押さえておくべきことがあります。それは，エイジ

ングや老いというプロセスのなかには，本来的にプラスの，あるいはポジティブな意味も内包されているという点です。ビールやワインを発酵させてまろやかな味を出させることもエイジングといいますし，老酒という語の老にはネガティブな意味合いは込められていないでしょう。アンチ・エイジングに対してポジティブ・エイジングという用語も出てきています。私たちのまわりにおいても，年をとって成熟したといえる人を探すのは，それほど難しいことではないはずです。

3 高齢者の学習のとらえ方

　エイジングのプラスの側面を引き出すこと，ここに高齢者に対する生涯学習のひとつの方向があるといえます。しかし，高齢者の学習や教育という場合，従来の学校教育における学習や教育のあり方とは決して同じではない点には留意がいります。といいますのも，高齢者の学習においては，多くの場合，学習を実践する人たちのほうが，その指導者や講師の人たちよりも年長であることが多く，先行世代が次世代に文化遺産を伝達するという視点からの学習や教育を考えにくくなるからなのです。将来の生活の準備のための学習や，就職・進学のための勉強という要素も弱くなります。高齢者の学習や教育には，それ独自の学習観や教育観が必要なのです。

　ここで学習（learning）という言葉のもともとの意味を考えてみましょう。学習という語は，知識や技能を習得するという意味合いで使われることが多いのですが，本来この語は，「経験による行動の変容」を意味します。いろいろな環境にふれあうなかで，

私たちは多くの経験や活動をします。この経験や活動の蓄積が私たちの行動様式や内面世界を徐々に変えていきます。これが学習の本来の意味なのです。ですから高齢者の学習とは，高齢者の特性を考慮して，その生活を豊かにしていく方向に，その経験を組み替えていくことだともいえるでしょう。またたとえば，中学生が下校時にゲームセンターに立ち寄るのはあまり教育的な行為だとはいわれませんが，高齢者が仲間とこうした場所で活動するのは，脳の活性化や孤立化防止という意味では，学習だと考えることもできます。高齢者の生活に即して考えるならば，新たな学習の可能性も開けてくるでしょう。

では，高齢学習者の大きな特性とはどのようなものなのでしょうか。その大きな特徴のひとつは，人生経験を多くもっているということです。戦争経験など必ずしも好ましいとはいえない経験が含まれていることもありますが，ともかく経験の量と多様性という点では，若者よりも豊かだといえます。これを学習の資源として活用しないわけにはいきません。

高齢者のもうひとつの大きな特徴は，老いや死に関連した経験をより身近に経験していることが多いという点です。配偶者や親友を失うという経験は，その人の生活や人生に対する姿勢をより真剣にさせる契機ともなるでしょう。人生の有限性が見え隠れしてくるともいえます。

学習の本来の意味と高齢者の特徴をあわせて考えますと，高齢者の学習は，きわめてユニークな学習であるということになります。つまり，豊富な人生経験と人生の有限性の切迫感との間で芽生える学習なのです。

4　高齢者への学習支援の特徴

<div class="highlight">高齢者の学習の特徴</div>　では，こうした特徴をもつ高齢学習者への支援の方向は，どのようなところに求められるのでしょうか。筆者は，かつていくつかの高齢者大学で受講者に人気が高かったプログラムの特徴を整理して，そこから高齢者の学習の特徴として，次の3点を指摘しました（表10-1）。

①　過去・未来とのつながりの学習　　高齢の人たちのなかには，新奇なものを学習するよりは，むしろ古典や芸術作品などの，一定の評価の定まったものに接したいと思う人が多いようです。これは，時代や地域差を超えて，人間としての共通経験にふれたときに，普遍的な意味とつながりの感覚が芽生えるからではないかと思われます。また自分史学習や回想法，地域の歴史などに関心を示す人もよく見かけます。自分の生きてきた数十年の歴史につながりと意味の感覚が付与されたときに，高齢者ならではの学びが芽生えるのだといえるのではないでしょうか。

②　土による学習　　「高齢者は土が好きです」といえば，少し失礼な言い方になるのでしょうか。しかし，陶芸教室は，多くの高齢者大学の人気メニューのひとつですし，園芸や菜園づくりなども好まれています。人間が土から生まれて土に還っていく存在であるならば，ぬくもりのある土の教育力というものも軽視できないでしょう。

③　超越への学習　　第2章でもふれましたが，高齢者の学習や発達を考えるキーワードとして「超越」を挙げることができると思います。人生の有限性をいかに超越するのか，ここに高齢者

ポイント	学習内容例
過去・未来とのつながりの学習	古典，歴史，芸術，文学，回想法，異世代交流，自分史学習
土による学習	園芸，陶芸，菜園づくり，盆栽，薬草摘み，散策，山歩き
超越への学習	芸術，宗教，思想，文学，異世代交流，ボランティア活動

表 10-1　高齢者によく学ばれる学習内容を支えるポイント

の学習に関わる根源的な問いかけがあるといえます。次世代からの視点を通して，悠久なものとふれることによって，「いま—ここ」を解き放つ学びが芽生えてくるのでしょう。

　ところで，高齢者と一口にいっても，前期高齢期の人たち（70代前半くらいまで）と後期高齢期の人たちとでは，その学びのスタイルは異なってくるようです。また今日では50代の層をも巻き込んだ，いわゆるシニア層向けの学習も出てきています。たとえば，シニアネットという中高年の人たちのインターネットによる交流の場では，地域の枠を越えた高齢者の交流と学習の場が形成されています。エルダーホステル（現ロード・スカラー）という，旅と宿泊と学習をミックスした活動の団体は，元気な高齢者像を示してくれています。シニア大学という，主に50代以上の人たちをターゲットとした大学開放事業もあります。第2の人生のための新しい学びの試みは，展開されつつあります。

　これに対して，後期高齢期の人たちへの学習支援は，やや立ち遅れているように思います。ケアを必要とする人の比率も高くなりますし，60代のころのようには活発に動きにくくなるかもしれません。しかし，たとえばセリフを覚えなくてよい，シニア即興演劇集団は70代以上の方が中心で行われています。生涯学習

の最終段階の姿を探ることもまた，今後の大きな課題でしょう。

高齢者大学をめぐる動向

高齢者の学習支援方策のなかで，今日注目されているのが，いわゆる「高齢者大学」という，高齢者を対象とする学びの場です。日本の高齢者／老人大学は，小林文成という人が1954年に長野県の寺にて開設した「楽生学園」というのがその最初だといわれています。この当時の老人大学や老人学級は，いわば高齢者の寄り合い所のようなもので，学習の場というよりは，交流のなかで，生活と地域に即したさまざまな学びもしていこうという雰囲気のところだったようです。

　1960年代以降政府は，高齢者学級や高齢者教室開設の委嘱補助事業を重点化していきます。こうして徐々に老人大学や高齢者教室という名称の学習の場が全国に普及していき，1990年前後には，都道府県レベルの広域的な老人大学が普及するようになります。教育行政系列の長寿学園構想と，福祉行政系列のゴールドプラン（高齢者保健福祉推進十か年戦略）とが，広域的な高齢者大学の設置・支援をするようになります。こうしたなかで，高齢者大学は学校的な学習の場に近くなっていきます。クラス会や単位認定，大学院の設置といった形態も普及してきます。

　こうした高齢者大学の典型的な例として，日本最大の高齢者大学ともいえる，兵庫県いなみ野学園を挙げることができます。いなみ野学園は兵庫県加古川市にあり，1969年に開学した高齢者のための生涯学習の場です。敷地面積4万4000 m²以上という広大な敷地で，放送大学などを含めると約3300人以上もの高齢者がそこで学んでいます。高齢者のための「学校」「大学」だといってもいいでしょう。

表 10-2　兵庫県いなみ野学園における学習内容

	学　科	学　習　目　標	学　習　内　容	定員
教養講座	各学科共通	地域活動の実践者として必要な一般教養を習得する	高齢者の生涯学習，福祉及び社会参加，現代社会の動き，文化，宗教，健康，人間関係，その他	440 名
専門講座	園芸学科	園芸に関する知識技術を習得し，あわせて地域社会の発展に寄与する能力と態度を養成する	栽培の基礎，病害虫防除，土と肥料，園芸作物の栽培とガーデニング，庭木の手入れ，庭の設計と鑑賞，草花・野菜・果樹各コース別実習，その他	100 名
	健康福祉学　科	健康と福祉に関する学習を通じて日常生活を見直し，地域社会の発展に貢献する態度を養う	高齢者の健康管理，疾患，スポーツ・レクリエーション，衣食住，精神衛生及び社会参加，人間関係，社会福祉，ボランティア活動，看護・介護，カウンセリング，その他	200 名
	文化学科	文化に関する教養を深め，趣味と生活を充実させるとともに，学習成果を地域社会の発展に活用する	文学，宗教，思想，歴史，芸術，地誌，民俗学，地域文化，伝承文化及び世界の文化，その他3・4年生は3学期全期間自主学習とし，学習研究発表会を行う	100 名
	陶芸学科	作陶の喜びを味わい，陶芸に関する学習と教養を深め，その成果をもって地域社会の発展に寄与する	陶芸の歴史と鑑賞，作陶，釉薬，焼成，その他	40 名

（出所）　兵庫県いなみ野学園『学園案内』より。

　表10-2は，いなみ野学園における高齢者大学講座の講座内容や定員を示したものです。宗教，歴史，陶芸，芸術など，「高齢者の学習の特徴」で述べた学習内容とかなり重なり合っています。

　では高齢者大学での学びは，他の学習機関での学びとどう違っているのでしょうか。ひとつには，いうまでもなく高齢の人が中心となる学びの場だということです。しかしこのことは，高齢者ならではの学びの場になるということにもつながります。たとえば，高齢の人の多くは，退職や子離れ，体力の低下，親しい人との離死別などの「喪失」の事実を経験しています。それらはその

人たちの心の拠り所であった場合が多く，喪失の事実は，しばしば人を孤立状態に追い込みます。こうした状況を和らげるために，人はそれまで手段視していた人間関係を目的化するようになったり，それまであまり重視してこなかった人との人間関係を重視し出すようになったりします。

つまり高齢者大学は，しばしば学びを通じた，老後の人間関係再構築の場になっているということです。筆者はこれまでいくつかの高齢者大学で，そこでできた友人の数と高齢者大学受講後の評価との関連を調査してきました。その結果すべての調査において，高齢者大学でできた友人数が多いほど，受講後の満足度が高いこと，さらに学習プロセスへの評価も高いことが示されました。また，男性，高学歴者，それまで社会的地位が高いとされる職業に就いていた人などは，こうした人間関係再構築で苦労しているようだという結果も出ていました。

ともあれ，高齢者大学は，もともとは地域の高齢者の集いの場という側面が強い学習の場でしたが，だんだんと学校的な学習の場に近いものが多くなってきたようです。最近では，正規の大学でシニア入学を制度化するところも増えてきましたし，放送大学受講者でも高齢者の比率が高くなってきました。欧米でも「第三期の大学」という，仕事や子育てなどが一段落ついた人たちのための大学が普及しつつあります。学習内容を重視した学習の場が普及し，交流の要素がメインの学習の場は少なくなってきているようです。もっとも，この学級型学習から講座型・学校型学習へという変化は，高齢者学習の場だけでなく，多くの生涯学習の場でもうかがわれる傾向のようです。

5　高齢者への学習支援の課題と展望

　たしかに人口の高齢化は，学習のあり方そのものを根本的に変える契機となりました。今日では，大学や大学院に通う高齢者の姿もそれほどめずらしくなくなりました。行政が提供する生涯学習の場にも，多くの高齢者が参加していますし，そうした人たちの学習意欲が高いことも徐々に認識され始めてきています。

　こうした傾向をふまえますと，いくつかの課題と展望が出てきているようにみえます。

　まず高齢者の生涯学習という場合，いったいどの年齢層の人たちを念頭においているのかという問題です。たとえば，今日多くの高齢者大学では，「60歳以上」をひとつの受講条件に掲げています。しかし，では実際に60代の人が自分が高齢者や老人だと思っているかといえば，どうもそうではないようです。すぐにこうした名称の学習の場に行くことには抵抗があるともいわれています。一方で，放送大学や市民大学など，タイトルに高齢者のにおいがしないところには多くの高齢の方が参加しているようです。こうしてみますと，生涯学習の完成期の人たちの学習の場の保障という問題も，どういう層の人を主たる対象として，どういう名称のもとにそうした場を提供していくのかという点が，まだ課題として残るでしょう。

　あわせて考えたい問題が異世代交流の問題です。今日では，子どもや青少年と高齢者との接点はますます希薄になってきています。それだけに生涯学習としての異世代交流事業というのも大事な視点でしょう。異世代の交流には，いろいろな利点があります。

高齢者にとっては，現在の流行や若者の考え方を知り，若者の理想主義的な姿勢から学ぶという利点があるでしょう。若者にとっては，長い人生経験を通してでなければわかりにくいものを高齢者から学ぶことができますし，何よりも自分たちの未来の姿をみることができるでしょう。たとえ認知症などを患った高齢者であっても，そうした人たちとふれあうことそのものが，若者にとってのひとつの生涯学習なのではないでしょうか。

　最後にもうひとつ，高齢者の学習の目標や方向についてふれておきたいと思います。すでに述べてきたこととも重複しますが，高齢者の学習・教育は，未来の生活のための準備という性格のものとはやや異なります。ではこうした学習・教育の目標はどこに向かうものなのでしょうか。このヒントが先にふれました「超越」という言葉のなかにあると思います。人生の有限性を超越できる世界観のための学習ともいえるでしょう。さらに第2章で紹介したフランクルが掲げた「意味への意志」という目標もここに加えておきたいと思います。人生の有限性を超越させ，自分の人生に対する意味とつながりの感覚を芽生えさせてくれる学習，このあたりに高齢者の生涯学習の目標があるのではないでしょうか。

●引用文献●

金子勇．（1998）．『高齢社会とあなた：福祉資源をどうつくるか』．日本放送出版協会．

総務省統計局．（2016）．『平成27年国勢調査：抽出速報集計結果』．

日本社会教育学会編．（1999）．『高齢社会における社会教育の課題』．東洋館出版社．

日本老年学会・日本老年医学会編. (2017). 『高齢者に関する定義検討委員会ワーキンググループ報告書』.

福智盛. (1990). 『いなみ野学園：老人大学の mecca　誕生と歩み』. ミネルヴァ書房.

堀薫夫. (2000).「高齢者の生涯学習をめぐる課題と展望」.『老年社会科学』第 22 巻第 1 号.

 参考図書 ●●●

堀薫夫. (1999). 『教育老年学の構想：エイジングと生涯学習』. 学文社.

堀薫夫編. (2006). 『教育老年学の展開』. 学文社.

堀薫夫編. (2012). 『教育老年学と高齢者学習』. 学文社.

堀薫夫. (2022). 『教育老年学』. 放送大学教育振興会.

　●いずれも教育老年学という新しい研究領域の枠組みのもとに，エイジングと生涯学習の接点を理論的・実証的・実践的にまとめています。近年では高齢者教育よりも高齢者学習の枠組みから議論が進められることが多くなっています。

関口礼子編. (1996). 『高齢化社会への意識改革』. 勁草書房.

　●世界の国々が 2 世代 3 世代をかけて進行している人口の高齢化を日本はたった 1 世代の期間で進行させている事実から，急速な国民の意識改革が必要であること，そのために社会教育や生涯学習の領域で何が行われているかを示しています。

ディヒトバルト，K.（田名部昭，田辺ナナ子訳）. (1992). 『エイジ・ウェーブ：21 世紀の高齢社会』. 創知社.

　●アメリカにおける人口高齢化の波を，あえて楽観的な視点からとらえ，豊かな高齢期のあり方を説いた書物。生涯学習もその重要な柱となっています。

NPO 法人大阪府高齢者大学校編. (2017). 『高齢者が動けば社会

が変わる：NPO法人大阪府高齢者大学校の挑戦』．ミネルヴァ書房．

●高齢者自身がNPOを立ち上げて高齢者大学を運営している事例の報告です。年齢制限や地域制限を取り払い，行政の枠を越えた独自の実践を進めています。

第 11 章　情報技術は学習をどう変えるか

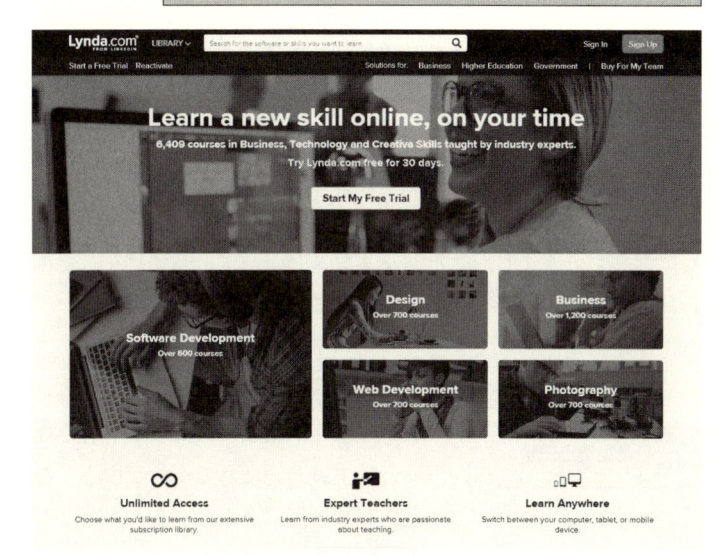

カナダのビクトリア市立図書館で 2017 年から始まった自己学習プログラム Hallo Linda の扉ページ（p. 211 *Column ⑥*参照）。

> 　コンピュータは人と人とのコミュニケーションを支えてくれる道具です。言い換えれば，コンピュータは人と人との協調の場を提供してくれます。そして協調ということが，学習というものをとらえるキーワードのひとつなのです。情報技術が進歩すれば，学習におけるコンピュータの役割がさらに広がっていくだろうと思われます。

1 学習とコンピュータ

　コンピュータが生まれた当初から，コンピュータは学習支援に有効であると考えられてきました。その考えは技術が進歩するにつれてますます強いものとなっています。「コンピュータ，ソフトがなければただの箱」とはよく聞く言葉ですが，教育におけるコンピュータも，常になんらかの学習観にしたがったシステムとして存在してきました。たんなるコンピュータとして存在したことはありません。そのことを理解していただくために学習観の流れを簡単に述べてみましょう。

行動主義心理学　コンピュータが生まれたころの学習心理学は行動主義と呼ばれるものが中心となっていました。これは，学習を刺激と反応とからなるものととらえ，反応を強化することが学習であるという考え方です。そこでは繰り返しと強化が重要視されています。その考えを明確に表したのがプログラム学習と呼ばれるものでした。これは，学習すべき事柄を小さな単位に分割し，それらを次々にクリアすることによって学習を進めるという形の学習です。そしてこの形の学習を支援するようなコンピュータシステムがつくられました。つまり，小さな学習単位を繰り返し与え，回答をチェックして次へ進むというシステムです。このようなシステムはティーチング・マシンと呼ばれ，盛んに研究されましたが，ページめくり機という批判もありました。

行動主義心理学は刺激と反応で人間を科学的に分析しようとしましたが，私たちの認知の高度な部分は必ずしも刺激のみによって統制されているわけではありません。個々人のおかれている状況や動機などがかなり大きな要因として働きます。

外から与えられた刺激のみによって学習するのではなく，自分で学習対象からなる小さな世界をつくり，そのなかでみずから探求し発見することによって学習を進めることができるなら，それは本物の学習といえるのではないか，と考えたのがパパート（S. Papert）です。彼は，その小さな世界（マイクロワールド）を構築する道具としてコンピュータに着目し，幾何学的な世界を感覚的につくるためのソフト「LOGO」を開発しました。LOGO とは，画面のなかのタートル（亀）を動かしてさまざまな形や模様をつくるソフトです。プログラムによって自由に自分の世界が描けますので，抽象的に数学を学習するのではなく，身体的・感覚的に数学や幾何の世界に入り込めるわけです。

パパートは『マインドストーム』（1982 年）のなかで，自分が子どもだったころ，歯車の動きに魅せられ，数学の問題を歯車に置き換えて考え，自分だけの数学の世界をつくっていった思い出を語っています。LOGO はそのような彼の原体験をシステム化したものといえるでしょう。

協 調 学 習 学習とはみずからの経験をもとに新しい知識や技能をつくり直していく活動だと考えることができます。そう考えたとき，生涯学習で大事なのは，必要に応じて知識や技能を自分で獲得し，それをよりよいものにしていくという学習管理能力です。この能力が生涯学習を支えて

いるのです。

協調学習とは，学習者が調べ，その内容を教え合い，互いの調べた内容にどのような関連があるかを考え，学習者全員が関わり合いながら，それぞれが自分の知識をつくり直していくという活動です。つまり，各自の考えや情報を教え合い，各自の考えや情報を関連づけ，共有された情報に基づいて一人ひとりが自分自身の知識をつくり直していく，という活動です。

協調学習という考えの根本には，社会や共同体の役割を重視した学習理論があります。認知の発達は社会的なもので，他人からの手助けを自分のものとしていく過程である，とみなす考え方で，ヴィゴツキーの「発達の最近接領域」理論に基づいています。この考えによれば，教育という行為は手助けの適時な提供とみなされ，それらの手助けをすることが社会（共同体）の役割のひとつと考えられています。

そしてコンピュータはこのような共同体を組織する力をもっている道具です。三宅なほみは，インターネットが学習に果たす役割の可能性にふれ，「発達の根本に，"手助けする／される"という人と人とのつながりがあるなら，そのようなつながりを提供できるインターネットに，人が発達するための道具としての役割が回ってくる」（三宅，1997）と述べていますが，インターネットのみならず，コンピュータを中心としたさまざまな情報機器が協調学習を支援するシステムとして登場し始めています。

2 データベースと XML

ここから少し技術的な話をしてみましょう。まず最初に，私た

ちが情報を利用するとき，意識する・しないにかかわらず利用し
ているデータベースから始めます。意識しない，というのは，た
とえば，ブログや SNS などの背後でもデータベースが動いてい
るからです。次に，web ページの記述言語である HTML とその
拡張系である XML について説明します。

データベース

皆さんは Google を使ったことがあるだ
ろうと思います。そのとき，キーワード
を 1，2 個入れて検索ボタンを押したのではないでしょうか。こ
れはこれでもちろん検索ですし，この簡便さが Google の魅力の
ひとつには違いないのですが，あえて申し上げれば，非常に粗い
検索です。データベースには，多種多様な操作が用意されており，
より詳細な検索ができるのです。その基本は「フィールド」です。
フィールドとはデータベースに蓄積される情報の項目のことです。
たとえば，図書館のデータベースでしたら，「書名」「著者名」
「出版社」などのフィールドがあります。実際は，この何倍もの
フィールドが用意されており，それらを利用すれば，さまざまな
項目を限定した詳細な検索が可能になります。

なぜここで，あえてデータベース検索などという古いテーマを
持ち出したかといえば，あとで説明する XML を利用すれば，
web においても項目を限定した詳細な検索が可能になるからで
す。

HTML

現在のホームページは HTML という言
語で書かれています。これは web ペー
ジの見ばえを優先させた言語です。たとえば，〈font size＝6〉生
涯学習〈/font〉のようにタグで囲めば，活字の大きさを 6 ポイ

ントにしてくれますし，文字の色なども指定できます。このよう
に簡単な約束事をマスターすれば容易にホームページをデザイン
できますので，多くの人が web ページをつくるようになり，瞬
く間に HTML が広まっていきました。

　しかし，HTML には簡便性という長所と引き替えに失った大
きな欠点があります。HTML では意味が規定できないのです。
たとえば，皆さんも購入したいと計画している製品に関する情報
を web で調べたことがあるでしょう。その時 Google で，たとえ
ば「加湿器」などと入力し，出てきたページを次々と読んで，情
報を入手したのだろうと思います。これはこれで便利なのですが，
何かを購入するとき，多くの場合で価格が条件となりますので，
検索で価格を設定できたら，と考えたことはないでしょうか。こ
れが「意味」の問題です。現在の検索では単に言葉のマッチング
を行っているだけで，意味を考慮した検索を行っているわけでは
ありません。それができないのは，HTML に 〈price〉 といった
タグがないからです。このようなタグがあれば，コンピュータが
自動的に価格をチェックし，条件にあった物件の情報を集めると
いうことができます。

　これと同じことが検索全般についていえるのです。本や論文を
探すにしても，HTML には 〈author〉 といったタグすらありま
せんので，「吉本ばなな」と入力して検索してみても，出てきた
ページが，吉本ばななが書いたものなのか，吉本ばななについて
書かれたものなのか，わかりません。一つひとつページを人間が
見て判断するしかないのです。

> **XML**　　　XML（X は eXtensible の X。HTML の拡張）
> はこの欠点を補うもの（利点はそればかり

ではないですが）と考えられています。つまり，上記の〈price〉のように意味のあるタグをつくることができるものなのです。

　もちろん，個々人が勝手にタグをつくってみてもあまり意味はありませんが，それらのタグが標準化（*Column* ④参照）されたなら，これらのタグをデータベースにおけるフィールドとみなして，web の検索においても，タグを特定した詳細な検索が可能になるわけです。このようなタグをメタデータと読んでいます。データの意味を表すデータ，つまりデータのデータだからメタデータというわけです。

RDF と URI

より専門的にメタデータを記述するために考案された言語が RDF（Resource Description Framework）で，これは XML でつくられています。RDF は，ひとつのデータの単位を〈主語，述語，目的語〉という関係として記述するもので，人工知能の知識表現における意味ネットワーク（もっとさかのぼれば，Fillmore の格文法）の伝統を受け継ぐものです。つまり，web を大きな知識ベースと考え，情報検索だけでなく，推論も可能にしようとしているわけです。

　web の魅力のひとつは，ページがリンクされていることですが，ページ（データ）をリンクするために必要となってくるのが URI（Uniform Resource Identifier）です。似たようなものとして URL（Locator いわゆるアドレス）がありますが，URI は URL を拡張したものですので，とりあえずアドレス（web 空間で一意に識別可能なアドレス）と思っていただければ結構です。

　RDF ではその主語や目的語を URI で指定することができます。すなわち，web 空間のなかにある人物（事柄）についての記述が存在する場合，そのページの URI を示すことで，主語や目的語

　図書館をはじめとして，情報を扱う部署で問題になるのは「情報の標準化」ということです。いい機会ですから，標準化ということを基本から説明してみましょう。あなたは自宅の勉強机の上にある蛍光灯スタンドの蛍光灯を取り換えたことがあるでしょうか。新しい蛍光灯を購入する場合，長さやワット数があっているならどのメーカーのものであっても構わないということはご存じのことと思います。これは蛍光灯の長さやピンの形状などが「標準化」されているからです。もうひとつ身近な例を挙げるなら，紙の大きさです。A4 の紙といえば，世界中どこに行っても通用します。このようなものを世界標準といいます。標準には JIS（日本工業規格）や ISO（国際標準化機構）のように，政府機関や国際機関で取り決められた標準もありますが，ある機関が取り決めたわけではなく，事実上の標準（デファクト・スタンダード）となっているものもあります。たとえば，MS-Windows はPC の事実上の標準なのかもしれません（「いや，断然 Mac だ」という方もいらっしゃいますが）。

　このような物だけでなく，接客マニュアルのような手順や方法も標準化の対象です。皆さんの近くにあるチェーン店の接客対応を思い浮かべてみればおわかりになるでしょう。このように，標準（standard）とは，物体・性能・手順・方法・概念，等を統一するための取り決めのことで，私たちの身近にあるものは，ほとんどが標準化されたものです。

　では，情報の標準化とはなんでしょう。これもまず例を挙げてみましょう。コンピュータの内部では，すべての情報は 2 進数字で表現されています。文字がそのまま入っているわけではなく，ある取り決めに従って 2 進数字が文字に変換されて表示されるわけです。そして，それらの取り決めは文字コードと呼ばれています。たとえば，日本で使われているのは，JIS コード，Shift-JIS

コード，等ですが，世界には，UNI コード，ASCII コードをはじめとしてたくさんの文字コードがあります。あなたも外国の web ページを見ようとして文字化けを起こしたことがあるでしょう。それはブラウザの文字コードと web ページが用いている文字コードが異なっているために生じたことです。これを解消するには，ブラウザが用意している文字コードの一覧から，web ページで用いられている文字コードを選ばなくてはなりません。

　情報の標準化の例として，文字コードについて述べましたが，コンピュータやネットワークに関わることはほとんどが標準化されています。たとえば，web がつながるのは，コンピュータをつなげるための手続き（プロトコル）が TCP/IP に標準化されているからです。また，ハードウェアでいうなら，現在では USB でいろいろな部品をつなぐことができるようになりました。これも標準化のたまものです。そして，第3節で説明するセマンティック・ウェブが実現するかどうかの大きなカギを握っているのが，メタデータやオントロジーの標準化なのです

を示したとみなすのです。このように，URI を用いることにより，さまざまなデータの間に関係（リンク）ができていきます。

3 セマンティック・ウェブ

セマンティック・ウェブ

web は情報の宝庫です。この web をより有効に利用できたなら，教材（情報）提供という役割をこれまで以上に果たせることが期待できますが，そのような web のひとつの候補と考えられているのがセマンティック・ウェブ（Semantic Web）です。

セマンティックとは「意味論的」ということです。XML の項目で「意味を表すタグ」について説明しましたが，セマンティック・ウェブはこのような意味に関わる仕組みを用いて，web をより高度な「知識処理システム」にしていこうとする試みです。セマンティック・ウェブを支える仕組みとしては，これまでに説明した XML，RDF，URI のほかに，オントロジーという仕組みも必要です。

オントロジー　　システム（コンピュータ）に知的な仕事をさせようとするならば，ものごと（言葉）の体系やそれらの間の関係，さらに推論のためのルール等を定義しておくことが必要です。現在の検索システムは言葉の一致を基本原則としていますが，言葉と言葉の関係や推論ルールなどを明示した辞書をシステムに与えたなら，コンピュータはより「知的」な操作ができるだろうと思われます。オントロジーとはそのような「コンピュータのための辞書」のことです。

　データベースをご存じでしたら，シソーラスのようなもの，といったほうがわかっていただけるかもしれません。シソーラスとは選ばれた用語の辞書のことで，データベース開発当初から利用されているものです。データベース検索では言葉を用いますので，「カメラ」という言葉を用いた場合と「写真機」という言葉を用いた場合とで同じ結果が出てほしいのですが，実際はそうではありません。そこで，データベースで扱っている分野の用語を整理し，同じ意味をもつ用語をひとつに統一し，用語間の階層関係を明示した辞書を作成しました。これがシソーラスです。ある文献の情報をデータベースに入力するときには，その文献の内容を表す用語をシソーラスから選んで付与します。ですから，検索する

ときに，シソーラスに載っている用語を検索語に用いれば，Googleなどでの検索とは異なり，情報要求にマッチした適切な文献のみが検索されてくるわけです。

シソーラスの場合，人間が，階層関係等を考慮しながら検索語を選ぶのですが，オントロジーの場合には，人間が入力した言葉を手掛かりにして，コンピュータが自動的に推論等を行います。たとえば，類義語を用いて検索を膨らませてみたり，上下関係を用いて検索を狭めてみたり，ということをコンピュータが自動的に行う，それを可能にするための「辞書」がオントロジーなのです。webをデータベース化（より正確には知識ベース化）するのがセマンティック・ウェブだと考えれば，オントロジーとはシソーラスのweb版だといっていいでしょう。

ここで，知識ベースや推論と述べましたが，webには通常のデータベースとは大きく異なる特徴があります。それは，「一貫性の欠如」ということです。通常のデータベースは，たとえば，教育学の文献といった小さな知識世界を扱っていますので，データベース内のレコード記述間にはある程度の一貫性があるとみなすことができますが，webにこのような一貫性を期待することはできません。ですから，推論といっても論理的な推論で処理できるものではなく，「常識的な推論」が求められます。

またこの一貫性とも関連することですが，世界をどのように認識するかということは，個々人でも異なりますし，文化によっても異なるでしょう。このような大きなwebの世界で機能するためのオントロジーがひとつで足りるはずはありません。そのとき複数のオントロジーはお互いにどのように関わりあうのでしょう。標準化（*Column* ④参照）とは何らかの一貫性を設定することだと考えれば，これらの問題を「オントロジーの標準化」という言葉

でまとめてもいいのかもしれません。このオントロジー標準化の問題の解決がセマンティック・ウェブ実現へのカギのひとつとなっています。

課題：大学図書館に ERIC（教育学関連論文データベース）などがあったなら，シソーラスを利用して論文を検索してみてください。

学習オブジェクト・メタデータ（LOM）

上記のように，セマンティック・ウェブ実現を阻んでいる障害は，さまざまなツールの標準化問題で，そのひとつがメタデータの標準化です。メタデータの標準化は分野によって進捗状況がさまざまなのですが，幸いにも，学習関連のメタデータの標準化はかなり進んでいます。これは，ティーチング・マシンの昔から，「学習」ということが人工知能や知識処理にとって常に関心の的であったことと無関係ではないでしょう。

LOM（学習オブジェクト・メタデータ，Learning Object Metadata）は IEEE（米国電気電子技術者協会）の教育技術標準化委員会（LTSC）が作成しているもので，階層構造の最上位は以下の9のカテゴリーからなっています：一般，ライフサイクル，メタメタデータ，技術的事項，教育的事項，権利，関連，注記，分類。たとえば，教育的事項の下位項目には「想定利用者」や「対象年齢」を表現するタグがあり，技術的事項の下位項目には「ファイル形式」や「提供場所（URL）」を表現する項目がありますので，これらのタグを利用して検索すれば，適切な教材が検索されるわけです。

　学校教育や生涯学習の場において，セマンティック・ウェブを活用して情報収集・教材収集等が行われ，学習に寄与することを期待したいのですが，残念ながらセマンティック・ウェブ自体は，まだ，私たちの身近に普及しているという段階にはありません。

　しかし，LOM を用いた教材検索を行うシステムは，試行システムとはいえ，もうすでに動いています。たとえば，「全国学習情報データベース」（http://www.gakujoken.or.jp/nicer/）には，小中高大のそれぞれの学年や教科ごとに教材が提示されていますし，まだ教材自体は少ないものの，一応，生涯学習という枠も用意されています。このシステムは日本全国にある教材を収集し，それらの教材のデータに LOM を付与してデータベース化したものです。ですから，テーマや想定利用者等の条件で検索することができます。ただし，このデータベースにあるのは教材についてのデータだけで，教材そのものはありません。それはそのデータに含まれている URL をもとにアクセスすればいいのです。

オープン・コース・ウェア（OCW）　オープン・コース・ウェア（OCW）とは，大学の教材をインターネットに公開する活動で，2001 年にマサチューセッツ工科大学（MIT）が構想を発表し，情報提供を始めたのですが，現在では世界の主な大学が情報提供を行っています。

　このプロジェクトの趣旨は，知識の拠点としての大学の役割を世界に示すとともに，大学の教育を透明化し教育の質の向上を図るところにあり，この趣旨に賛同する大学が集まって国際 OCW コンソーシアム（http://ocwconsortium.org/）がつくられています。また日本においても，2006 年に日本 OCW コンソーシアム

   web は魅力あるメディアですが，その魅力を支えている特徴の１つが，リンク，すなわちページ（情報）とページ（情報）がつながっているということです。もう１つの特徴は，web にある情報のほとんどが open data であって，私たちが自由に使うことができるということです。これら２つの特徴をつないだ言葉である Linked Open Data（LOD）が web の新しい形を表現するものとして用いられています。

   LOD のもう１つの特徴は，コンピュータが処理しやすい形で情報を共有するということです。LOD は RDF を基本としていますので，たとえば，書籍のタイトルや著者のデータをリンクで結ぶことによって，情報を表現するものです。これらの情報をインターネット上のオープンな場へ発信し共有することによって，他のコンピュータが参照したり，新しいデータをリンクとともに付加したりすることが可能となり，インターネット上に「データの web」と呼ばれる巨大なデータベースが形成されていきます。つまり，本章の趣旨に沿って限定的に言い換えるなら，web にあるさまざまなデータをつなぎ，教材をつくっていくことが可能となりつつあります。

課題：LOD チャレンジ（http://2017.lodc.jp/）
   LOD チャレンジとは LOD を利用したシステムのコンテストです。上記ページに紹介されている過去の受賞作品をみて，教材づくりの参考にしてください。

◆—◆—◆—◆—◆—◆—◆—◆—◆—◆—◆—◆—◆—◆—◆—◆—◆—◆—◆—◆

（http://www.jocw.jp/）が組織され，年ごとに参加する大学の数を増やしています。

課題：東京大学の OCW や慶応大学の OCW，あるいは MIT の

2017年より，カナダのビクトリア市の市立図書館は，「ハロー，リンダ」という学習プログラムを開始しました。Linda.comというアドレスを入れて，図書館に登録してある自分の登録番号とパスワードを入力すると，その中に入れます。

内容は，ビデオのオンライン版だと思ったらよいでしょう。日本の図書館も，最近では，ビデオを貸し出しています。それをオンラインで見られるようにしていると思ったらよいかと思います。好みのコースを選んで，中に入れば，家にいたままでも，たぶん外国にいても，利用できます。

有料のものもありますが，図書館が契約しているので，その図書館の利用登録者なら無料で利用できます。学習プログラムは図書館が集めたのかと思いましたが，そうではなく，どこかの組織が集めたもののようです。2017年現在，6173ものコースが公開されています。選ばれたコースは，読者が視聴し終わった後で，コメントを送ることができるようになっています。読者評によって，コレクションを入れ替えたりするのでしょう。

個人で視聴して学習することもできますが，大学等で，グループができて，グループで学習するというようなこともはじまっているようです。

·····

OCW などにアクセスし，各自の関心にあう教材をダウンロードしなさい。

●引用文献●

パパート，S.（奥村貴世子訳）.（1982）.『マインドストーム：子

供，コンピュータ，そして強力なアイディア』．未来社．

三宅ほなみ．（1997）．『インターネットの子どもたち』．岩波書店．

第12章　グローバル化は学びを
どう変えているのか

NPO 法人が運営する外国人の子どもたちのための学校（時事提供）

　グローバル化という言葉をよく耳にします。グローバル化というと，とてつもない大きな波がやってきて，その波に飲み込まれてしまうのではないかと心配にもなってきます。

　そこで，グローバル化が意味するものをまずとらえていきましょう。そして，グローバル化のなか，人びとの学びをどう変えられるかを確認しましょう。

　そのうえで，グローバル化という波に飲み込まれず，主体性をもって生涯学びそして学びを支えていくために，どういう考え方のもと何をどうすることができるのかを考えていきましょう。

1 グローバル化をとらえる

まず，グローバル化という言葉が何を意味するのかを確認していきましょう。グローバリゼーション（globalization）とカタカナのままとする場合もあるように，もとは英語です。地球（globe）の形容詞型がグローバル（global）であって，「〜化」は，〜という状態や形になるのがここでの意味になりますから，グローバル化とは，「地球的な状態や形になっていること」となります。

ただ，そのように説明をされても，いったい何を意味するのかなかなかわかりにくいものです。けれども，少なくとも地球規模で起こっている状況や形を指し示す言葉となっていることはわかります。

実は，英語でのグローバルをしっくりする日本語に訳せている熟語があります。それは，地球温暖化（global warming）です。地球温暖化は，環境問題そして持続可能な社会を考える際に欠かせない視点となっています。そして，その原因が石油，石炭や天然ガスといった化石燃料，そして森林伐採による木材を燃やすことによって二酸化炭素ガス濃度が上昇するという人間の所業が，地球全体の環境と直結すると痛感させられます。

グローバル化は国と国との関係を超える
グローバル化（globalization）なる言葉が社会におけるキーワードといえるようになったのは，1990年代になってからで

す。情報通信技術が発達し，世界中の事件や出来事が，国による情報統制すらかいくぐって国境などいとも簡単に越えてしまい，テレビでも見知ることができるようになったのがその 1990 年代です。そして，1991 年のソビエト連邦の崩壊によって，いわゆる東西体制間の壁がなくなり，とくに経済活動において，モノ，サービス，人などが移動する自由が劇的に高まってきたことが契機となって，グローバル化なる言葉が世の前面に出てきたのです。地球温暖化ばかりでなく経済活動においても，そしてインターネットの広がりによってさらに情報そのものがやすやすと国境を越えてしまってきています。

　では，グローバル化といってなぜカタカナを使う場合が多くなるのでしょうか。地球温暖化の場合と同じようになぜ漢字による熟語になっていないのでしょうか。

　それは，グローバル化に漢字にしにくい意味が伴っているからなのです。グローバル化には，まさに文字通り国と国との間でのやりとりとなる国際化（internationalization）には収まらず，国境などをやすやすと越えてしまう意味が含まれる（Knight, 2004, p.8）とも整理されています。すなわち国と国との関係から考えるのでは収まりきらないので，グローバル（化）というカタカナを使うことになってきたようです。たしかに地球（的）などといっても，地球温暖化といった物理的な地球そのものという意味では日本語として通じても，モノ，サービス，カネ，人などが国境をやすやすと越えて行き交うことには「地球的」といった訳をしてみても意を尽くせない感じになってしまいます。

日本語への置き換えにくさにもかかわら
ず，このグローバル化なる言葉を使うこ
とには，大きな魅力があります。このグ
ローバル化という言葉を使うことによって，地球全体という視点
を，地球温暖化をはじめとして，人類全体として考える共通の土
俵をつくってもくれます（広田，2016，p.21）。国内や当事者国間
だけでは根本的な答えや解決に至れそうもない問題や課題を，共
有する広い見方でとらえてよい方向に向かっていけそうな可能性
を感じさせてもくれます。また，その可能性の大前提となるのが，
国境という壁を越えて情報が自由に行き交うことであって，それ
はまさにグローバル化の恩恵といえます。

2 グローバル化とグローバリズム

グローバル化という言葉は，現実には厳
密に定義して使われているわけではあり
ません。たしかに，グローバル化という
場合，国境の壁をやすやすと越えてしまうからこそ，さまざまな
ことが起こってきているという意味は共通しています。とはいえ，
使い手の思い込みや偏りも含めて，実に多様かつたくさんの意味
を含み込んで，実にあいまいなままにまた適切でないかたちで，
グローバル化という言葉が使われてきた実態があるといわざるを
えません。

何より指摘すべきなのは，グローバル化という言葉は，有利な
立場にあろう者たちにとって都合がよい，いわば勝手な解釈をさ
れてきたということです。具体的には，グローバル化の名の下に，

地球全体を「ひとつの市場」とみなして競争原理を貫徹させるべきとの考え方や信念です。そうなれば，資本力がある者が有利になることは間違いありません。そのような考え方や信念は，実際にそう考えている人たちが深い思慮もないままに，自分にとって都合のよい便利な理屈として使っていることも多いのです。

| グローバリズム |

グローバリズム（globalism）といわれるのは，市場原理主義に偏ったグローバル化をよしとする考え方を，基本的に批判する場合においてです。イズム（-ism）は，主義という訳語にみられるように，浸りきるとか執着するという否定的な意味合いをもつことがあります。

そのようにグローバル化がいわば偏った解釈として世に拡がっていくなか，地場産業などが競争に敗れて衰退することが多くの国々で経験されてきました。短期的収益追求に血眼になった企業が，国境などやすやすと越えてモノやサービスを流入させてくることによって，国産品が圧倒され雇用の場を奪っていく状況にもなっています。そうして，身近な地域の経済的基盤が突き崩されていき，その基盤のもとにある伝統や文化，コミュニティが壊されていくと人びとに感じさせています。

このことこそが，地球規模での大きな波，グローバル化という波に飲み込まれてしまうのではないかという心配を生み出すのです。そして，国としてや国民としての文化やアイデンティティがないがしろにされ，踏みにじられていると強い反発を招いてもいるのです。そういう状況もあって，英語辞書で最も権威あるとされる『オックスフォード英語辞典（*Oxford English Dictionary*)』では，グローバル化（globalization）は，「地球的となる行動・プロセス・事実であって，（追って用例となったのが）企業などの活

動によって国際的に影響するもしくは国際的規模で遂行されるプロセスであり、その際国としてのアイデンティティが損なわれるものと広く考えられているもの」となっています。

反グローバリズムとその限界

それら反感や反発を総称して反グローバリズムといいます。ただ、反グローバリズムという立場をとると、閉鎖性に陥りがちではあります。たしかに、国境の壁をやすやすと乗り越えてくるものを入れさえしなければ、排除さえすれば、ことはうまくいくと思いがちにもなりますが、なかなかそうはいきません。

広い視野でグローバル化をとらえる大事さ

グローバル化は、国境を閉じて止めきれるようなものではありません。たしかに、経済活動を国境で食い止めることは、可能とはいえます。そうすることで外国産品が入り込まなくなり、国内産業がとりあえずは保護されます。しかしながら、グローバル化は、情報通信技術の発展によっても、また地球温暖化といった人間の所業による結果によっても、もはや逃れがたいものとなっています。経済活動においても、いわば鎖国によって経済活動が発展していくことを期待することは難しいのです。

そこで、グローバル化を、地球全体を「ひとつの市場」とみなして競争原理を貫徹させるということにとどまらない、広い視野のもとでとらえることが大切となってきます。

3 教育そして学習におけるグローバル化

グローバル化と国際化 では，教育そして学習ということに焦点を当てていきましょう。日本でグローバル化という言葉が，教育という観点から取り上げられるようになってきたのは2000年代になってからです。そして生涯学習という観点から切り込んだ先駆となるのは，2002年に刊行された本書の初版といえましょう。

　それ以前から，国際化という名の下に多くの教育が取り組まれてきました。そしてそこで中心的な言語として学ばれるのは，英語ばかりでなく，フランス語，スペイン語，ドイツ語，さらに旧社会主義国の盟主となっていた旧ソビエト連邦の共通語であったロシア語といった複数の言語が存在していたのです。それらの先進国言語をそれぞれ学ぶことを前提として，それら言語圏で発展してきた先進技術や文化を摂取してきたといえます。

教育言語における英語への集中 ところが，事態が大きく変わってきています。どこの国に生まれ住み，また国語や家族の言語が何であれ，先進のことを国の壁を乗り越えて学ぶ際は，英語を共通語とすることが当たり前のようになってきています。

　海外語学研修花盛りであるとはいえるものの，そこで学ばれるのは圧倒的に英語です。そればかりか，インターネットを通じて英語ネイティブを確保することで，英会話レッスンを留学よりも，さらに日本で英語学校に通うよりも安価で提供するビジネスなど

も登場しています。

　そして，日本に居ながらにして，国境を越えて学べる機会が，学校教育においても，可能になってきています。大学でも，自身の所在する国の教育制度とは独立した形で教育内容や学位授与を行うということが，進んできたのです。グローバル化という言葉が広く知られる前から，日本でも外国大学が日本校を設置するという形態で進出していました。その場合の教育言語も，英語です。

　英語での授業開講も，日本の大学で進んできていますが，実は本格的留学希望者は減少していることに日本の大学は苦悩しています。本格的な留学の場合，行き先国の言語を習得することが大前提とされてきましたが，今では立地国の言葉はごく簡単な日常会話程度さえできれば，あとは英語での教育機会を得られることが当たり前のようになってきています。そのようななか，グローバル化という言葉は，日本では各大学それぞれが独自の意味をもたせつつ，国際化に代わって使っているのが実態といえましょう。

　　地球規模での競争化　　世界の大学は，英語を通じての教育機会の提供において，いわば地球規模での競争の時代に入っています。放送による通信制大学として日本の放送大学を含め世界のモデルとされてきたオープン・ユニバーシティ（Open University：公開大学）も，MBA課程を世界的に展開しています。MBAとは，企業経営の実務家として専門職大学院で学修することで得られる修士学位です。日本においても「英国国立オープン・ユニバーシティMBA日本事務局」の名の下，委託業者を通じて次の通りアピールをしつつ学生募集を進めています。

　1．3つの国際認定という最高品質

2. 働きながら学位を取得
3. その人の実務をベースとする実践的カリキュラム
4. 世界に通用するビジネス英語力の飛躍的な向上
5. 世界最大級の MBA ネットワーク（http://www.openuniversity. jp/mba_program/, 2017 年 7 月 31 日閲覧）

　このオープン・ユニバーシティでの世界展開は，英語によるビジネスが全地球レベルで拡がっているからこそ，持続しているといえます。

　たしかに，このような通信制課程によって，従来型学校制度で取りこぼしてしまってきたといえる，成人を含めた非伝統的な学び手（non-traditional learners）が，働きながら学べる機会も設けられてきているように感じられます。仕事を離れることなく学べることは，学費の確保を含めて魅力的ではあります。ネット教材そしてテレビ会議の授業利用といった，すでに日本の通信制の高校・大学・大学院でも進む e ラーニング化によって，国境を越えて学び，その成果が通用する教育機会が見られるといえそうです。

グローバル化した学びにおける留意点

　比較教育学という学問では，グローバルなる概念は，「地球上の多くの国において，国境の意義や国家による法的規制の影響力が低下し，ある事象が国家の定義によらない，普遍的なルールにおいて，運用，統括されることを意味している」（杉本, 2014, p.8）と定義され，その主たる検討の対象は大学となってきました。

　たしかに，ここまで取り上げてきた例は，国境の意義や国家による法的規制の影響力が低下しているといえます。

ただし，そうなるとその普遍的ルールは，誰がどう決めるのか
が問題になってきます。国境を越えて通用するといっても，旧植
民地が独立した後でも，もとの宗主国の大学のもつ権威に従うよ
うなことになれば，すでにもてる者たちによる支配に変わりなく
なります。それよりは少しは進歩して，教育の内容や方法，そし
て評価法を倣うことは少なくとも質の保証になりますが，すでに
優位な立場にある者たちに事実上支配される状況には変わりない
といえます。

　その一方で，インターネット環境のもとで気軽に接することが
できる教育機会，そして教育成果評価の機会は，大学によるもの
だけでなく，民間が提供するものもありますが，それが不正など
なく適切に実施されているかをどう見極めていくのかも，欠かせ
ない問題です。グローバル化といわれる前から，実務上の実績な
どをもとに通学や試験などなしに，学位を授与する取り組みが，
州法による規制の緩さなどをもとに，アメリカやその海外領など
で行われてきています。筆者も，ダイレクトeメールなどを通じ
て，まさに国境などをやすやすと乗り越えてマーケティングをさ
れた経験があります。このような取り組みは，学歴販売業者
（diploma mill：ディプロマ・ミル）といわれ，詐欺商法として社会
問題化してきました。

　そこで，グローバル化への対応という言葉遣いが日本でよくさ
れているのが気になります。なぜなら，対応ということ自体がま
さに受け身だからです。対応するといえば，どうやって合わせて
いくかばかりが課題となり，そもそも自身がどうあるべきかが欠
落したまま対応に汲々とすることにもなりかねません。

4 主体性をもって生涯学んでいくために

　以上の通り，教育と学習について，グローバル化という見方から考えてきました。では，読者であるあなたは，いったい何をどう学ぶことが必要になるのでしょうか。グローバル化が大きな波であったとしても，それに飲み込まれずそれを逆手に取るようにして活かしつつ，主体性をもって生涯学んでいくためには，何をどうすればよいのでしょうか。

グローカル化というヒント

　そこでヒントとなりそうなのは，グローカル化（glocalization）という考え方です。それは，地球規模となる展開や広がりである「グローバル化」（globalization）と，地域や現地といった局所における特色や特性に適するものにすることである「ローカル化」（localization）との2つを統合するという考え方です。

　グローカル化は，実は日本企業が使い始めた概念とされ，グローバル化なる言葉の広がりとほとんど時を置かない 1991 年の用例があります。世界的電器メーカー・ソニーの創業者である盛田昭夫が「グローバルな統一と現地での対応性との結合」（the combination of global integration and local responsiveness）と説明したと前出の『オックスフォード英語辞典』にも掲載されています。ただし，その時点では，地域や現地はあくまでも反応性が求められるにとどまっていて，グローバル化の主体はソニーを含めた世界的企業となり，現地はそれに従属して適応するだけのようなイメージではありました。

しかしながら，同辞典における 1996 年の用例となると「現地にとっての目標（local goals）」と「現地にとっての真なる正しさ（local authenticity）」が，グローバル化を構成する要素となってきています。本書では，この現地での目的と価値を大事にするグローカル化の考え方が，皆さんがこれから学んでいくうえでのヒントになると考えます。

英語を勉強しなくてはいけないのか

　グローバル化のなか，グローカル化という考え方をヒントにするにしても，やはり現実として共通語となっている英語を勉強しなくてはいけないのでしょうか。

　もちろん，すべての人が英語の専門家になる必要などありません。そこで，大雑把に分けて次の 3 通りが学び方として想定されます。

　①　英語をみずから駆使できるまで学ぶ

　②　英語を駆使できる人を活用できるように学ぶ

　③　英語を駆使できる人にも英語を駆使しない人にも求められるよう学ぶ。

　世界的に通用する企業でさえも，英語をみずから駆使するだけではなく，英語力のある社員や外部人材をどのように活用するのかが大事となります。その際，英語力そのものが絶対に必要でないことは少なくとも現時点ではいえます。いや，その商品が世界で通用するようになれば，英語を使う使わないにかかわらず買い手がつくからです。

　世界で通用するには，もちろん職業人としての成長のための学びが大事になってきます。かつて日本が世界に誇った企業内教育は，それほどの優位性があるとはもはやいいにくいのですが，職

業人として学び続けていくことの重要性は，グローバル化が進んできても変わることはありません。

ただいずれにしても，「地球規模で考え，今いるところで行動する」(Think globally, Act locally.) ことが，大切になります。このグローカル化という考え方は，「着眼大局着手小局」という，全体的に大きくとらえてその要点や本質を見通したうえで，目の前にある具体的な作業を進めていくという仕事やそれ以外の目標達成や問題解決の場面でも有効となるものごとの進め方を，再確認させてくれます。

日本において学び，そして学びを支援するには

ただし，日本での共通語は，日本語であることを忘れてはなりません。日本語を日常使うなかで，グローバル化そしてグローカル化と学びとの切り結びを考えなくてはいけません。

英語をそれほど学ばなくともできることがあります。地球規模での広い視野で本質を見抜く力をつけていくことによって，市場原理を貫徹することに偏って使われてしまっている，いわば身勝手な意味でのグローバル化に対しても，建設的な批判をすることができます。その建設的な批判をする力を育むために，学校教育による土台と相まって，「地球規模で考える」ための学びを，社会人になっても続けていくことが必要です。

ここでは，日本に住み日本語を学ぶ外国出身者たちについて考えてみましょう。中学校夜間学級（通称，夜間中学）また公設やNPO などによる日本語学級には，経済的に不利な立場に置かれていても，日本語を習得することで，日本で暮らし活躍していくため真摯に学ぼうとする外国出身者たちが集まってきています。筆者が大学生たちと何度も参観してきた世田谷区立三宿中学校夜

間学級（http://school.setagaya.ed.jp/tmiya/）でも，出身国の言葉を尊重しかつ足がかりにして活用することで，学び手たちの学びを支えることが確認できています。それが可能となるには，出身地の言語が漢字といった表意文字なのか，ハングルやローマ字などの表音文字なのかをも含めて，異なる文化を理解しようと努め，多様な価値観を認め合えているからです。それには，指導者そして運営者による工夫と努力がもちろんその大前提となります。たしかにここでの教育は日本語による，日本で生きていくためのものですが，そこにはすべての文化を偏らず学び，そしてその学びを活かして考え行動することが欠かせないのです。その考え方は，英語の習得をそれほどしていなくとも，市場原理主義に基づかなくとも，地球全体として共通に大事なことです。

　今本書を読んでいる方々は，自身が学び手であるとともに学びを支援することを目指している場合が多いはずです。多様性に適った学びを実現するためには，言葉を学び習うばかりでなく，障がい者，性的マイノリティなどをも含めて，また施設・設備面のみならず，実際に人と人とが接する場においてもユニバーサルデザインを実現できることが，指導者そして運営者となる人たちに課されます。このことは，地元だけから考えるのでなく，地球規模の視野のもと，現場での多様性に適った生涯にわたる学びを実現するために，とくに公務員として，公僕として活躍していくことを希望する人たちにこそ，肝に銘じてほしいところです。そのとき，「地球規模で考え，今いるところで行動する」というグローカル化という考え方が指針となりそうです。

●引用文献●

エモット，B.（2017）.「反グローバリズムの閉鎖性（そこが聞きたい）」『毎日新聞』, 2017 年 7 月 24 日号.

神田外語大学国際社会研究所編.（2009）.『グローカリゼーション：国際社会の新潮流』. 神田外語大学出版局.

小池源吾.（2002）.「グローバル化は学習をどう変えるか」.『新しい時代の生涯学習』. 有斐閣.

杉本均編著.（2014）.『トランスナショナル高等教育の国際比較：留学概念の転換』. 東信堂.

スチュワート，D. W., スピル，H. A.（喜多村和之ほか訳）.（1990）.『学歴産業（ディプロマ・ミル）：学位の信用をいかに守るか』. 玉川大学出版部.

『世田谷区立三宿中学校夜間学級 平成 28 年度要覧』.（2016）.

広田照幸.（2016）.「社会変動と教育：グローバル化の中での選択」. 佐藤学ほか編『社会のなかの教育』. 岩波書店.

前川啓治.（2004）.『グローカリゼーションの人類学：国際文化・開発・移民』. 新曜社.

Knight, J.（2004）. "Internationalization Remodeled: Definition, Approaches, and Rationales," *Journal of Studies in International Education* 8, Issue 1: 5-31.

Oxford English Dictionary [online], Oxford University Press（2017 年 6 月 23 日参照，青山学院大学図書館がオンライン契約している電子版での検索結果による）.

 参考図書 ● ● ●

ギデンズ，A.（佐和隆光訳）.（2001）.『暴走する世界：グローバリゼーションは何をどう変えるのか』. ダイヤモンド社.

●グローバル化について，とくにそれがもたらす功罪について，そのリスクと不確実性をしっかり認識しつつも，積極的に前に進んでいく可能性を示してくれています。

グリーン，A.（大田直子訳）.（2000）.『教育・グローバリゼーション・国民国家』. 東京都立大学出版会.

●グローバル化について，とくに教育との切り結びに関して，国民国家とも関連させつつ，明解に説明してくれています。

広田照幸.（2016）.「社会変動と教育：グローバル化の中での選択」. 佐藤学ほか編『社会のなかの教育』. 岩波書店.

●グローバル化について，日本という文脈で考えていく際にしっかりとした枠組みを示す見事な整理をしています。

学びリンク編集部編.（2016）.『全国夜間中学ガイド』. 学びリンク.

●夜間中学と通称される中学校夜間学級について，その歴史と現状，制度・法律上での位置づけ，そしてその学び手について，くわしくかつわかりやすく書かれています。

第13章 学校を開くことと生涯学習

校舎の一角に設けられた地域交流室（朝日新聞社提供）

　学校を開くということは，どういうことなのでしょうか。そもそも学校とは大学も含めて，集団や社会にとって役立つ人材を，意図的にそして計画的に養成するために登場してきたといえます。そのため学校教育は，将来への準備として，知識や技術を身につけることが第一の目的となり，その主な対象は，子どもや若い世代になってきました。

　ところが，生涯にわたる学びという見方をしてみれば，学校が実に豊かな可能性をもつ資源となることがわかります。以上のことを物的，知的さらには学校教育と社会教育との連携そして融合といった観点から，そこで留意すべきことも含め考えてみましょう。

1 学校を開くとは，どういうことなのか

　学校を開くということは，どういうことなのでしょうか。ここでいう学校には，幼稚園から大学・大学院までを含めるのですが，児童・生徒・学生といった卒業証書や学位を目指して在学する人たち以外にも，物的に，そしてもちろん知的にも資源（リソース）を利活用できるようにすることといえます。

　そして，なぜ学校を開くということが求められるのでしょうか。それら資源を卒業証書や学位を目指すために通っている人たちだけに閉じてしまうのはもったいないので，それをそうでない人たちにも広く活かせるようにするのがよいということなのです。

　ところが，学校は，放っておくと閉じやすいのです。では，なぜ学校は閉じがちになるのでしょうか。そもそも学校とは，教育を主目的にすると求められたからこそ世に現れたといえます。たしかに学校がなくとも，人は学んでいます。仕事などは，見習いというかたちで身につけていくことは今もあります。また寺院，神社，教会といった宗教施設では，長らくそのなかで組織的に教え学ばれてきたのです。ところが，ものづくりやおつとめをしながら見習いを教え込んでいくよりも，教えて学ぶことに専念できる仕組みがあるほうがよさそうということで登場してきたものこそが，学校なのです。

　そして，広く民衆まで「教育を主目的に行う場」である学校に義務として行くようになります。この義務教育によって，身分や階級を問わず教育機会を得ることができるようになりました。また日常世界に埋没することを避け世俗から遮断するからこそ，学

校が次世代に人類の遺産を集中して伝えてこられたということもあります。一方で，学校は，国をはじめとする権力ある立場から民衆を含めた国作りのための人作りの場として求められ，お上が下々に知識や行動を仕込み鍛える場となってきました。そうなると，住民に開くなどとの発想などは出てきにくくなります。

　つまり，放っておけば，学校は閉じがちなのです。しかし，学校（大学を含む）は，すでに多くの物的そして知的なリソースが豊かにあります。それらを活用しないのは，実にもったいない話です。

2 学校を開くことを支える「社会教育法」

　学校が閉じてしまわないように，実は法律で手が打ってあります。次に示す「社会教育法」第44条です。

（学校施設の利用）
　第44条　学校（国立学校又は公立学校をいう。以下この章において同じ。）の管理機関は，学校教育上支障がないと認める限り，その管理する学校の施設を社会教育のために利用に供するように努めなければならない。

　ここで「学校教育上支障がないと認める限り，その管理する学校の施設を社会教育のために利用に供するように努め」ることが，まさに学校を開くことになります。このように学校を開くことを，大学では公開，高校から下の段階では開放と表記することが多いものの，それぞれに意味としてさほど違いはないといえましょう。

3 学校はどのように開かれるのか

では，その開き方にはどのような形があるのでしょうか。大きく「物的に開く」と「知的に開く」との2つに分けられましょう。

物的に，ハードウェアとして

まず，物的に開くことには，いわば学校にあるハードウェアである施設や設備を，在学者や保護者でなくとも，地域住民などが使用できることが当てはまります。具体的には，体育館や校庭を，さらに音楽室や会議室なども使用できる場合があります。このことが，学校開放と呼ばれます。児童・生徒・学生でなくまた保護者でなくても，それぞれの自治体や学校の状況のもとルールづくりがされ，地域住民が使用することができるようになっています。

たとえば東京都渋谷区では，団体で使用する場合は，団体登録の手続きをする必要があります。団体登録をするに際しては，ただ定期的な使用が可能になるだけでなく，次に示すようにイベント協力や清掃活動への協力が必要になりますが，実は，公民館や青少年教育施設といったところでは当たり前のことが，ここでも当然のこととなっています。

※学校ごとに団体登録の要件が異なります。
※登録団体には，学校施設開放運営委員会が行うイベントや清掃活動に協力していただきます。
（渋谷区ウェブサイト「学校施設の開放」URL：https://www.city.shibuya.tokyo.jp/kodomo/gakushu/sports_gakko.html）

なお，学校の敷地を活用して，まったく別の施設を設ける場合もあります。同じ渋谷区にある猿楽トレーニングジムという施設は，区立猿楽小学校の地下に設置された防災基地を平常時において活用するものです（https://www.city.shibuya.tokyo.jp/est/sports/sp4_sarugaku.html）。

知的に，ソフトウェアとして

　続いて，知的に開く，いわばソフトウェアの面を開いていくことについて示します。まず，教職員がもつ知見や技能を，卒業や単位取得を目指す人以外も触れて学ぶことができる機会を提供する場が，大学であれば公開講座，高校から下の学校段階では開放講座という名のもと，取り組まれてきています。

　さらに，学校を知的に開くことには，保護者ばかりでなく住民が，学校の教育活動に参画する場合にも取り組まれてきています。そういった人たちに個人的に縁故がある場合に来てもらうだけで終わらせず，継続的な参画のために教育委員会の人材バンクなどに登録してもらうことによって，学外の知的資源が他の学校にも開かれることとなります。そして，情報公開と個人情報保護，さらに説明・応答責任も，学校を開くことに関して大切です。ただし，それらは，在学者や保護者への「開かれた学校づくり」ということになります。

公民館活動における学校開放

　学校を開くことが公民館活動と一体となって行われることも多く見られてきました。たとえば神奈川県相模原市立大野北公民館は，近隣の公立小中学校の建物や校庭を大いに利活用してきています。実は大野北公民館の始まりは，自身の建物をもたず，

「大野北公民館」という看板を，大野北中学校に掲げることから始まっています。「看板だけの公民館」はよくあることでした。そういう歴史のもと，昭和53（1978）年に公民館としての建物ができてからも，近隣の小中学校の体育館や校庭を大いに活用しての公民館活動が，今も盛んに続いています（http://www.sagamihara-kng.ed.jp/koukinkan/onokita-k/）。

社会教育との連携と融合

現実はさらに先に進んでいます。学校単体として開くだけではありません。学校と社会教育とが補完し合う関係が1974（昭和49）年に「学社連携」として政策提言されました。1996（平成8）年にはさらに進んで，生涯学習審議会の答申が，「学社融合」の概念を提唱しています。

　「学社融合」とは，学校教育と社会教育がそれぞれの役割分担を前提とした上で，そこから一歩進んで，学習の場や活動など両者の要素を部分的に重ね合わせながら，一体となって子どもたちの教育に取り組んでいこうとする考え方であり，従来の「学社連携」の最も進んだ形態と見ることができる。（文部省，1996）

　「学社融合」は，学校と社会教育が補い合うのにとどまらず，融合することによって新たなものを生み出そうとするという意図がそこに込められてもいます（山本，1996，p.3）。

　富山県での状況を例にしてみましょう。富山県の生涯学習推進の中核的機関となる富山県民生涯学習カレッジは，県内4地区の広域学習サービス圏の拠点を，次の4カ所に開設しています。

　新川地区センター … 富山県立新川みどり野高等学校に併設
　富山地区センター … 富山県立雄峰高等学校に併設

高岡地区センター … 富山県立志貴野高等学校に併設

砺波地区センター … 富山県立となみ野高等学校に併設

　定時制・単位制高校に併設され，社会人が高校生とともに学ぶ施設です。講座の提供のほか，学習相談などさまざまな学習支援を行っています（富山県民生涯学習カレッジウェブサイトより。URL：http://www4.tkc.pref.toyama.jp/toyama/section.page）。

　このように，富山県では，生涯学習の地区センターと，学校教育において柔軟な学び方ができる定時制・単位制高校とが融合した取り組みによって，学習相談などさまざまな学習支援をするといった新たな価値を生み出すことが目指されています。

　一方，私立学校を開くことについては，次節で紹介する大学などにおいて，みずからの教育理念などに基づき，学校を開いてきています。それらは，前述の通り法律上は，「その管理する学校の施設を社会教育のために利用に供するように努めなければならない」わけではないにもかかわらず，取り組まれてきています。

4 大学は開いているのか

　では，大学は，どのように開かれているのでしょうか。

その源流　　そもそも，現在の大学の起源とされる中世イタリアの大学は，もともと社会に開いていたといえます。医師，法律家そして当時のキリスト教社会を導く指針を決める立場にあった神学者も，まさに社会での需要に応じて大学で養成されてきました。そのように社会の需要に応

じた大学による人材養成は，必ずしも学位を目指すのでなくとも，大学が有する知的資源を学ぶことができる機会として，イギリス・スコットランドにおいて設けられるようになってきていました。そうしてイギリスでは構外部（Extra Mural Department）という名の部署がその名の通りキャンパスの外に設けられ，地方教育行政機関などとも連携しながら，大学の外の世界へその知的資源を開いてきたことが広く知られます。

　日本においても，卒業や学位・単位取得を求めないような学び手に大学が開かれています。

| 図書館の開放 |

まずは図書館の開放を挙げてみましょう。たとえば，高知大学では，学外者であっても利用登録をすれば，貸し出しができます（http://www.lib.kochi-u.ac.jp/annai/gakugai/index.htm）。

　すべての国公立大学図書館が貸し出しまで可能になっているわけではありませんが，まさに「社会教育法」第44条にも沿って，このような形でも大学は「公開」されています。そして，神奈川県川崎市に立地する田園調布学園大学は，私立大学でありますが，次の通りのやり方で学外者が図書館を利用できるようになっています。

対象
中学生以上（小学生以下の方は保護者同伴の場合のみご利用いただけます。小学生以下の方の利用者カードは作れません）

利用手続
初回利用時，住所・氏名・生年月日が確認できる証明書（公的機関発行のもの，運転免許証・保険証など）のコピーを1通と，カード発行

料実費（1,000 円）を持参してください。利用者カードを発行します。
（http://www.dcu.ac.jp/region/regional07/）

　こうして，大学図書館の建物という物理的な場，そして蔵書という知的資源が開かれています。

公開講座　前述のように，卒業や正規の単位取得を目指す人たち以外へと，公開講座という形で大学教職員がもつ知的資源が開かれてきています。それには，先進の技術や社会参加という研究成果の直接活用を目指すものも多くなっています。

　公開講座は，キャンパス本体と別場所で教室を構える場合もあります。それは，学業に専念できる正規在学生よりも時間的制約が大きくなりがちな学び手たちにとって，利便な場所での学びを可能とするものです。先ほど触れたイギリスにおける大学「構外部」が校門そばの利便のよい場所に置かれてきたように，キャンパス内で一番便利な場所で公開講座を開くことも多くなっています。それだけでなく，サテライトキャンパスといった名称で，最寄り駅のすぐ近く，さらにまったく別の利便性のよいところに設けることもあります。なかでも，佛教大学の四条センターは，その先駆といえます。さらに自治体などとともに出前講座といった形で，学び手のいる場に赴いて実施することも，筆者自身が講師を経験したことも含め，よく行われています。

正規在学生とともに学ぶ　大学公開講座においては，正規の在学生と学外からの受講生がともに学ぶケースがことに近年目立ってきています。国公

立大学には，卒業や単位取得を目指して社会人学生が在学生とともに受講する形での授業開放があります。

　また，亜細亜大学の「トップマネジメント特別講義」は，「ビジネスの最前線で組織のトップとして活躍する著名人を講師として招き，現場の『今』，実践型の経営論を紹介する公開講座」として先駆してきたものといえます。

　そのような正規学生とともに学ぶ取り組みをさらに進めるものとして，札幌国際大学の「社会人教養楽部」を示します。以下の説明にある通り，「社会人教養楽部」という名称は，変換ミスではありません。

　　社会人教養楽部（しゃかいじんきょうようがくぶ）は，札幌国際大学が実施するシニア世代の市民を対象にした生涯学習事業です。
　（中略）
　　札幌国際大学では，こうしたシニア世代の学びを支援するための生涯学習事業として，平成18（2006）年度から，「社会人教養楽部（がくぶ）」を実施しています。開設当初は，年間21科目を開放し，延べ40名ほどの受講でしたが，シニア世代の皆さまからの強い支持をいただき，現在では年間100科目以上を開放し，延べ500名を超えるシニアの方々に受講していただいております。また，本事業では，「学び」を通した「繋がり」を広げるために，受講者による自主組織「楽友会（がくゆうかい）」を組織し，交流事業やサークル活動などを活発に展開しています。
　※名称の「楽部（がくぶ）」は，学びはもちろん学びを通した学習縁による多様な活動を楽しむという意を込めたものです。
　（http://www.siu.ac.jp/gakubu/2299.html）

　札幌国際大学社会人教養楽部では，授業は正規学生との共学であって，年間100を超える開放科目（学生の正規授業）のなかから，

受講科目を選択することができ，受講する科目数に制限はありません。受講者間の情報交換とネットワークの構築を図るため，受講者の代表者からなる運営委員会を組織し，授業外の自主事業の企画・実施に取り組んでいます。楽部の受講生は，本学の図書館・レストラン等の施設を自由に利用することもできます。

また，立教セカンドステージ大学も，卒業を目指す学生とともに学ぶことを組み込んだ形で，シニア成人の学びの機会を設けています。

> 立教セカンドステージ大学は，50 歳以上のシニアのために，人文学的教養の修得を基礎とし，「学び直し」と「再チャレンジ」のサポートを目的とした新たな学びの場です。
>
> （中略）
>
> また，セカンドステージ大学は，単に市民に大学を開放するものではありません。シニアの人たちが集い，人と人のネットワーク，地域や社会とのネットワークを形成し，仕事や多様な社会参加の担い手として，セカンドステージに踏み出すための新しいキャンパスの創造と位置付けています。
>
> （注）立教セカンドステージ大学は文部科学省認可の大学ではありませんが，本課程の修了者は文部科学省が定めた学校教育法 105 条の規定に基づく「履修証明書」が交付されます。(https://www.rikkyo. ac.jp/academics/lifelong/secondstage/)

そして，もちろん卒業や単位取得を目指して正規学生になることもできます。現在も東洋大学などの学部を代表にして見られそして数多くの大学院が実施している授業夜間開講や放送大学といった通信制によって，たしかに学び手に大きな努力と工夫を求めるのが現実とはいえ，社会人にも大学が開いてきたといえましょう。

Column ⑦　大学の公開（カナダの事例）●-●-●-●-●-●-●-●-●-●-●-●

1. Dean's Lunchtime Lecture Series

　Dean's Lunchtime Lecture Series というのは，週1回，火曜日の昼休み，市内の公共図書館を会場に，現役バリバリの研究者が，自分が今行っている研究のエッセンスを市民に向かって語るシリーズです。What's New in ＿ ?　と題して，＿のところには，各学部や学科の名前が入っています。学部長または学科長が必ずスピーカーといっしょに出てきて，学部や学科の紹介，スピーカーの紹介を行います。「みなさんの事業で，今日の研究成果を利用できる方がおられたら，ご連絡ください」などという言葉が入る場合もあります。

2. Speaker's Bureau

　大学のホームページのなかに，Speaker's Bureau と題するページがあります。学外の団体などで講師が必要なとき，行って話をしてもよい人物の名前とテーマのリストです。定年退職になった教員，大学院の修了間近で，まだ職が得られていない人物なども，かなり含まれているようです。

3. Uni101 という授業

　これは，通常の大学企画の正規の授業以外の講座です。対象は，過去に何らかの理由で，大学教育を受けられなかった人です。週2回，1回4時間，13週続く授業が行われていました。主として，2人の人物によって，運営されていましたが，実際に授業を行う講師自体は，毎週異なるオムニバスです。内容は，ある学期は人文科学，次の学期は社会科学でした。その他にボランティアの大学院学生，先輩たちが多数参加して，受講者たちの学習の援助にあたっていました。

4. 高齢者のためのコンピュータ講座

　学外の街の高齢者を対象としていました。大学のコンピュータ室を使用しており，講師あるいは，企画者は，マスターコースの

学生でした。月1度，4回のコースでした。これも，大勢のボランティアの補助者によって，支えられていました。

　これらは，たまたまカナダのビクトリアの街をうろついて，目についたものをひろって整理したビクトリア大学の大学公開例です。大学公開の全体をどうしようとどこかで組み立てて，設置したものではなさそうです。

　大学・学校は，それを成り立たせるために，過去に，財的・労力的遺産が集中的に投入され，その成果が蓄積されています。教育資源，学習資源，人的資源，いろいろな有形，無形の財を蓄積しています。それを，そこに学ぶ正規の学生のみが，特権的に享受しうる時代ではなくなってきているように感じられます。

5　学校を開いていく際の留意点

　学校を開いていくのには，やはりその裏づけとなる原資が必要になるのはいうまでもありません。学外者や社会人を中心とする取り組みに，若年者が多い正規学生の授業料を回していくことには，その払い手の立場を考えれば自ずと限界もあるといわざるをえません。

　最後に忘れてはいけないことがあります。学校を開くことによって起きうる危険性をいかに防いでいくのかです。大阪教育大学附属池田小学校に学外者が侵入することで多くの児童が殺傷された事件のような悲劇を再び起こさない対策として，学校が閉じる方向になるのはやむをえないのかもしれません。学外者などに開くことをどのように安全に行っていくかについては，読み手の皆

さんとともにしっかり考え，手を打っていかなければなりません。

●引用文献●

小池源吾．（2002）．「学校・大学の開放と生涯学習」．『新しい時代の生涯学習』．有斐閣，pp. 219-234.

文部省．（1996）．「我が国の文教施策：生涯学習社会の課題と展望」．

山本恒夫．（1996）．「学社融合と自発的組織化」．『日本生涯教育学会年報』17 号，pp. 1-15.

 参考図書 ●●●

宮原誠一．（1990）．『社会教育論』．国土社．

●とくに「イギリスの成人教育」において，日本がモデルとしようとしてきた 1960 年代における大学を開く取り組みについて考察をしている古典ともいえる文献です。

佐久間章．（2017）．「超高齢社会と生涯学習：生涯学習拠点としての学校」．『日本生涯教育学会年報』38 号，pp. 129-140.

●生涯学習の拠点としての学校・大学について，社会の高齢化の進むなかでの状況も含めて概観できるものとなっています。加えて札幌国際大学社会人教養部の受講生への質問紙調査についても紹介されています。

第 14 章　生涯学習の方法

いなみ野学園におけるニュースポーツの作成風景

　　学校教育を離れた成人をも包み込んだ生涯学習の方法には，どのような特徴があるのでしょうか。ここでは，成人教育の方法の意義を考えたあとで，ペダゴジー（子ども教育学）とアンドラゴジー（成人教育学）の対比に注目します。そして，成人教育の生涯学習方法のタイポロジー（類型）をいくつか紹介したあとで，最近注目されている参加型学習―ワークショップ型学習について学んでいきます。

1 生涯学習の方法の重要性

　これまでの章においては，主として生涯学習の対象者や内容領域，学習の場といった視点から論じられてきました。しかし，生涯学習の目標や内容を実態の伴ったものにしていくためには，生涯学習の方法への自覚が重要となってきます。

　生涯学習と一口にいっても，学校において青少年向けの学習を支援する場合と，学校を出た成人や高齢者の学びを社会のなかで支援していく場合とでは，おのずとそこで用いられる学習や教育の方法も異なってくるでしょう。かりに学校での先生―生徒関係をひきずった方法が用いられたとしても，そうした「授業」を受ける成人学習者は，なんとなく違和感を覚えてしまうのではないでしょうか。一方，今日では，講義や板書といった従来型の学習スタイルに加えて，アクティブ・ラーニングやワークショップ型学習といった形態も注目されています。本章ではこのあたりの問題を考えていきましょう。

　教育学の歴史をひもときますと，ギリシャ時代やローマ時代の教育が，多くの場合成人の成人に対する学習援助であったともいわれています。そして中世になって，修道学校で宗教的教義を教えるところから，いまでいう学校形態の教育が生まれ，以降こうした教育方法が主流をしめるようになったといわれてもいます。つまり，歴史的にみても，学校での授業形態のような教育方法は，教育の方法全体のごく一部にすぎないともいえるのです。

　では，学校での青少年を対象とした教育方法を超えた生涯学習の方法には，どのような特徴があるのでしょうか。かつて斎藤伊

都夫は，社会教育方法の原理として次の6点を挙げました（斎藤編，1975，pp. 37-67）。これらの点は，今日の生涯学習の方法を考えるうえでも大いに参考になるものだと思いますので，ここにその要点を紹介します。

① 自発学習の原理　生涯学習は，本来的には，学習者みずからの意志によって自発的に学習が遂行されるものである。

② 自己学習の原理　学習者は，みずからが学習の主体であることを自覚しつつ，各自の得意とする学習方法を用いて，みずからの学習課題に取り組んでいくときに自己の向上を図る。

③ 相互学習の原理　学習者同士がお互いに教え合い学び合うことを通して，学習を進めていく。一方が先生で別の人が生徒であるという固定化した関係を超えるのである。

④ 生活即応の原理　学習を生活から遊離させることなく，生活に即しつつかつ生活を充実させるように学習に取り組むものである。

⑤ 地域性の原理　標準的・平均的な視点のみでは律しきれない，それぞれの地域固有の学習を尊重し活用していく。

⑥ 能率性の原理　学習活動においては，一定の努力でできるだけ多くの学習成果をあげるように工夫していく。

ここで重要な点は，自発性や自己学習という側面が大事であると同時に，相互学習や集団学習，地域学習が大事だという考え方です。他者や地域・社会との関わり合いを通した個人の発達や自己実現が大事なのであり，お互いが高め合うための方法を考えていくことが大事だということなのです。

2 アンドラゴジーとペダゴジー

アメリカの成人教育学者ノールズ（M. Knowles）は，生涯学習の方法を考える際に，「学校で子どもを教える教育方法」と「成人の学習を支援する教育方法」とは，その原理的な側面で異なっていると説きました。すなわち，子ども向けの教育学をペダゴジー（pedagogy；ギリシャ語の paid［子どもの意味］と agogus［指導・援助の意味］の合成語），そして成人の特性を活かした学習支援論，すなわち成人教育学のことをアンドラゴジー（andragogy；ギリシャ語の aner［成人の意味］と agogus［指導・援助の意味］の合成語）と呼ぶことを提起しました。両者の主な考え方の対比は，表14-1 に掲げておきました。アンドラゴジーの原理に注目してその特徴をまとめるならば，成人教育には，次のような特徴があるということです。

①　人間は成熟するにつれて，その自己概念が，依存的なものから自発的・自己決定的（self-directing）なものへと変化していく。成人学習の支援者は，この自発的・主体的であろうとする成人の心理的要求に応えていかねばならない。

②　人間は成熟するにつれて多くの経験をもつようになるが，これは，学習のための貴重な資源である。

③　成人の学習へのレディネス（準備状態）は，社会的発達課題や社会的役割を遂行しようとするところから生じることが多い。

④　成人の学習への方向づけはより即時的で，問題解決中心あるいは課題達成中心の学習内容編成のほうが望ましい。

⑤　成人の学習への動機づけでは，内面的なもの（自己実現，

表14-1　ペダゴジーとアンドラゴジーの考え方の比較

項目	ペダゴジー	アンドラゴジー
学習者の概念	学習者の役割は，はっきりと依存的なものである。教師は，何を，いつ，どのようにして学ぶか，あるいは学んだかどうかを決定する強い責任をもつよう社会から期待されている。	人間が成長するにつれて，依存的状態から自己決定性が増大していくのはしぜんなことである。もちろん，個人差や生活状況による差はみられる。学習支援者は，この変化を促進し，高めるという責任をもつ。成人は，特定の過渡的状況では，依存的であるかもしれないが，一般的には，自己決定的でありたいという深い心理的欲求をもっている。
学習者の経験の役割	学習者が学習状況にもちこむ経験は，あまり価値をおかれない。それは，スタートポイントとして利用されるかもしれないが，学習者が最も多く利用する経験は，教師や教科書執筆者，視聴覚教材製作者，その他専門家のそれである。それゆえ，教育における基本的技法は，伝達的手法である。講義，割り当てられた読書，視聴覚教材提示など。	人間は，成長・発達するにつれて，経験の貯えを蓄積するようになるが，これは，自分自身および他者にとってのいっそう豊かな学習資源となるのである。さらに，人びとは，受動的に受けとった学習よりも，経験から得た学習によりいっそうの意味を付与する。それゆえ，教育における基本的技法は，経験的手法である。実験室での実験，討論，問題解決事例学習，シミュレーション法，フィールド経験など。
学習へのレディネス	社会からのプレッシャーが十分強ければ，人びとは，社会（とくに学校）が学ぶべきだということをすべて学習しようとする。同年齢の多くの人は，同じことを学ぶ準備がある。それゆえ，学習は，画一的で学習者に段階ごとの進展がみられる，かなり標準化されたカリキュラムのなかに組み込まれるべきである。	現実生活の課題や問題によりうまく対処しうる学習の必要性を実感した時に，人びとは何かを学習しようとする。教育者は，学習者が自らの「知への欲求」を発見するための条件をつくり，そのための道具や手法を提供する責任をもつ。また，学習プログラムは，生活への応用という点から組み立てられ，学習者の学習へのレディネスにそって，順序づけられるべきである。

学習への 方向づけ	学習者は，教育を教科内容を習得するプロセスとしてみる。かれらが理解することがらの多くは，人生のもう少し後になってから有用となるものである。それゆえ，カリキュラムは，教科の論理にしたがった（古代史から現代史へ，単純な数学・科学から複雑なものへなど）教科の単元（コースなど）へと組織化されるべきである。人びとは，学習への方向づけにおいて，教科中心的である。	学習者は，教育を，自分の生活上の可能性を十分開くような力を高めていくプロセスとしてみる。かれらは，今日得たあらゆる知識や技能を，明日をより効果的に生きるために応用できるよう望む。それゆえ，学習経験は，能力開発の観点から組織化されるべきである。人びとは，学習への方向づけにおいて，課題達成中心である。

（出所）　ノールズ，2002 より。

　白尊心など）がより重要となる。

　なおノールズは晩年には，「成人は学習を開始するまえに，なぜその学習をするのかを知る必要性がある」という6つめの特徴を追記しました。これらのくわしい説明については参考文献を参照していただきたいのですが，彼は，この成人学習支援の原理を，成人教育プログラムの内容編成原理に組み替えていきました。すなわち，①学習の雰囲気づくり，②学習の（学習者と援助者との）相互計画化，③学習ニーズの診断，④学習の目標・方向性の設定，⑤学習プログラムの計画，⑥学習活動の実施，⑦学習プログラムの評価，という一連のプロセスのなかに，アンドラゴジーの考え方を組み込んでいったのです。そこでは，成人の特性を活かした学習支援の方法論が焦点化されていました。

3 生涯学習の方法のタイポロジー（類型）

　ノールズは，ペダゴジーとアンドラゴジーの対比のなかで，生

表 14-2	生涯学習の方法のタイポロジー		
個人学習	媒体利用	印刷媒体：書籍，雑誌，新聞	
		録音・録画媒体：CD，DVD，ビデオテープ	
		通信媒体：テレビ，ラジオ，インターネット	
		社会通信教育	
	施設利用	図書館，情報センター	
		博物館	
		その他の施設	
集合学習	集会学習	講演会，鑑賞会	
	集団学習	学級・講座，グループ・サークル	

涯学習の考え方や学習方法が一様ではないということを主張しました。しかし，彼自身が認めているように，アンドラゴジーとペダゴジーは，教育における2つの仮説であって，成人に対してペダゴジー的な方法が望ましい場合（コンピュータにほとんどふれたことのない成人に対するコンピュータ教育など）もあれば，その逆もあるということです。そこで以下のところでは，成人─子どもという軸はひとまずおいて，私たちが学習を実践していくうえで援用できる学習方法を，いくつかのタイプに分けて考えていきたいと思います。

　学習方法をきわめて大きな軸から分類するならば，まず個人学習と集合学習という軸が考えられます。個人学習は，媒体によるものと施設利用によるものとに分けられます（表14-2参照）。このうち媒体利用のなかには，本や雑誌などの印刷媒体，CDやDVDなどの録音・録画媒体，ラジオやテレビ，インターネットなどの通信媒体，そして通信教育が入ると思われます。施設利用においては，いろいろな施設を個人的に利用することが可能ですが，図書館と博物館がこの代表的な施設でしょう。

　しかし，私たちは，多くの場合，完全な個人学習によって学習

を深化させることはあまりないでしょう。そこで集合学習が重要となってくるのですが，これは，大きく集会学習と集団学習とに分けられます。前者は，講演会や映画会に参加することなど，人びとが自由に集会や会合に参加する形態を指します。この場合，ともすれば集団のなかにいても人と交流することがないこともあります。そこで人と人との交流を前提とする集団学習が重要となってきます。この場合，参加者はしばしばある目的をもって学習集団として組織化されます。たとえば，読書の感想を語り合ったり，個人で調べたことを報告しあったりします。グループ・サークル，学級・講座などの名称がよく目につきます。こうした形態の集団学習において重要となってくるのが，小集団学習や討議型学習の方法です。

　では，次にこうした集団学習の形態に注目してみましょう。じつはこの集団学習の方法については，社会教育の領域では，かなり以前から論議されてきていますし，リンデマン（E. Lindeman）は，小集団討議法こそが成人教育固有の方法だと述べています。これまで多く取り上げられてきました小集団学習の方法をいくつか，ここで紹介してみましょう（図 14-1）。

| 小集団での討議法 | ① ラウンドテーブル・ディスカッション（円卓会議）　円卓または四角い机で |

お互いが顔を合わせて討議します。参加者がみな平等であるという雰囲気があることが特徴です。人数はせいぜい 15 名以内のほうがよいでしょう。

　② バズ・セッション　6-6 会議やブンブン会議とも呼ばれ，大集団を 6 人（〜8 人）くらいの小集団に分け，6 分（〜10 分）くらいで，あるテーマのもとで話し合いを行い，のちにそこでの司

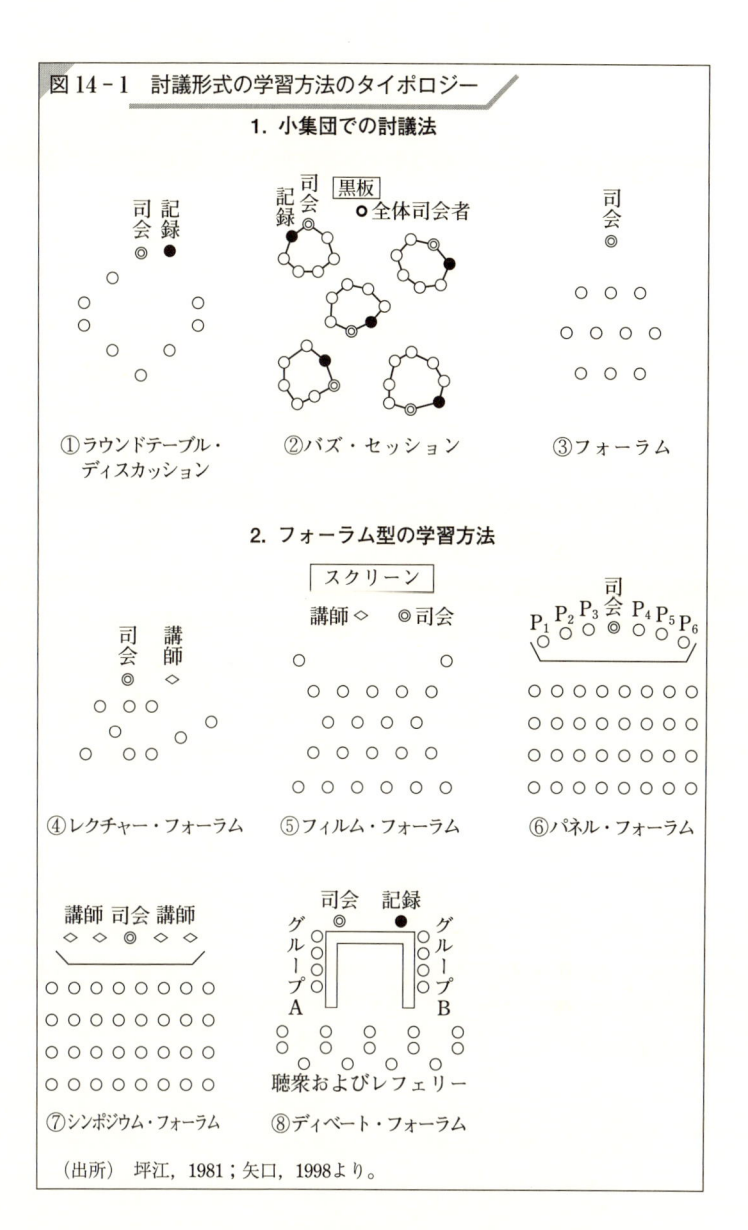

図14-1　討議形式の学習方法のタイポロジー

1. 小集団での討議法

①ラウンドテーブル・ディスカッション

②バズ・セッション

③フォーラム

2. フォーラム型の学習方法

④レクチャー・フォーラム

⑤フィルム・フォーラム

⑥パネル・フォーラム

⑦シンポジウム・フォーラム

⑧ディベート・フォーラム

（出所）坪江, 1981；矢口, 1998より。

会が全体会に報告に行きます。

　③　フォーラム（座談会，談話会）　　３人以上の人が集まって，司会の進行のもとに行う話し合い会のことです。フォーラムは次のような形で発展させていくことができます。

フォーラム型の学習方法

　④　レクチャー・フォーラム　　一定時間講師の講義を聞いたあとで，参加者同士の話し合い学習を進めていきます。

　⑤　フィルム・フォーラム　　映画やビデオなどを観たあとで，参加者同士の話し合い学習を進めていきます。

　⑥　パネル・フォーラム　　いくつかの異なった立場の人に壇上に上がって意見を述べてもらい，その人たち同士で討論をしてもらいます（これをパネル・ディスカッションといいます）。その後，フロアの人たちを巻き込んだ意見交換や質疑応答を行います。

　⑦　シンポジウム・フォーラム　　壇上に数人の講師や専門家などが並び，それぞれの立場からあるテーマにそった意見を述べてもらいます。参加者は，講師との質疑応答や講師の意見をふまえた参加者同士の話し合いという形で議論に参加していきます。なお壇上の講師同士の討論がないところがパネル・フォーラムとのちがいです。

　⑧　ディベート・フォーラム　　ディベートでは，ある論点をめぐって賛成派と反対派とに分かれて議論を行い，ジャッジが議論の勝敗を決定します。フォーラムの場合には，聴衆がジャッジに参加することもあります。

　これら以外にもブレーン・ストーミング（リラックスした雰囲気のもとに，参加者が多くのアイディアを出し合う形態。批判は厳禁），

ロール・プレイ（役割劇），インタビュー・ダイアローグ（対話や面接によるもの）などの方法がよく紹介されています。最近ではアサーティブ・トレーニング（非攻撃的自己主張）やシミュレーション，教育訓練ゲームなどの技法も紹介・開発されてきています。いずれも集団の教育力を重視した生涯学習の方法だといえましょう。

4 新しいタイプの学びの形態

　ところで，最近よくワークショップやアクティブ・ラーニングという言葉を耳にします。これらは，従来の講義型・知識伝達型教育とはややちがった学びの形態を示しています。また，従来の小集団学習法には，代表者（パネリスト，シンポジストなど）と質問者の固定化，あるいは話し合いそのものを目的とした学習方法が多かったようです。これに対してワークショップ型の学習方法は，参加者の経験を生涯学習への資源としてより積極的に活用していこうという姿勢が感じられます。一見平凡な生活を営んでいるようにみえる人びとの生活経験そのものから，自己開発の糸口を求めていくといえましょう。また，学校教育などで注目されているアクティブ・ラーニング論では，学習者の能動的参加が重視されます。

ワークショップとは　では，ワークショップとはどのようなものなのでしょうか。もともとワークショップという語は，作業場とか仕事場という意味をもちますが，転じて研究集会や体験・参加型学習会の意味をもつようになってき

ました。そこにおいては，教える―教わるという教育的関係を超えて，「学習者が積極的に他の学習者の意見や発想から学ぶ手法」（廣瀬ほか，2000，p.50）へのこだわりがあります。すべての人が他者に発信できる知識や経験を有しているという前提のもとに，その相互交流を通じて，互いに高め合い，集団としての創造的な活動につなげていくという考え方がそこにあります。知の作業場だともいえましょう。

　薗田碩哉は，ワークショップ型学習の特徴として，次の5点からわかりやすく説明しています（薗田，1994）。

　①　ワークショップに先生はいない　　ワークショップは参加者が主人公になってつくりあげていく学習会であり，先生の高説を拝聴するという会ではない。「先生」の話を聞く場合も，「先生」は問題提起者である一参加者として参加していく。

　②　「お客さん」でいることはできない　　参加者は，受動的な聴衆としてただ座っていればいいというのではない。参加者には，自分の意見や体験を提供することが求められるのである。

　③　初めから決まった答えなどない　　当初の予想通りの展開ではなくて，思いがけない新しい答えが発見されることが期待される。講習会では正解に早くたどりつくことが求められるかもしれないが，ワークショップでは，答えはみんなでつくりだすものである。

　④　頭が動き，身体が動く　　ワークショップでは，立ち上がって動き回って体験を体で受け止めることが大切である。机に向かっているだけ，議論に終始するだけというのは好ましくない。

　⑤　交流と笑いがある　　ワークショップには，許容的・共感的な雰囲気やユーモア・笑いも必要である。

こうした特徴をもつワークショップの指導者のことをファシリテーターと呼びます。これは学習支援者という意味で，参加者の学習活動を側面から支援し活性化させる人を指します。何か知識や技能を教える従来のタイプの先生や指導者，講師とはやや性格が異なっているといえましょう。

　ワークショップ形態の学習は，生涯学習に限らず，まちづくり運動やボランティア活動，企業研修などさまざまな場面で応用されてきています。こうした形態の学習が一定の市民権を獲得するようになった背景には，知識伝達型の教育方法が必ずしもすべての学びにおいて有効ではなく，むしろ学習のプロセスに体験的要素と参加者の自発性を組み込むことが重要だということが示されてきたことがあるのでしょう。

　もうひとつおさえておきたいのは，苅宿俊文らがいう「まなびほぐし＝アンラーン（unlearn）」の場としてワークショップがあるという点です（苅宿ほか編，2012）。学びほぐしとは，比喩的にいえば，既存のセーターをほどいて元の毛糸にして，再び自分の体に合ったセーターに仕立てるような学習を指します。ワークショップは，学校教育などで学んだ（はずの）ことを現在の自分の学習へと組み替えていく場にもなるでしょう。

アクティブ・ラーニングとは

　また，学校教育を中心に生徒や学生の能動性を授業に組み込むアクティブ・ラーニングも注目されています。松下佳代は，アクティブ・ラーニングの特徴として，「書く・話す・発表するなどの活動への関与」と「知覚や思考などの認知プロセスの外化がともなう」を挙げたうえで，それをより深く学び・理解し・関与する「ディープ・アクティブ・ラーニング」を提唱しています

（松下，2015）。そこではとくに「意味」を学ぶということが重要となります。

放送大学やシニア大学など，成人の学校型学習機会が増えた今日，アクティブ・ラーニング論など，学校教育現場での学習方法論から学ぶこともまた重要なことでしょう。

5 生涯学習の方法をめぐる展望

講義・知識伝達型学習の方法，小集団型学習の方法，参加—体験型学習の方法。生涯学習の方法は，大きく分けるとこれら3つに分類できるかと思います。最後にこうした点をふまえて，生涯学習の方法をめぐる議論のポイントをいくつか述べておきたいと思います。

まず第1に指摘したい点は，成人の学習方法においても講義・知識伝達型学習が有効な場合も多くあるという点であり，安易に新しい方法に飛びつけばいいというのではないという点です。ワークショップ型の学習方法がどのような場面においても好ましいというのではありません。できるならば，レクチャー・フォーラムのように，講義型学習と討議型学習の統合や，さらにはフィールドワークなども絡めた重層的な学習プログラムが提供されることが望ましいのでしょう。

第2は，いわゆるニューメディアをどう絡めていくのかという問題です。たとえば，インターネットやSNS（ソーシャル・ネットワーキング・サービス）といったツールをどう活用していくのかという問題です。遠隔地にいる学習者ともリアルタイムで交流ができたり，プレゼンテーションの効果が向上したりというプラス

面を活かすことは大事でしょう。ただツールの利便性を重視しすぎ，リアルな人間同士のコミュニケーションを軽視することのないようにしなければなりません。

　最後に指摘しておきたい点は，学習方法の問題は，最終的には個々の学習者の手に委ねられるべきものであり，学習者の要望に応じてそれぞれの学習方法を選択・組み合わせできるような条件をつくっていくことが重要だと思います。アメリカでは学習契約（learning contracts）なる成人学習の方法も紹介されていますが，学習支援者との契約関係のなかで，各自にふさわしい学習スタイルのもとで，学習が深められていく道を考えていくという選択肢もあるでしょう。

●引用文献●

苅宿俊文，佐伯胖，高木光太郎編.（2012）.『ワークショップと学び』（全3巻）. 東京大学出版会.

斎藤伊都夫.（1975）.「社会教育の方法の原理」. 斎藤伊都夫・辻功編『社会教育方法論』. 第一法規出版.

薗田碩哉.（1994）.「ワークショップとは」.『社会教育』，1994年10月号.

坪江清行.（1981）.「討議法とそのとりいれかた」. 日高幸男編『社会教育実践の方法・技術』. 全日本社会教育連合会.

中野民夫.（2001）.『ワークショップ：新しい学びと創造の場』. 岩波書店.

ノールズ，M.（堀薫夫，三輪建二監訳）.（2002）.『成人教育の現代的実践：ペダゴジーからアンドラゴジーへ』. 鳳書房.

廣瀬隆人ほか.（2000）.『生涯学習支援のための参加型学習（ワークショップ）のすすめ方：「参加」から「参画」へ』. ぎょう

せい.

松下佳代, 京都大学高等教育研究開発推進センター編. (2015). 『ディープ・アクティブラーニング』. 勁草書房.

矢口徹也. (1998). 「学習方法としてのグループ」. 赤尾勝己, 山本慶裕編『学びのデザイン:生涯学習方法論』. 玉川大学出版部.

 **参考図書** ●●●

リンデマン, E. (堀薫夫訳). (1996). 『成人教育の意味』. 学文社.

●「成人教育とは何か」「成人教育特有の方法とは何か」を説いた古典です.

ノールズ, M. (堀薫夫, 三輪建二監訳). (2002). 『成人教育の現代的実践:ペダゴジーからアンドラゴジーへ』. 鳳書房.

ノールズ, M. (堀薫夫, 三輪建二監訳). (2013). 『成人学習者とは何か:見過ごされてきた人たち』. 鳳書房.

●成人教育学の体系化を図った著書で, 前者は成人教育の原理を軸に, 成人教育の場の設定から評価にいたるまでの過程を論じ, 後者は成人学習者はいかなる学習者なのかを論じています.

廣瀬隆人ほか. (2000). 『生涯学習支援のための参加型学習(ワークショップ)のすすめ方:「参加」から「参画」へ』. ぎょうせい.

●ワークショップ・参加型学習のデザインと手法などを, 具体的事例をふんだんに用いてわかりやすく述べています.

中野民夫. (2001). 『ワークショップ:新しい学びと創造の場』. 岩波書店.

中野民夫. (2003). 『ファシリテーション革命:参加型の場づくりの技法』. 岩波書店.

● 「ワークショップとは何か」「ファシリテーターとは何か」が，その意義と定義から実践・応用まで，わかりやすく論じられています。

第15章 生涯学習の重視は社会の仕組みを変える

芸西村立図書館内部とブックポスト

　高知県安芸郡芸西村。人口 4000 人余りの小さな村であるにもかかわらず，生涯学習センターと司書のいる図書館もあります。生涯学習センターでボランティアが作成した郷土色あふれるブックポストや椅子がそこでは用いられています。英語の図書もたくさんあって驚かされます。村の学校に赴任した外国人英語教師が寄付してくれたそうです。その他一般の蔵書は，高知県立図書館からのブックモービル（移動図書館）で補充されます。才覚のある人物が一人いることによって，そしてその人物を精神的にサポートしようとする雰囲気が周囲にあることによって，予算が十分なくともいろいろな生涯学習関連活動が成り立ちます。

1 生涯学習者の育成が学校教育の目的

成長のための学習と適応・創造のための学習

「教育は人格の完成を目指し」行われなければならない，というのは，ながらくいわれてきたことでした。「人格」とは何かという問題がありますが，その人のもつ知識や技能を含むものであるとするならば，これだけ世の中の変化が激しいとき，そのすべてを教育によって与えることはできません。「人格」とは，抽象的な部分のみではなく，具体的な行動によって他者に感知されるものですから，知識や技能はその人の行動や判断の基礎となるものであり，完成ということはありえないでしょう。

それでは，教育の目的は何でしょうか。筆者は，「生涯学習者の育成」であると考えています。現代では，人は生涯いやおうなしに学び続けなければなりません。

学習とは，大きく分けて2種類存在します。

1つ目は，自分が成長するために学ぶという学習です。動物の子が，下等動物であるほど完成した個体として誕生するのに対し，人間は，あまりに未熟な状態で生まれるために，社会的に一人前になるためには誕生後もいろいろなことを学習しなければなりません。生涯の初期の時代に学習量は多く，後半では学習速度がスローダウンします。しかし，学習は生涯続くものです。

2つ目は，社会が変化するにつれてそれに適応するために必要とする学習です。すでに学習したことの構造を変えることです。世の中の変化がゆっくりであるとき，この第2のタイプの学習は，あまり注目を集めませんでした。しかし，今日のようにめまぐる

しく変化するとき，この種の学習が強調されてこなければなりません。

　そして，若いときの学習が，まだ社会に十分参加していないときに行われるのにくらべて，第2のタイプの学習は，一人前の成人として社会を構成し，社会を動かしているときに行われる学習であることを考えると，単に受身で「変化に適応する」というのみならず，積極的に新しい社会制度をつくることに参加するための学習でなければなりません。

　かつては，「教育」＝「学校教育」でした。19世紀のはじめ，「教育」を定義したデュルケームは，「教育とは，成人世代によって，社会的に未熟な世代のうえに行われる作用である。教育の目的は，子どもが入るべく運命づけられている全体の政治的環境や特殊的環境が要求するところの一定量の知的・道徳的・身体的状況を子どもに植えつけ，かつこれを発達させることである」と定義しています。教育の内容を知育，徳育，体育と分類しているのは，現代にも受け継がれています。しかしここでは，国家が既定のものとして存在していること，また，社会がたとえば階層とか固定した職業とかという具合にいくつかに分断されて存在し，そのなかで生きるために要求される特殊的な内容が存在すること，が前提とされています。

　現代社会は，そのころから大きく変わってきています。「構造改革」がよくいわれていますが，それは，ある時期にうまく機能していた社会の分業関係がうまく機能しなくなり，バランスを欠いて，あらたな分業と，それに伴う業務間の人口の移動と，新しい理念の創造が行われざるをえないことを示しています。

　その新しい体制を創り出すためにも，人口の移動をうまく適合的に行うためにも，「学習」が必要とされるようになってきてい

るのです。

人びとが生涯を見通すことが難しくなり，

学校教育の目的は学習
方法の習得

自分が将来必要とする知識・技能の内容
が不透明になっているとき，人生の初期
の段階で行われる「学習」と，学習を行わせるための「教育」の
目的は変わらなければなりません。教育の目的は，「あらかじめ
必要であると想定される知識や技能の注入」ではなくなってきま
す。知識や技能が，今後の社会においても必要とされることは疑
いありません。しかし，その内容を若いときにすべて学習するこ
とは不可能です。それに代わって，必要なときに学習するための
「学習の方法の習得」が求められることになります。すなわち，
「必要な場合に，調べて，情報を入手し，そこから学んで，問題
を解決する能力」が求められることになります。言い換えれば，
「学習をしなければならないのだ」という心構えと，「学習する方
法を知っている」という学習技術が求められることになります。

2 社会の変化と学習

ところで本書では，社会の変化を「高齢化」「情報化」「グロー
バル化」ととらえ，それらと生涯学習の関連をみてきました。そ
れと，もうひとつ力を入れて扱ったのは「女性の生活」の変化で
す。女性と書きましたが，社会は「男性のみ」「女性のみ」で成
り立っているわけではありません。「女性」の生活の変化が顕著
ではありますが，その裏には，女性と共存する「男性」が常にい
ます。「女性の生活」が変化しているということは，「男性の生

活」も変化している，ということにほかなりません。

女性の生活の変化　ここ 70 年ほどの女性の生活の変化をざっと振り返ってみましょう。70 年前はまだ，「女性の生活領域は家庭のなかである」という観念が支配していました。しかし，少しずつ女性も家庭の外に出始めました。女性が家庭の外に出るきっかけとなったのは，PTA の活動でした。「子どもの教育のため」という口実は，育児は女性の天職であると考えられていた時代，社会的に承認されやすく，学校の活動のため女性は家庭の外へ出始めました。しかし，それは学校の活動にとどまりませんでした。

　次に女性が外に出始めた領域は，カルチャー活動でした。文化的なことを学習するというのは，これも社会的に承認されやすかったのです。かくして，1970 年代頃から，カルチャーセンター花盛りの時代を迎え，かつ，行政の社会教育活動でも女性にターゲットを絞った活動が数多く展開されました。

　こうして，女性も家庭の外に出ることが承認されると，裕福な夫をもつ女性もパートに出始めるようになりました。「家庭の仕事をおろそかにしない限り」という条件つきでした。また，数多くの社会活動が組まれるようになりました。生協活動，地域の環境問題，公害問題，ワンルームマンションの建設反対，選挙運動……表面には男性が出てきても，電話をかけまわし署名を集める実際の中心的な担い手は女性であり，身近なところからの活動が始まりました。

　そして，フルタイムの職に就く女性たちも増えてきました。「女房を働かせるなんて男の恥だ」というような考え方は，すっかり影を潜めました。はじめはフルタイムとはいえ，補助的な職

業が多かったのですが，現在では，内容的にもフルに責任をもつ仕事を志向するにいたっています。仕事は男性，家庭は女性，という分業関係が完全に崩れ去っています。それは，たとえば離婚の増加，とくに中年になってから離婚を考える女性が増えて，老後の年金制度などがフルタイムで就業しなくては不利になっているということに女性たちが気づき始めたことも理由でした。

70年前，「家族」といえば「両親がいて，子どもがいて，父親が外で働き，母親が家にいる」というのが標準の家庭とみなされていました。現在，そのような世帯はマイノリティになってしまっているのです。にもかかわらず，概念的にはまだ昔のイメージを強く保持している人びとがいるのではないでしょうか。現実の変化に対する学習が十分に行われていないからなのです。そして，その現実離れしたイメージをもとに政策をたてたり，商品の仕入れをしたり，自分の人生設計をしたり，他者に助言をしたりしているのです。

現在問題になっている少子化現象も，出産・育児ということを社会的に再評価して，それにかかる労力と見返りを再配分してみるという意識が生じてこなかったことと密接に関連しているのです。現在の生活と将来の生活を含め，結婚に伴う資源の再配分がなされない限り，女性たちの結婚忌避，出産忌避というストライキは止まらないでしょう。保育所は増えていますが，それだけの小手先の改革ぐらいでは，この危機的な社会現象を食い止めることはできないでしょう。

人口の高齢化と学習　少子化現象と，世界にまれな勢いの寿命の延長が，日本全体の人口の高齢化という第1の社会変化を生んでいます。

これは，ひとつには，高齢者自身の問題です。それは，高齢期というライフサイクル段階の出現です。約70年前の「人生50年」といわれた時代（平均寿命も1947年には，統計でも男性50.06歳，女性53.96歳でした），定年を迎えるなどという人は，そう多くはありませんでした。しかし，今ほとんどの人が，ある一定の年齢に達すると今までの仕事からいやおうなしに解放される「定年」という日を迎えることになります。今まで毎日，40〜50年もの間，雨の日も風の日も，動けない状況でない限り，病気のときですら行ってきた活動を急に停止しなければならなくなるのです。そして，それまでとまったく異質の生活を営むことを余儀なくされるのです。しかも，その後の生活は，20年も，場合によっては30年以上もつづくことになります。

　俗にいう「余生」などという生易しい状況ではありません。新しい人生段階の創造です。「人生50年」時代の先達に手本を求めることなく，みずから創り上げるしかないのです。これを生き抜くには，意識する，しないにかかわらず，激しい学習が行われなければなりません。それまでは雇用されてきた人生でした。定年後は，みずからが主催する人生となります。人は，「生きがい」と呼ぶかもしれません。公民館やその他のところで学級や講座に参加する人びともいるでしょう。ボランティアとして地域活動に励む人もいるでしょう。菜園を作って自家製野菜を食べたり，近所におすそ分けをしたり，あるいは，近くの商店に卸す人もいるでしょう。あるいは，新たなビジネス活動を自分で始める人もいるでしょう。いずれにしても，新しい人生段階の開始にあたって，強烈な学習が必要となるでしょう。

　人口の高齢化のもうひとつの問題は，若い人たちの意識の問題です。現代社会をつくっていく主流をなしているのは，定年前の

いわゆる「現役世代」です。生活にしろ，労働にしろ，経済にしろ，組織のなかに入って，その運営の主流をなしているのは，活力あふれる若い世代です。彼らにとって，現在，自分の置かれている状況を理解するのは容易なことです。また，自分の通ってきた道を振り返ってみるのも容易なことです。

　一方，自分がまだ経験していない年齢になったときの状況を想像するのは，とても難しいことです。しかし，「現役世代」として社会の制度を構築するためには，これほど増えてきた高齢期の人びとの存在を考慮に入れないでいることは不可能です。高齢者対策や高齢者福祉などというのではなく，あるいは高齢期は「余生である」とか，ボランティアをすればよい，などという考えではなく，高齢者も社会の正規の一員であるという視野に立って，高齢者の特質を十分に考慮に入れた社会の構築が求められるのです。そのためには，若い世代は強烈な学習を必要とします。自分が経験したことがない年齢の立場に立たなければならないことからも，意識的な学習が必要になります。たとえば，高齢者の身体的な状況（歩行，視野など）を人為的につくりだしてその立場に立つと，街のなかの階段や道路がどのように困難か，若い人に経験してもらう試みなどが行われたりしていますが，身体的状況のみならず，心理的，社会的，家族的，文化的状況を意識的に学習して，そのうえで，社会制度を創っていくことが必要になってきます。

| グローバル化と学習 | 　顕著な社会変化の方向の第2は，グローバル化です。交通手段・通信手段の急激 |

な発展により，異文化に接触する機会は，大きくなってきています。人の行き来できる範囲，言語など意思疎通のできる範囲を基

準にして，文化圏は構成されてきました。いわゆる国民国家時代，ひとつの言語，ひとつの領土，ひとつの政府，ひとつの教育制度，（ひとつの民族）をもとに国家が形成され，国家を単位にひとつの文化圏が形成されていました。国家間の行き来には制約がありましたし，また，国家の間を移動することは，異文化に接触することでもありました。そうした移動が可能なのは，社会の指導的地位を占める人びとに制限されていたといっても過言ではありませんでした。しかし，現在，特殊な人びとのみが海外に行く，海外から来る，というのではなくなってきています。しかも，その数はかつてないほど多数に上っています。

　異文化の間を移動するとき，人は適応のために学習せざるをえません。その国の言語を学び，生活を学び，さらには，意識的にその国のもつ自国よりすぐれたものを探し出しては学ぼうとします。

　しかし同時に，自分自身もその国にその国のやり方とは異なるものを持ち込んでもいるのです。多かれ少なかれ，異文化の国に生活する人は，なんらかの新しい要素を，その人の接触した人びとに与えているのです。

　日本においても，外国文化はいろいろに影響を与えてきました。明治の初期，西欧文明は日本に衝撃を与え，教育内容の西欧化が図られましたが，それは日本の「近代化」の原動力になりました。第2次世界大戦後は，敗戦によって政治のパワーがアメリカに移ったこともあって，圧倒的にアメリカの影響を受け，国民は「民主主義」という新しい価値観を学習しなければならなくなりました。これらは，ひとつの国がひとつの文化圏を構成し，国と国とのバリアが高かった時代，為政者の指導のもとに，国家権力と公教育制度全体を駆使しての国全体をあげての学習でした。

しかし，今起こっている外国文化との接触は質的に異なっています。今回は，政府主導ではなくて，国民主導で起こっているのです。これは，外国へ行くのが楽になったことと密接な関係にあります。航空券が廉価になったこと，国と国のバリアが低くなり，ビザなしで入国できるようになり，渡航が簡単になったこともあります。学生が少しアルバイトをすれば，外国に行ける時代になりました。

　それと同時に，一方では，外国文化が日本に持ち込まれるケースも増えてきています。要因のひとつは，日本人の外国駐在員としての滞在期間が長くなり，その間に子どもが生まれ，外国で育ち，異文化を身につけた人びとが帰国してきていること。そして，最近数が多いのは，外国人の来日です。バブル期以後の労働力不足期から，その数は急激に増加しています。また，地方のいわゆる「嫁不足」から積極的に外国人を迎え入れようとする動きも活発化してきました。

　それらのよし悪しはここでは問わないことにします。ここで指摘したいのは，国内の文化とは異なる文化をもった人びとが，国内に増加しているという事実です。彼らは日本に適応するために強烈な学習をしようとしています。

　しかし，彼らの存在は，よきにつけ悪しきにつけ，周囲に影響を与えます。時には文化摩擦を引き起こすこともありますが，日本文化をもった人の側に，世界には自分たちの文化とは異なる文化も存在するのだということを気づかせています。

　文化相対主義，あるいは，多元文化論の台頭です。「多文化主義」という言葉も聞かれますが，筆者は，「多文化主義」と「多文化状況」とは区別して考えています。「多文化主義」とは，価値観を含んでおり，さまざまな文化を国内に持ち込んだほうが一

国の文化として豊かなものになる，という考え方です。それに対して，「多文化状況」は，好むと好まざるとにかかわらず，国内にさまざまなタイプの文化が存在してしまっている状況を示します。考え方や価値観が存在しないで，事実だけが先行するとき，さまざまな問題が生じてきます。生活の根源を支配する宗教と価値観が，さまざまな感情の問題を引き起こしているのはすでにみてきた通りです。

　「多文化状況」を元に戻す，ということは，考えにくいことです。それを社会の安寧とどのように調和させるかは，今後の課題になるでしょう。グローバル化を前提とする新しい考え方の創造を予定する学習が行われなければなりません。

インターネットによる異文化接触

さらに，もうひとつ，社会のグローバル化と関連する大きな動きは，インターネットの普及と関連があります。従来の異文化との接触は，おおむね，日本人が外国に行く，外国人が日本に来るという，人の移動を前提としていました。しかし，インターネットの普及は，人が移動をすることなく，異文化に直接的にリアルタイムで接触するという状況を生み出しています。インターネットアドレスを入力しさえすれば，どこの国のウェブサイトにでもアクセスできます。音声ニュースや画像つきニュースを視聴することもできる時代になりました。こちらから積極的にアクセスしなくとも，製品を売り込む広告メールやポルノサイトの誘いや詐欺の迷惑メールが外国からも頻繁にとび込むのは，インターネットを利用している人ならば，みな経験していることでしょう。商品の広告のみならず，中傷や誹謗を含む思想のプロパガンダも盛んになろうとしています。

これらの現象を，どう有効に利用し，あるいは，それにどう対処するのかは，新しい問題です。最終的には，各人の工夫と創造を目的とする学習が必要とされるところです。こうしたことは，第3の社会変化「情報化」と学習の問題をクローズアップさせてきます。

情報と学習 「情報化」というとき，ここでは，「コンピュータ化とスマホの普及とそれらのネットワーク化」という意味に限定して扱っています。しかし，「情報」とその伝達そのものは，コンピュータが現れるずっと前から存在していました。「教育」とそれを行う「学校」は，最古の情報伝達装置であり，「教育」は世界最古の「情報産業」であった，と考えることができるでしょう。学校は，その時代に存在する文化のなかから，必要だと思われるものを取捨選択して，それを後続の世代に効率よく学習させる手段であったからです。学校と呼ばれるものの記録は，古代のギリシャ・ローマにもみられます。日本でも法隆寺は大陸伝来の漢籍を学習する機関でしたし，大宝の律令にも学制は定められています。また，官吏養成のための「大学」が設けられ，平安時代には氏族が，宮廷コンテストで自分の氏族のメンバーがよい成績を上げられるように「大学別曹」を創ったことは，よく知られています。

　明治期のいわゆる近代化時代，また第2次世界大戦後の価値転換の時代，公教育は，新しい情報を国民に学習してもらうのに効果を上げてきました。それだけに，教育内容の統制は大きかったのです。第2次世界大戦前は国定教科書でしたし，戦後も学習指導要領が公示され，教科書は厳しく検定され，それ以外のことを教えるのは御法度でした。旧文部省に選定され，すべての国民が

学習すべしと規定された内容は，「中立」であるとオーソライズされ，日本のなかではなんびともそれを疑うことはありませんでした。しかし，今，その内容に対して，外国からクレームがつけられたりしているのは周知のとおりです。この時代の学習は，教師という人，または教材としての印刷物を媒介としていました。

画期的な内容伝達媒体の出現

「学習」は学習の内容物を必要とします。内容物が，「教師」および「印刷教材」で具体化されていたのです。しかし，今，「内容」を具体化する装置が，新しい技術の発展により，「教師」および「印刷教材」のみではなくなってきました。もちろん従来の装置が現代社会においても有効に働いていることは否定できません。しかし，それらが独占的に優位を占めていたのに対し，別の装置もしだいに効力を発揮し始めています。

それは，コンピュータとそのネットワークです。その有効性が認められて，積極的に学校教育のなかに取り入れられてきました。2002年度以降の学習指導要領では，小学校のときからコンピュータの操作を習い，すべての教科のなかでコンピュータを用いるように教師は指示され，中学校では技術家庭の時間に「情報」を学習し，高等学校では「情報」という教科が導入されました。国民のすべてが，コンピュータとそのネットワークを利用できるような能力を身につけるよう望まれているのです。それを小型化したモバイル手段もあまねく普及しています。

それと同時に日本の公教育以外のところでも，いろいろな変化がみられます。たとえば，皆さんは，旅行しようとするとき宿を探すのに，インターネットを利用するでしょう。たいていの場合，インターネットで予約すると，旅行社を通じて予約するより安く

なります。それは，ホテルがお客を探すのに今まで旅行社など中間に立つ機関に支払っていた手数料が必要なくなるからです。ということは，それまで入ってきていた手数料が入らなくなる機関も出てくるということです。需要の情報と供給の情報をつなぐルートが変わってきているのです。その間で，状況の学習をし損ない，変化に対応できなかった企業は，淘汰されていかざるをえないのです。

　同様に，学習の世界でも変化が起こり，人びとの生涯学習に大きな影響を与えています。

　ひとつは，印刷媒体以外の学習材料の提供です。インターネットを検索すると，無数の学習材料が発見されます。印刷媒体が有料であるのに対して，インターネットのウェブサイトは特殊なものを除いて無料です。もちろんそれには「信憑性」というリスクも存在しますが，その危険性を斟酌する能力を備えていれば，ほとんどすべての望む学習材料が無料で入手できます。今まで，「学校」と「教師」を基盤に学習が行われていたとき，学習するためには特定の場所に出向かなければなりませんでしたが，今ではインターネットさえ利用できる環境にあって，そしてそれを操作する技術をもち合わせていれば，その利用で世界中のどこにいても，その場所が人里はなれた山のなかでも，異文化に取り囲まれた地域であっても，どのような学習材料でも入手できるのです。そして，その学習材料は，今では文字情報のみならず，音声，絵画，動画，映像と多岐にわたっています。

知識の評価と遠隔学習　今までは，「学歴」のみが能力と知識の証明として働いていましたが，「学校」と切り離された，各種の技能の「検定試験」も増加しています。

ダブルスクール現象も増加し，検定試験のための受験講座を課外で提供する大学なども増加しています。高等教育機関への進学率は高校卒業者の80.0%（2016年）に達し，また進学者のほとんどが卒業する現代では，能力と知識の証明をするのは，大学卒業証書ではなくなる傾向になってきています。「いつ，どこで」学習しても，その成果が公平に認められる社会の実現が目指されてきています。

もうひとつの大きな新しい現象は，大学を含めたもろもろの教育機関のオンライン授業の増加です。日本にいながら，アメリカやカナダ，アイスランドの大学に正規に入学し，正規の授業を受け，単位を取得して卒業していく，そのような方法が可能になってきています。「遠隔教育（distance education）」と呼ばれています。従来の郵便やテレビ会議利用の通信制の課程のなかに新しくオンラインコースを設けた大学もありますし，また，通常の大学でオンラインコースを新しく設けた大学もあります。ドイツでは留学を予定しているシンガポールの学生に対して，シンガポールにいるうちにドイツ語教育を行うというコースも存在します。

遠隔教育には，特定の時間にクラスの全員に接続することを求める擬似教室的な同期型のものと，ウェブ上に学習材料を掲載しておいて，受講者の時間のあるときにいつでも接続して学習し，課題を提出してくださいという非同期型があり，後者のほうが多いようです。また，印刷教材を用いる方法，電話での質問を受け付ける方法など，従来の方法と平行したり，集まって行う集中講義と併用して単位をとる方法を交えたりするなど，さまざまな方法を駆使して行われています。

このように方法はいろいろ工夫されていますが，この種の講座は，ますます増加していくことでしょう。

いずれにせよ，このような方法を利用して学習するには，学習者がそれ以前に，自立した学習の方法を習得している，ということが前提になります。そうでなくては，いくら学習材料とその仕掛けがあっても，新たな学習は行われません。

3 生涯学習機関とその職員は，学習を支援する

生涯学習機関の専門職員の役割

ここまで，人びとの学習の必要性と可能性は，従来にもまして大きく広がってきていることを述べてきました。そして，とくに学習を必要とする領域について簡単に述べてきました。また，第1章で学習は，教えてもらって学習するのではなくて，みずから学習材料を用いて学習する部分が大きいことを述べてきました。

そして本書は，社会教育主事，公民館主事，博物館学芸員，図書館司書など，生涯学習機関に働く専門職員，それを目指している人たちを対象としていることも明らかにしてきました。

そこで，これらの専門職員の役割は何であるかということなのですが，彼らの究極の目的と役割は，一口でいうならば，人びとの学習がよりよく行われるように，援助を与えることです。

学習は，次のような段階を経て，ループを描いて繰り返されます。

学習目標の明確化
↓
学習方法の決定と学習材料の選定

↓

学習途中の疑問の解明

↓

学習成果の確認と反省

↓

次の学習への目標の設定

専門職員は，これらのすべての段階で，学習者に援助を与えることが期待されます。これらの専門職員が働くそれぞれの機関は，それ固有の特徴をもっています。博物館は「もの」からの学習であり，図書館は「情報」からの学習であり（この「情報」はコンピュータや印刷媒体やその他もろもろの媒体に蓄積され伝達されるものを含みます），公民館やスポーツ施設などは，「集合・集団・地域」からの学習です。それぞれの特徴を生かしながらの仕事になります。

これらの仕事は，一括して「学習相談」と呼ぶことができます。それぞれの内容について，くわしくみていきましょう。

学習目標の明確化　　学習の目標の明確化への援助から述べていきましょう。

それぞれの人が学習の目標をすでに明確にしているとはかぎりません。すでにそれが明確である場合は，すぐに次の段階に移ってよいでしょう。しかし，世論調査などをみてみると，大勢の人は，「何か学習したいという欲求はもっている，しかし，何をしたいのか，わからない」という場合も多いようです。そのような人のためには，学習欲求を具体的な学習行動に変えるための援助が必要になります。たとえば，博物館・美術館であるならば，

「○○展」といったような展示会を開催する，図書館であるならば，新着図書の展示，テーマ別図書の展示，読書案内，ブックトークといったものもあるでしょう。開架方式をとるのも，何を学習したいかを探してもらう援助でもあります。公民館であるならば，講座や講演会を企画して人を募集する，といったようなことも考えられるでしょう。そのようなことがきっかけになって，学習の目標が明確になってきます。

　学習方法の選択と学習材料の決定については，それぞれの施設の固有性が尊重されます。大まかにいって，公民館は集合学習が主流であり，博物館・美術館と図書館は個人学習が主流です。主流であるといういい方をしたのは，それ以外の学習方法は行われない，提供してはいけない，というわけではないからです。

個人学習

ここで個人学習について一言述べておきたいと思います。従来，教育というのは集合学習が主流でした。集合学習とは，一定の時間に，ひとつの場所に集まって，同じことを学習することを基本にするものです。たいていの場合，そこには教師が存在していました。能率を上げるために，学校はそのような集合学習の方式で運営されてきました。しかし，現代では，とくに職業や家事や地域での責任をもった人びとが，そのように，一定の時間に一定の場所に集合することは容易ではありません。さらに，学びたい内容は多様化し，専門化してきて，また学習をつづけていくうちに，そのレベルは人によって大きく異なってきます。大勢の人がまとまって教室のような形式で学習するということが非能率的で，個人学習にならざるをえない状況が生じています。個人学習とは，学習者が，自分で学習材料を求め，自分の好きな時間に，好きな方法をみずから

選んで学習をする，そのような方法です。この場合，直接の「師」は存在しません。学習内容を次から次へと提供してくれる「師」がいないだけに，「学習材料」が重要になってきます。個人学習は，その人の目的にいかようにでも合わせることができるだけ，その人の目的に合った「学習材料」を提供することが重要になってきます。

学習材料の提供 これは，レファレンスの業務です。学習者の目的を対話するなかで聞き出し，時には，学習者自身が漠然といだいていて，自分でもはっきりしていないものを対話のなかから整理して，そして，その内容に合った「学習材料」を提供する，それが，専門職の専門職たるゆえんでもあります。「学習材料」は，自分の働く図書館や博物館，公民館の講座や図書室のなかから探すとは限りません。世界中が対象になります。現在では，コンピュータがネットワーク化されているので，世界中のコンピュータのなかにある資料（文字情報・音声情報・絵画情報・動画情報・映像情報）が利用できます。そのなかから，利用者の状況に合わせて，必要とする内容のところに案内をしていきます。たとえば，小学生の顧客に成人向けに書かれた「学習材料」を提供しても無理ですし，日本語を読めない利用者に日本語の資料は役にたちません。また，通えないほど遠いところで開かれている講座を紹介しても無意味なのです。内容のみでなく，顧客のおかれた状況と環境に合わせた学習情報を提供しなくてはなりません。場合によっては，周囲に存在する学習資源と住民の需要を見渡して，住民が利用しやすいように講座や展示・その他の機会として新しく企画・立案することも大きな役割になってきます。

念のためにいっておきますが，これらの専門職は，「教師」と異なり，内容について直接の指導をする必要はありません。むしろそれは，してはならないのです。「資料」を通じて学習者のしたい学習を援助するのであって，自分がたまたまそのことを知っているからといって，その内容を直接教授することは，「講師」の役割をしているときを例外として，行ってはいけないのです。

　これと同時に，自分が資料を提供する側にもまわらなければなりません。利用者を学習内容のところに導けるのは，誰かがどこかでそれらの情報を提供してくれているからなのです。図書館や博物館に保存するものが他からも探し出せるのは，冊子体のカタログがつくられ，あるいはコンピュータで検索できるように用意されているからなのです。それらの裏の仕事も重要であることを忘れてはなりません。他館から提供してもらうと同様に，自館の所蔵する資料を他に貸し出すこと，あるいは，現物を安易に貸し出せない場合は，写真画や映像として電子化して提供するという手もあります。動物園や水族館も博物館の一種ですが，動物の姿や動き，あるいは鳴き声などを，新しい技術でリアルに伝えることも可能になってきています。

学習途中の疑問の解明	

　　　　　　　　　　　　　　学習途中の疑問の解明について述べておきましょう。個人学習の最大の難点は，「師」の存在がなく個人で学習している場合，学習に行き詰まったときに，問題を解決して先に進むという体制がないことです。そのため個人学習は，挫折が多くなります。ですから，相談をするところがあるということが重要になってきます。これもレファレンス機能です。わからないところについて，その人にわかりやすい方法で情報を提供している資料の提供です。ここでも，レフ

ァレンス機能の重要性が認識されます。本を1冊提供して，探してごらんなさい，というようなレファレンスではなくて，具体的に，どの本のどのあたりなら，あるいは，どのビデオのどのあたりなら，あるいは，どこの行っているどの学習会なら学習者の抱えている問題を解く鍵があるかまで情報提供しないと，役割を果たせません。よく「専門家に直接問い合わせる」というようなことがいわれますが，忙しい仕事や研究の合間に，そのような問い合わせを受けるのは，専門家としては負担の大きなことです。やはり，まずは公開されている資料のなかから問題解決の糸口を探すべきでしょう。そして，市民に対してその援助をするのは，生涯学習機関の専門職たる人なのです。

学習成果の評価と次なる学習の目標設定

学習がうまくいったという満足感があれば，学習者はまたその機関に戻ってきます。満足感は，知識が増えた，できないことができるようになった，という具体的な成果から，楽しかった，充実した時間がすごせたという精神的なものもあるでしょう。後者は，とくに集合学習に多く見られます。公民館で講座に参加した，その結果，講座の内容よりも，「いつも一人だったのに友達ができて，話が聞けた，自分の話をすることができた」というような副次的な効果が報告されることが多くあります。そのような場合，講座の内容は手段であり，「人生を充実したものにする，自分とは異なる人の生き方に接する」ということのほうが目的となっていると考えられるでしょう。

いずれにせよ，市民の満足感と充実感は，次の学習の土台となります。新たな学習の目標がここに生じてきます。講座の集合学習で学習した仲間が母体となって，公民館を場所とする自主的な

学習サークルに発展するように援助を行うことも望ましいでしょう。生涯学習の基本は，学校教育を除いて，与えられて学習することではなくて，自主的に学習活動を行うことなのです。

みずから考える生涯学習機関の専門職員

以上，生涯学習機関の専門職員としての心構えを述べてきました。まとめてみますと，次のようになります。これからの社会に生きるためには，学校を終えてからも，さまざまな学習を継続しなければなりません。学習のイニシアティブは個人に任されます。しかし，それを援助するのは，「学校」を含めて，それぞれの独自の特徴をもった生涯学習機関なのです。教育基本法は，学校教育と社会教育のほかに，家庭教育が教育の範疇にあることを公的に明確にしました。そして，親（や保護者）が未成年の教育に一義的責任を負うべきものであることを明確にしています。家庭教育はプライベートなものです。公的な機関が指図をするべきものではありません。しかし，その任を果たすのに不十分だとみずから考える親や保護者が求めてきたときに，それを援助するのは社会教育機関の責務であると位置づけています。社会教育法や，その他図書館法なども，2007 年の改正で援助の任務を明確にしています。

2008 年 2 月 19 日の中央教育審議会答申は，「知の循環型社会」の構築を目指して，社会教育施設が，いわゆる PDCA サイクル（計画・実践・評価・改善）をもってみずからの運営状況に対する評価を行いながら水準の向上を図り，生涯学習を推進するようにと方向性を明らかにしています。

茶道，華道，剣道など，日本の伝統的芸事では，修業における段階を，「守破離」として表してきました。

「守」とは，師や流派の先輩たちの編み出した，教え，型，技術を忠実に守り，確実にマスターしてゆく段階です。本書に記されているのは，いわば「守」の段階です。「破」の段階は，師や流派の先輩の作り上げた型を崩すことなく，しかし，それに自分なりの独自の工夫を加えて，その領域の発展に寄与することです。「離」とは，そののち，今まで行ったことをすべて取り去り，あらたに独自のものを作り出すことです。現代社会は，変化がとてつもなく早くなっています。それに対応するためにも，「破」の段階をしっかり経て，はやく「離」の段階に達することが望まれます。

　各種の生涯学習機関は，それぞれその特徴を生かしながら，そして，それぞれに専門職員をおきながら，生まれてから死ぬまでの市民の学習を援助していきます。それぞれの機関で行われている個別の業務は，市民の生活の向上と学習に役立っているかどうかで判断されるべきです。新しい技術が実用化され，構造改革が行われているとき，市民の援助が効率的に行えているかどうかを新しい判断基準として，業務の改革がなされていくべきだと思われます。デジタル化を取り入れて，古い方法を切り捨てよというわけではありません。現在生きている人びとのなかには，新しい方法の習得が難しい世代も存在します。従来の方法のほうが効率的な場合もあります。場合によってどちらのほうがふさわしいかは，専門職員の長年の経験とカンとコツによって判断されます。変化の激しい，複合した要素の混在する時代に生きているということを意識し，究極の目標は市民の学習を助けることなのだ，ということを確認しつつ，新旧調和のとれた方法を，マニュアルに求めるのではなく，みずから社会を眺め，住民の状況を眺め，案出していくことが必要なのです。住民にはいろいろな人がいます。

その一人ひとりの学習の需要に応じて臨機応変に対応していく柔軟性と才覚が求められるのです。

●引用文献●

浅井経子. (2005).「学習相談」.『生涯学習 e 事典』. (http://ejiten.javea.or.jp/)

生涯学習研究会・なごや. (2010).「学習相談ツール」. 生涯学習ネットワーク中部事務局.

生涯学習ネットワーク中部事務局（生涯学習研究会・なごや 時代を含めて）. (2006-2017).『はじめの一歩』. 各号.

柳田雅明. (2005).「情報化時代における社会教育行政のあり方：学習に関する情報提供と相談の事業に焦点を当てて」. 関口礼子編『情報化社会の生涯学習』. 学文社, pp. 89-107.

参考図書

財務省印刷局編, 文部科学省生涯学習政策局生涯学習推進課監修. (2001).『21 世紀の生涯学習入門：ホップ, ステップ, 21 世紀！「マイ・生涯学習のすすめ！」：人の数だけ, 学び方があります』. 財務省印刷局.

生涯学習・社会教育行政研究会編. (2007).『生涯学習・社会教育行政必携平成 20 年版』. 第一法規.

関口礼子. (2019)『日本の教育関与 80 年を振り返って二つの提案：社会学的比較教育学の立場から』. 日本の社会研究所.

中央教育審議会. (2008).『新しい時代を切り拓く生涯学習の振興方策について：知の循環型社会の構築を目指して（答申）』. (http://www.mext.go.jp/b_menu/shingi/chukyo/chukyo0/tou

shin/1216131_1424.html）

●国は，政策を実施する前に，審議会に意見を求めます。生涯学習について，どのように進めていったらよいか，審議会が出した答申です。

◇今まで研究の手薄だった高齢期の生涯学習について，述べてある図書を挙げておきます。

関口礼子．（2005）．「高齢者の生涯学習」．関口礼子編『情報化社会の生涯学習』．学文社．

西岡正子．（2000）．『生涯学習の創造：アンドラゴジーの視点から』．ナカニシヤ出版．

　人が，学ぶことについて相談したいのは，どういう場合なので
しょうか。

　まず，学習情報入手に使うコンピュータや携帯端末の使い方が
わからないというものです。図書館や博物館などにあるタッチパ
ネル式画面も，機器を壊してしまうのではないかと，触ることす
ら逡巡してしまう人も多いのです。ですから，使い方を尋ねられ
たら，きちんと説明できることは，相談業務において大事な仕事
のひとつです。そうすることで，広く公開されている情報につい
ては，積極的にインターネットなどで公開して，自由に見てもら
うことができます。それに併せて学習活動に関連するチラシ・パ
ンフレット等を的確に収集・更新して，それらが利用しやすいよ
うに情報コーナーを設定し，さらには窓口で学習指導者などに関
するくわしい情報を閲覧することもできます。ですが，そこまで
なら相談のための技法は，とくに必要ありません。本書の読者
の多くが問題なくできましょう。

　では，生涯学習に関連する施設に設けられているような相談窓
口に人が来るのは，なぜなのでしょうか。学習相談に来る人は，
わらにもすがる思いがあるからこそ学習相談に来ている場合が多
いのです。

　まず，まだ何を学びたいのかわからない人がいます。そのよう
な場合，人生の来歴をじっくりうかがうことが必要になる場合も
あります。じっくり話をうかがっていくことで，次第にわかって
くる問題点もあります。まさにそこに相談が必要となるのです。

　そして，資格取得や学校へ行くことを含めて，単なる情報提供
だけでなく，人生設計に関わる相談もあります。学校教育と社会
教育との区分は，あくまでも行政や学習機会を提供する側の都合
であって，学びの総体を意味する生涯学習を広くカバーした相談
を希望することは，学び手側から見れば当然のことです。すなわ

ち，身近な学習課題のすべてに応えていくという，学習を支援する活動として，本来的に求められるのです。

　さらに学習相談の機会があることで，医療や人間関係に関わるその相談者が背後に抱えている重大な課題や問題を発見できて，医師などの専門家や適切な行政窓口につないでいけることもあります。

　そのようにして学習相談がされていくわけですから，人と人とのふれあいのなかでの学習相談が何よりも大切になります。だからこそ相談員には，相談の前提となる基本姿勢と心遣いおよび的確な技法とが，きわめて重要となるのです。その際，情報化，すなわちコンピュータ化は，あくまでも相談をさらに効果的にするためにあることが重要なのです。生涯学習相談とその運営を主軸とした活動に取り組み実績を積んできた「生涯学習研究会・なごや」を母体とする「生涯学習ネットワーク中部事務局」でも，相談員があまりに情報機器の操作に気を取られ，相談者への心配りが不十分になってはならないと強く認識しています。言葉だけでなくお互いの表情や感情を肌で感じながら相談をすることが大切であって，相談員がパソコン画面ばかり見つめているような状況になってはならないと「生涯学習ネットワーク中部事務局」は表明します。加えて，パンフレットなどの紙での情報が質量とも十分に提供される情報コーナーが，相談コーナーとともに設けられています。すなわちオールド・メディアと情報技術との連携との相乗効果によって，学習情報の提供と相談が効果的になるのです。

　ほかにも相談を進めるうえでの創意工夫が見られます。「生涯学習ネットワーク中部事務局」は，来る人を待つだけではありません。ファクス，電話でも学習相談を行っています。とはいえ，対面相談がやはり一番効果的であると認識しています。生涯学習に関連するイベントなどにも出向き，いわば出前相談も積み重ねてきています。

加えて「生涯学習ネットワーク中部事務局」では，情報部という内部組織が，学習に関する情報の収集・更新の中心となっています。それらの学習に関する情報の具体的な収集・更新のやり方は，まず活動の拠点である生涯学習推進センター内の専有スペースに専用ボックスを設けて，そこに情報を一括して集めることから始まります。情報部以外の会員も重複を恐れず情報提供に協力します。専用ボックスに集まった情報は，すべての相談会場に分配・複写されます。そうすることで逐次更新が可能になっています。

　実は開室時間帯の長さに比して，相談の頻度は，決して多いわけではありません。ただし，その分だけじっくり相談できます。またボランティアだからこそ，時間的ゆとりをもって待ちかまえることもできるといえましょう。施設職員が多様な業務とともに学習相談にも対応することは，殊にじっくりと相談をするということに関してはかみ合いにくいのです。

　それには，活動基盤となる場所の確保とその整備，ならびに最低限の財政的な措置は絶対必要です。しかし，たとえ制約の大きい状況に置かれたとしても，目の前の現実に対して，既存の施設設備の活用をはじめ，さまざまな工夫によって実現できることも多いでしょう。しかし，退職教員などが非常勤職として学習相談にあたる場合も，待機時間が長くなることが多い業務となることもあって，その人件費確保は容易とはいいがたいです。

　その際，やはりボランティアが大きな力となりましょう。たとえ予算が限られて人員が削減されても，ボランティアから協力を得ることで，何とかなるものもあります。いやボランティアが活躍するからこそ可能になるのかもしれません。学習相談に関連するすべての取り組みに，今回紹介してきた名古屋における実践がそのまま援用できるとは言い難いものの，継続的な研修の重要性や各種の工夫に関しては，広く参考になりましょう。

最後に，人と人とが触れあい，心を込めた取り組みを進めることが，多忙や人手不足であっても，またいかに情報化の進展に対応しようとも，何よりも大切であることを改めて述べておきます。そして，最初の出会いのときにきちんと人と向かい合うことが，何より重要です。とくに，社会教育の場合は，その最初の出会いがきっかけとなって学びが始まることが多いのですから。

●引用文献●

浅井経子．（2005）．「学習相談」．『生涯学習 e 事典』．（http://ejiten.javea.or.jp/）

生涯学習研究会・なごや．（2010）．「学習相談ツール」．生涯学習ネットワーク中部事務局．

生涯学習ネットワーク中部事務局（生涯学習研究会・なごや時代を含めて）．（2006-2017）．『はじめの一歩』．各号．

柳田雅明．（2005）．「情報化時代における社会教育行政のあり方：学習に関する情報提供と相談の事業に焦点を当てて」．関口礼子編『情報化社会の生涯学習』．学文社，pp. 89-107.

　関連する法令の名前のみを挙げておきます。条文については，インターネットからダウンロードしてください。次のサイトが適切で，かつ揃っています。

◇ e-Gov 法令検索

　総務省によるものであり，法令名，法令番号，法令用語から検索でき，法令の全文を表示してくれます。50 音検索もできます。

　　http://elaws.e-gov.go.jp/

★ 日本国憲法

　（昭和 21（1946）年 11 月 3 日　公布）

　（昭和 22（1947）年 5 月 3 日　施行）

　「国民の権利及び義務」の部分は，第 3 章にあります。

　第十一条【基本的人権の享有と性質】

　第十二条【自由・権利の保持義務，濫用の禁止，利用の責任】

　第十三条【個人の尊重，生命・自由・幸福追求の権利の尊重】

　第十四条【法の下の平等，貴族制度の否認，栄典の限界】

　第十九条【思想及び良心の自由】

　第二十条【信教の自由，国の宗教活動の禁止】

　第二十一条【集会・結社・表現の自由，検閲の禁止，通信の秘密】

　第二十二条【居住・移転・職業選択の自由，外国移住・国籍離脱
　　　　　　　の自由】

　第二十三条【学問の自由】

　第二十四条【家族生活における個人の尊厳と両性の平等】

　第二十五条【生存権，国の生存権保障義務】

　第二十六条【教育を受ける権利，教育の義務，義務教育の無償】

第二十七条【労働の権利・義務，労働条件の基準，児童酷使の禁止】

★ **教育基本法**

（平成 18 年 12 月 22 日 法律第 120 号）

★ **生涯学習の振興のための施策の推進体制等の整備に関する法律**（略称：生涯学習振興法）

（平成 2 年 6 月 29 日 法律第 71 号）

★ **生涯学習の振興のための施策の推進体制等の整備に関する法律施行令**（略称：生涯学習振興法施行令）

（平成 2 年 6 月 29 日 政令第 194 号）

★ **社会教育法**

（昭和 24 年 6 月 10 日 法律第 207 号，平成 29 年改正）

★ **図書館法**

（昭和 25 年 4 月 30 日 法律第 118 号）

★ **博物館法**

（昭和 26 年 12 月 1 日 法律第 285 号）

★ **学校教育法**

（昭和 22 年 3 月 31 日 法律第 26 号，平成 29 年改正）

★ **著作権法**

（昭和 45 年 5 月 6 日 法律第 48 号，平成 29 年改正）

事項索引

●アルファベット

HTML　201, 202
ICT　119, 121
LGBT　159
LOD　210
LOM　208, 209
MBA　220
NGO　156
NPO　105, 110, 111, 113-115
NPO 法人　111, 112
PDCA サイクル　282
PTA　116, 118, 265
RDF　203, 210
SNS　201, 256
URI　203
URL　203
XML　202, 203

●あ　行

アイデンティティ　24
アウトリーチ　59
アクティブ・ラーニング　61-63, 65, 253, 255
アサーティブ・トレーニング　253
新しい公共　115
アンドラゴジー　246, 248, 249
生きがい　267
育児休業取得率　170
イスラム教　136
いなみ野学園　190, 191
e ラーニング　221
インターネット　14, 55, 271
インタビュー・ダイアローグ　253

インタフェース　56
インド教　138
エイジング　20, 185, 186
遠隔教育　275
オープン・コース・ウェア　209
オープン・ユニバーシティ　220
オントロジー　206, 207
オンライン授業　275

●か　行

介護予防　184
科学技術博物館　77
科学博物館　70
学芸員　94
学社融合　42, 79, 84, 234
学社連携　42, 79, 84, 234
学　習　3, 6, 9, 186, 199, 262
学習課題論　21
学習権宣言　152, 157
学習材料　274, 279
学習支援　64, 198, 235, 248
学習資源　10, 12
学習指導要領　41, 43, 61, 167
学習社会　3, 5
学習心理学　198
学習相談　78, 235, 277, 286
学習プログラム　211, 256
過去・未来とのつながりの学習　188
カタログ　280
学　校　8, 138, 244, 272
学校開放　232
学校教育　9, 11-13, 43, 60, 263, 282
学校教育法　41

学校司書　64

学校図書館　60, 62, 64

学校図書館法　63, 64

家庭教育　6, 9, 42, 164, 168, 282

カルチャー活動　265

企業内教育　45

儀　式　133

義務教育　8, 40, 41

キャリア・アンカー　46

キャリア教育　39, 40-44

キャリア形成　47, 49

教　育　3, 6, 141, 263, 272

　　──の目的　262, 264

教育改革　11

教育基本法　6, 40, 43, 79, 101, 139,
　　146, 163, 282

教育訓練ゲーム　253

教育成果評価　222

教育によらない学習　9, 12, 13

教育による学習　9

教　化　141

教科書　165, 166

教　義　131, 132, 134

協調学習　200

郷土学　81

郷土資料館　74

郷土博物館　81

キリスト教　130, 135, 140

儀　礼　133, 134, 144

グループ・サークル活動　118, 119,
　　250

グローカル化　223, 224, 226

グローバリズム　217

グローバリゼーション　75, 214

グローバル化　214, 217, 264, 268,
　　271

検　索　201, 280

検索エンジン　55

検索システム　206

検定試験　274

公開講座　233, 237

公教育　138

工業化社会　8, 139

行動主義　198, 199

行動様式　127, 133, 187

公民館　88, 94, 96-99, 101, 104, 233,
　　277, 278, 281

公民館主事　94, 96, 276

高齢化　75, 182, 184, 193, 264, 266,
　　267

高齢期　26, 30, 47, 161, 182, 185, 267,
　　268

高齢社会　182

高齢者大学　188, 190-193

高齢者の（生涯）学習　186, 187,
　　193

国際化　215, 219

国際人権規約　154

国際成人教育会議　75, 152, 158, 172

国際博物館会議　74, 77

国連女性の 10 年　155

個人学習　4, 12, 13, 249, 278, 280

コミュニティセンター　98, 101

ゴールドプラン　190

コンピュータ　198, 200, 273, 279

●さ 行

索　引　55

サークル活動　88, 118

サテライトキャンパス　237

ジェンダー　161

ジェンダーバイアス　166

ジェンダー平等教育　165

資源（リソース）　230

自己概念　38, 47

仕事と生活の調和　49

司　書　94

司書教諭　63

自然系博物館　76, 83
自然史系博物館　76
シソーラス　206, 207
指定管理者制度　73, 98
児童憲章　40
シニア大学　256
シニアネット　189
シミュレーション　253
市民活動　105
市民大学　193
社会教育　4, 8, 9, 13, 42, 43, 113, 164, 234, 282
社会教育施設　92, 94, 96, 101, 282
社会教育主事　96, 276
社会教育審議会　4
社会教育調査　92
社会教育法　4, 8, 9, 96, 115-117, 231
社会教育方法の原理　245
社会参画　161
社会体育施設　94
宗　教　126
宗教団体　134
宗教的意味体系　134
宗教的エートス　134
宗教的信念　134
宗教法人法　135
宗教暴動　127
集合学習　4, 12, 249, 250, 278, 281
儒　教　130, 131
儒教倫理　129
主体的な学習　61
生涯学習　2, 4, 5, 11-15, 42, 57
　　——の実施状況　88
　　——の理念　6
生涯学習計画　50
生涯学習支援　92
生涯学習時代　48
生涯学習社会　3
生涯学習振興施策　92

生涯学習振興法　5
生涯学習センター　88, 94
生涯教育　2, 4, 45
条件づけ　137, 141, 142, 145
少子化　161, 266
少子高齢社会　171
小集団学習　250, 253
情　報　54, 272, 273
情報化社会　3, 14, 264, 272
情報提供　58
情報の標準化　204
職業教育　44
職業訓練　44
職業指導　36, 39-42, 44
職業的適応　42
職業的発達　38, 162
職業的発達理論　36
職業能力　50
植物園　70, 77
女性差別撤廃条約　155, 164, 167
女性に対する差別撤廃宣言　155
女性のエンパワーメント　156, 159, 172
女性の生活の変化　265
女性のライフサイクル　161, 169
資　料　279
信教の自由　146
神　道　130, 135
シンポジウム・フォーラム　252
進路指導　39, 40, 44
水族館　70, 77, 280
ステージモデル　160
生活習慣　126, 127
政教一致　135
政教分離　135, 139-141, 146
成人期　21
成人教育の発展に関する勧告　157, 246
成人教育プログラム　248

成人のキャリア発達　48
青年期　21, 26, 38
性別特性論　167
性別役割分業意識　162, 164
世界女性会議　155, 165, 172
世界人権宣言　154
セマンティック・ウェブ　205, 207-209
総合学習　61
総合博物館　70
ソーシャル・キャピタル　104, 105
ソーシャルメディア　119, 120

●た　行

大学図書館　60, 64, 237
体験学習　83
第2の発達　28
多元文化論　270
脱工業化社会　2, 3, 14
多文化主義　270
多文化状況　270, 271
男女共同参画　156
男女共同参画基本計画　156, 164, 168
男女共同参画施策　153
男女共同参画社会　113, 162, 170-172
男女共同参画社会基本法　156
男女共同参画推進計画　167, 169
男女共同参画センター　153
男女共同参画2000年プラン　156, 163
男女雇用機会均等法　155, 156
地域学　81, 103, 105
地域コミュニティ　102, 104
地域づくり　97, 101, 102
地域博物館　81
知の循環型社会　282
地方創生　102

中央教育審議会　4, 39, 43, 101, 115, 282
超越　31, 194
超越への学習　188
土による学習　188
ティーチング・マシン　198
ディベート・フォーラム　252
デジタル図書館　54, 57
デジタル資料　73
データベース　56, 63, 83, 201
寺子屋　129
動植物園　70
動物園　70, 74, 77, 280
特定非営利活動促進法（NPO法）　111
図書館　54, 94, 204, 249, 277, 278, 280
図書館司書　276
図書館の開放　236
図書館法　282

●な　行

日本語学級　225
日本国憲法　40, 136, 146
ニューメディア　256
ネットワーク　55, 67, 273
ネットワーク化　272
ネットワーク情報資源　83

●は　行

博物館　70, 74, 249, 277, 280
博物館学芸員　276
博物館法　70, 71, 73, 79
バズ・セッション　250
発達　20
発達課題　21-23, 26, 27, 30
発達課題論　23, 24, 26
発達段階論　21, 23
発達の最近接領域　200

パネル・フォーラム　252
反グローバリズム　218
ハンブルク宣言　75
美術館　74, 78, 277
美術博物館　70
ヒドゥン・カリキュラム　167, 168
標準化　203, 204, 207, 208
ファシリテーター　255
フィールドワーク　256
フィルム・フォーラム　252
フォーラム（座談会，談話会）　252
仏　教　128, 130
ブレーン・ストーミング　252
プログラム学習　198
プログラム化社会　3
プロテスタンティズムの倫理　138,
　144
文　化　127
文化相対主義　270
文化様式　127
北京宣言　172
ペダゴジー　246, 248, 249
放送大学　192, 193, 239, 256
ボランティア　80, 84, 104, 110, 111,
　267
ボランティア団体　113, 114

●ま　行

まちづくり　113
まち・ひと・しごと創生法　102
まなびほぐし　255
ミュージアム　72
民間体育施設　94

メタデータ　203, 208
文部科学省　12

●や　行

野外博物館　70
夜間中学　225
ユダヤ教　138
ユニバーサルデザイン　226
ユネスコ　2, 75, 152, 157, 166

●ら　行

ライフ・イヴェントモデル　160
ライフステージ　161, 163
ラウンドテーブル・ディスカッション
　（円卓会議）　250
ラダーシステム（階層構造）　143,
　144
ラーニング・コモンズ　65
理工系博物館　77
利用者　56
利用者支援　58
臨時教育審議会　5
歴史博物館　70
レクチャー・フォーラム　252, 256
レディネス　246
レファレンス　59, 279, 280
老人大学　190
ローマ・クラブ　74
ロール・プレイ（役割劇）　253

●わ　行

ワークショップ　253-256
ワーク・ライフ・バランス　49, 170

人名索引

●ア　行

イリッチ（Illich, I.）　66, 67
ヴィゴツキー（Vygotsky, L.）　200
エリクソン（Erikson, E. H.）　23,
　24, 26, 30, 31

●カ　行

ガットマン（Gutmann, D. L.）　28
苅宿俊文　255
ガリレイ（Galilei, G.）　138
ギンズバーグ（Ginzberg, E.）　36,
　38
グージュ（Gouges, O.）　153
小林文成　190

●サ　行

斎藤伊都夫　245
シーヒー（Sheehy, G.）　160
シャイン（Schein, E. H.）　46, 47
シュタインブーフ（Steinbuch, K.）
　3
シュプランガー（Spranger, E.）
　142
スーパー（Super, D. E.）　36, 38, 47
薗田碩哉　254

●タ　行

竹内義彰　41
デュルケーム（Durkheim, E.）　134,
　263
寺中作雄　97
トゥレーヌ（Touraine, A.）　3
トフラー（Toffler, A.）　3
トーンスタム（Tornstam, L.）　31

●ナ　行

ニューガルテン（Neugarten, B. L.）
　28
ノールズ（Knowles, M.）　246, 248

●ハ　行

ハヴィガースト（Havighurst, R. J.）
　21-23, 26, 30
パーソンズ（Parsons, F.）　36
ハッチンス（Hutchins, R. M.）　3, 5
パットナム（Putnam, R. D.）　104
パパート（Papert, S.）　199
フランクル（Frankl, V.）　32, 194
ブルーノ（Bruno, G.）　138
ペック（Peck, P.）　30, 31
ベル（Bell, D.）　3

●マ　行

松下佳代　255
マーランド（Marland Jr., S. P.）　42
三宅なほみ　200
盛田昭夫　223

●ヤ　行

ユング（Jung, C. G.）　28

●ラ　行

ライシャワー（Reischauer, E. O.）
　129
ラングラン（Langrand, P.）　2
リンデマン（Lindeman, E.）　250
レヴィンソン（Levinson, D. J.）　26,
　27

●著者紹介

関口礼子（せきぐち　れいこ）　日本の社会研究所代表

西岡正子（にしおか　しょうこ）　佛教大学名誉教授

鈴木志元（すずき　ゆきもと）　前・南山大学准教授

堀　薫夫（ほり　しげお）　大阪教育大学名誉教授

神部純一（かんべ　じゅんいち）　滋賀大学教授

柳田雅明（やなぎだ　まさあき）　青山学院大学教授

ARMA

新しい時代の生涯学習〔第3版〕
Life-long Learning in the New Era, 3rd ed.　有斐閣アルマ

2002 年 12 月 30 日　初版第 1 刷発行
2009 年 3 月 31 日　第 2 版第 1 刷発行
2018 年 3 月 10 日　第 3 版第 1 刷発行
2024 年 5 月 25 日　第 3 版第 5 刷発行

著　者	関	口	礼	子
	西	岡	正	子
	鈴	木	志	元
	堀		薫	夫
	神	部	純	一
	柳	田	雅	明

発行者　江　草　貞　治

発行所　株式会社　有　斐　閣
郵便番号 101-0051
東京都千代田区神田神保町 2-17
https://www.yuhikaku.co.jp/

印刷・株式会社精興社／製本・牧製本印刷株式会社
© 2018. R. Sekiguchi, S. Nishioka, Y. Suzuki,
S. Hori, J. Kambe, M. Yanagida. Printed in Japan
落丁・乱丁本はお取替えいたします。
★定価はカバーに表示してあります
ISBN 978-4-641-22106-2